梧桐馆 WTG

轻松读懂《庄子》

陈静 著

浙江古籍出版社

关在潘多拉魔盒里的庄子

（代序）

庄子，不知何许人也。籍贯不详，出身不详，生卒年月不详，甚至"名字"也不是很清晰。生前寂寂无名，死后少人问津，同时代很少有人知道他，《史记》中也只有二百字的记载，不甚了了。似乎有弟子，但肯定都没有明确的姓名字号，也可能就没几个，没传几代。不像孔子有门人三千，还能为一众弟子挣得流芳百世的机会。

诸子中唯一与庄子有交集的是惠子，主要以吵架为主，但吵得多了，也就成了朋友。

突然有一天，庄子火了。

那是在庄子死后将近一千年的唐朝。

庄子的火，很大程度上是沾了老子的光。一半是因为脸上贴金的需要，一半是因为朝中的一堆真道士（如魏徵）与假道士（如房玄龄）确实信奉道家的治国准则，李唐王朝宣称自己是老子的后代，"以道治国"的同时，对道家的师承与学说也进行了一番大规模的考古式的发掘与研究。

唐玄宗天宝初年，敕封庄子为南华真人，与此同时，庄子在"名周"之外也多了一条基本信息——字"子休"，但也有人说是字"子沐"。争论不休的同时，庄子的形象开始丰满起来。

《庄子》从那时开始，称《南华真经》，以皇家认证的形式，正式进入经典之列；而庄子，则在从晋代开始为众人膜拜的基础之上，逐渐升华为许多人心中的梦想。

庄子心中有一个蝴蝶梦，每个人心中都有一个庄子梦。

古希腊神话中，人类在普罗米修斯的帮助下获得了火种，开启了创造文明的历程。作为宇宙主宰的宙斯很不甘心，于是就让潘多拉带着魔盒来到了人间。魔盒打开之后，疾病、忧伤、灾祸等等随着幸福、爱情、快乐这些"众神的礼物"一股脑儿冲了出来。眼看压在盒底的"希望"也要冲出盒子，惊恐之下的潘多拉却合上了盖子。

据说潘多拉很后悔自己的好奇与冒失，但很奇怪她并没有再次打开盒子——反正所有的坏东西都已经跑出来了，何不再把"希望"也放出来，多少也能弥补一点。

于是"希望"并没有降临人间，但是人们在盒子打开的那一刹那，就已经知道了它的存在：希望，本来就是一种信念，存在于心也就够了。

庄子正是作为这样一种信念而存在的。但是，也正因为自始至终都被关在魔盒里，庄子也如"希望"一样可望而不可及，因此世上少有真庄子，而多有"伪庄子"。

庄子生活在诸子百家争鸣的年代，虽然诸子的作品或多或少都在抨击各国统治者的贪婪、虚伪乃至残忍，但不得不说，那是一个相当开明的社会。且不说孟子可以多少次肆无忌惮地当面嘲讽梁惠王而不用担心掉脑袋，只要看看苏秦可以从一介平民直接"佩六国相印"，《庄子·列御寇》中的曹商尽管被讥讽，也可以凭借个人能力从"穷闾陋巷"一步登天，像这样"脱颖而出"的例子比比皆是。这种开明与气度一直延续到秦末，韩信还可以从一个普通的中下级军官直接"登台拜将"，所凭借的无非是萧何的几句话，根本没有什么背景、资历的说法。才华出众的庄子，生活在"稷下之学"鼎盛的黄金年代，却断然拒绝楚国的相位，甘愿在温饱的边缘逍遥。所以庄子的淡泊名利，那是真正的"不为"——我不愿意。

我们常常有意无意地把庄子与陶渊明扯在一起，确实，《庄子》在晋代也是相当被人注重，但究其原因，却是因为在严苛的"门阀"制度之下，家庭出身成为唯一的晋身标准，一般人等绝难有出人头地的机会，逍遥而自在的庄子因此才成为许多人的精神寄托与向往。陶渊明生活在这样的年代里，很难说他的淡泊到底是"不为"还是"不能"。

战国以降，再无此种开明与气度。多少希望"赢得生前身后名"的，只落得一声"可怜白发生"的叹息。所以世上再无真庄子，更多的是无可奈何的"伪庄子"。"进则为儒，退则为道"，更多的是无奈，但何尝不是清醒。人生，如果只盯着死胡同，那是会得忧郁症的。

所以，解读《庄子》的人，不是一般地多，固然都有学术上的探索，但是可以断言，没有其他任何一部作品，更能让解读的过程成为一场内心的自我救赎。

心灵的沉沦是文明的副作用，而自我救赎，注定不会轻松到哪里去，只有敢与不敢，愿不愿意。

2017 年 8 月

说　明

　　按笔者原先的想法，是要把《庄子》从头到尾完整地注解一遍。慢慢发现似乎没这必要，一来是《庄子》本就由许多片段组成，并且重复的内容也不少，大块的文字反而不多；二来主要还是因为没有几个人会静下心来看：我们都已经习惯了埋头于手机中的碎片化阅读，还有多少时间和兴致可以用来啃一本砖头一样的书呢？更遑论是"辛苦遭逢起一经"了。

　　最终还是决定采用片段解读的办法，不至于让人望而生畏，直接拍死在沙滩上。但是说到底又心有不甘，因为看着许多的解读，拿下"戏说"的面具之后，还是看不清《庄子》的本来面目。所以笔者还是坚守了一点底线，以原文的翻译为主体，以字词的注释为依据，尽量在片段解读中，还原一个完整的庄子。这也是笔者坚持不采用讲故事的方式，而严格按原有篇目逐篇解读的原因，至少这样看上去还是一个整体，也还能搞清楚每一章到底在讲些什么内容，不至于将《庄子》弄得支离破碎。

　　本书中的仿宋字部分，都是对原文的翻译，并且尽量采用直译的方式，只有在为了显示生动与有趣时才采用意译。括号当中的文字是原文中没有的，是为了补充说明以便能更加准确地理解文意，或者是为了让过渡、转折更顺畅而添加的。翻译过的原文，都在"原文选注"部分逐字逐词给出注解。这么做也只是为了表示笔者是在"注译",尽量避免给人以"戏说"的感觉。

如此,这本《轻松读懂〈庄子〉》,最终的体例是以部分原文翻译为主体,以字词注释为依据,辅之以个人的解读与分析,尽可能地以读懂为目标,更希望能一管而窥全豹。关于《庄子》的整体哲学思想与艺术成就,则在后记中一并简单交代。

解读的原文以中华书局版《庄子集释》(郭庆藩)为依据,个别地方采用了其他版本中的文字。解读中最纠结的是,白话文与文言文还是有差别的,明明是很洗炼的文言,翻成白话之后,偏偏就生出了拖沓与纠缠的感觉,这可能还是因为笔者水平有限。

这样看来,以《庄子》的博大,笔者所希望的一管而窥全豹,也有可能恰恰是一叶而障目。

目 录

CONTENTS

外 篇

第一章

世界那么大，没有自由的心看不了几眼

——读《逍遥游》

《逍遥游》基本上可以看作是《庄子》和庄子的代名词，所以它当之无愧地成为《庄子》的首篇。

这一篇之所以有名，很大程度上是因为"逍遥"这个词。

逍遥，原是指"缓步行走时的样子"，后来指"一种无拘无束的境界，既指身体的不受羁绊束缚，又指心灵的自由放逸"。作为道家的哲学术语，简单一点说，就是"绝对的自由"。

苏轼《寄净慈本长老》："何时杖策相随去,任性逍遥不学禅。""逍遥"很多时候是和"任性"联在一起的。文学作品中，最任性的当属金庸大侠的武侠小说，不止是《天龙八部》中有个聚集了众多帅哥美女的"逍遥派",《倚天屠龙记》中任性妄为的明教左右两大护法，也叫杨逍、范遥。

逍遥，是存在于所有人心中的梦想，是可望不可及的境界。"世

界那么大，我想去看看"，等于是向全世界宣告我要任性地"逍遥游"
了，挠得多少人心痒难捺，结果好像也没走出多远。

我在中文系读书的时候，是一位年轻的讲师给我们讲的《逍遥游》。由于他会光着膀子和学生一起汗流浃背地在球场上大呼小叫，倍感亲切的同时，也就少了一份敬畏。我清楚记得，尽管很不舍他的口若悬河，我还是中途跷了课，去看了下午场的电影：连堂课都不敢跷，还谈什么逍不逍遥？

由于跷课，当时我是没有读懂《逍遥游》的，只记住了那只好大的鱼（鸟）：

北海有一种鱼，它的名字叫做"鲲"。鲲那个大哟，不知道有几千里。这种鱼会变化为鸟，化为鸟的时候，它的名字叫做"鹏"。大鹏鸟的背好大哟，不知道有几千里。大鹏鸟飞翔的时候，那才叫气势盛大，它的翅膀犹如垂在天际的云彩。这种鸟啊，在海水洋流运动的时候，就会随之从"北冥"迁徙到"南冥"。南冥，是远在天边的大海。

被拿来和大鹏鸟作比较的，是蜩（知了）、学鸠（小斑鸠）和斥鴳〔也叫"斥鷃（yàn）"〕这样的小鸟：

蜩和学鸠笑话大鹏鸟说："我像河水决口一样迅速地跳跃起飞，冲向眼前的榆树和檀树，大不了也就是一下子飞不到，落在地上罢了，为什么要飞到九万里那么高，再试图拼命往南呢？"

既然像大鹏鸟一样背负青天、一路向南才是"逍遥游"，好男儿当然应该志在千里，盯着眼前这点小花小草能有什么出息？

许多人都和我一样，以为"志存高远"才能够"逍遥游"。是啊，一路高飞的大鹏鸟和只顾在家门口啄食的小麻雀相比确实会给人这样的错觉。后来才知道，其实庄子要说的是，真正的"逍遥游"，首先要弄懂"小大之辩"。也就是说，要正确认识什么是"小"、什么是"大"，什么是值得的、什么是不值得的。

耍小聪明的弄不懂大智慧者在想什么，短命的不能理解长寿者的心态。我为什么知道这个说法是对的呢？你看，朝生暮死的菌类植物，不知道有昼夜更替这回事；夏天的知了不知道世上还有春秋冬，这些都是短命的。楚国的南边有一棵叫做"冥灵"的树，以五百年为春天、五百年为秋天；上古时代有一棵大椿树，更是以八千年为春天、八千年为秋天。而如今彭祖不过活了八百岁，却以活得长久、与众不同而闻名，大家都希望活得和他一样长久，这岂不是太可悲了？

这个所谓的"小大之辩"，其实就是个价值观的问题、值不值得的问题。在"朝菌"看来，一天就是一辈子；在知了的眼里，一个夏天就是一辈子；你看人家大椿树，千万年才是一辈子。那些在小框框里拼命争夺的东西，放到历史的长河里，根本就没有任何价值。一个人的一生，即使是像彭祖一样活到八百岁，也还不够"冥灵"们打个哈欠的时间，争什么争，有意义吗？

但是世上的人，很少能够真正洞察这一点。于是庄子就虚构了"肩吾"与"连叔"这两个人物，让他们来讨论了一把：

肩吾对连叔说："我听接舆（据说是个著名的楚国狂人，许多章节中都提到了他）这个人说话，太不靠谱，说着说着就不知道扯到哪里去了，就没个回头的时候，也从不考虑怎样印证自己的话。我很惊讶他的话就像银河系一样没有边际，和常人太不一样，一点也不符合人之常情。"

连叔说："他说了些什么啊？"

"他说：'藐姑射这座山上，住着一个神仙。肌肤洁白如雪，风姿绰约像个少女，不食五谷，吸风饮露，乘着飞龙，腾云驾雾悠游于四海之外。他是一个神情端庄、行事稳重的人，而他最大的本领，是能够使万物不受灾害之苦、五谷按时丰收。'我认为他的话太癫狂了，所以不相信。"

连叔说："他说的是真的。但是，正像不要试图让盲人看见美丽的花纹，不要试图让聋子听懂美妙的音乐，谁说只有躯体才有聋盲这样的缺憾和差别？智商也是有差距的！不好意思，我的这句话，说的就是现今世上像你这样的人。

"这个神一样的人，他的人生目的和行为目标，是追求把世上纷繁复杂的万物当作一个整体，没有天地、生死之别。世人都期望他来终结乱世，实现天下'大治'，可他怎么可能会把'兼济天下'作为人生和事业的目标，让自己累个半死！

"这个神一样的人，没有任何东西、任何事情能够伤到他，大水滔天淹不到他，旱热时金石化成流水、山土变成焦炭也热不到他。他身上掉下来的尘垢、吃剩的秕糠，尚且能够造就尧舜这样的伟业，哪里肯把身外之物当作人生事业！"

为了进一步说明有些人确实不把"天下"当回事，庄子又举了许由这个例子：

尧想把天下让给许由，于是就很谦虚地对许由说："日月已经出来了，我这个小火把还不熄灭，我这点光芒还要引导天下百姓，不也太难了！充沛的雨水已经随着季节到来，而我还在不停地浇灌，作为一个负责掌控田园水利的园丁，不也是徒劳！先生你只要站在这里，天下就能大治，而我还在尸位素餐，我自己看看也感到太抱歉了。请让我把天下交给你！"

许由说："先生您治理天下，天下已经大治了，而我还来代替你，我又为了什么呢？是为了名吗？'名'这个东西，其实是'实'的附属品，对于所要经历的人生实践，他就像个客人，我会放着主人不做，去当什么客人吗？小小的画眉鸟即使在深林里筑巢，也不过用到一根枝条；鼹鼠在大河边喝水，也不过以喝饱肚子为限。回去吧，君主，天下对我没有什么用处！即使厨师不下厨了，祭司也不能跑到宴席上代替他啊。"

有什么比"天下"更大呢？多少人打破脑袋争夺的"天下"，在许由眼里毫无意义！

那么在庄子眼里，什么才是真正的"大"呢？

有些人的智力、智商可以胜任一官半职，品行在一个乡里最优秀，品德合乎某一个国君的要求又能取信于百姓。他们看待自己，也像那些"抢榆枋"的小麻雀一样沾沾自喜。宋荣子先生忍不住笑了。世上所有的人都夸奖自己时不感到喜出望外，全世界的人都非议自己时也不感到沮丧，因为他有正确分辨内心操守与外物褒贬的定力，达到了明辨荣誉与耻辱的境界。"名"，也就是这么回事而已。

内心的操守与自由，才是真正的"大"。

花这么多的笔墨来论证"小大之辩"，还是为了说明心有多大，你的世界才有多大；内心不自由，是永远不可能"逍遥游"的。

回过头来看一下大鹏鸟。这只巨大的鸟，也不是那么容易飞得起来的。它要在"海运（不知是不是指洋流运动）"的时候，借着"扶摇"和"羊角"这样的旋风，先上升到九万里的高空，再轰轰烈烈地"图南"。

怎么感觉这大鹏鸟也就是一只大风筝？没风的时候、甚至风小一点的时候都飞不起来。

除了大鹏鸟，还有一个会飞的，叫做列子列御寇。他能够在天上飞十五天，并且飞得很潇洒。可是庄子说，尽管他用不着辛苦地赶路，比一干营营苟苟的平常人已经洒脱了许多，但是，他和大鹏鸟一样，仍然是"有所待"，不仅要满足一定的条件才能够飞，而且也飞不久远，算不上真正的"逍遥游"。

庄子心目中的"逍遥游"，是"乘天地之正，而御六气之辩，以游无穷者"，只顺应宇宙和自然，没有任何羁绊和阻碍，自由自在地遨游于人世间，没有任何局限。这样的境界，只有"无己"的"至人"、"无功"的"神人"和"无名"的"圣人"才做得到。说白了，也就是时刻关注"自己"和"功名利禄"的，就别想着游不游了。

列子御风

什么都比不上心灵的自由，有一颗自由的心，才能在这个世界上逍遥。

原来九万里之上的大鹏鸟，并不是"逍遥游"的象征！这个道理，我很久以后才明白，也不知道当年那帅哥讲师是怎么讲的。于是就后悔为什么要跷课，也许听完了这堂课，也就能少走许多弯路。

从第一章开始，庄子的老朋友和好朋友惠子就站在庄子的对面，两个人你来我往、喋喋不休，一直吵到了最后一章。这一章中两人争吵的还是"小大之辩"，读起来还是很有趣的：

惠子对庄子说："魏王送给我大葫芦的种子，我把它种了下去，成熟后的果实足有五石。但是如果灌上水，葫芦壳不够坚硬，根本提不起来；剖开来做成瓢吧，又实在太大，想不起该用来盛什么东西。不是说它不够大，它确实是足够大了，但是，我还是因为它没什么用处，而只好把它给敲碎了事。"

庄子就说了：

"先生你实在是不擅长利用大家伙啊。宋国有一个人，家传一种能让手不开裂的药，因此世代都以漂洗棉絮为业。有个人听说了，就出百金买他的药方。于是宋国人就聚集了家族里所有的人商量：'我们世代以漂洗为业，也赚不了几个钱，现在卖这个药方给他，一天就能拿到这么多钱，还是卖给他吧。'那人得到秘方之后，就去游说吴王。越国向吴国发难，吴王就让他率领军队出征。到了冬天，因为有了这个药，吴国在与越国的水战中大胜，此人也因此裂地分封。能让手不开裂这个药效是一样的，但是，有人能凭此裂土封侯，有人却跳不出漂洗的命运，还不是因为对功用的不同认识。现在你有这么大的葫芦，为什么不考虑一下，把它当作救生圈系在身上，让自己漂浮于江湖之上，却担心它太大了，没什么东西能装得了？看来你的心里，还是塞满了茅草，不够玲珑啊！"

惠子自然不服气了：

"那现在我也有一棵大树，人们都叫它樗，它的树干长满了大疙瘩，根本不符合绳墨的要求，它的小枝条又弯弯曲曲的，也不符合规矩。这棵树，立在大路边上，木匠从它身边经过，看都不看一眼。可见大的东西，也不一定是有用的。就像你现在说的话，也是大而无用，大家都懒得理你，你看，是不是都走开了？"

庄子说："先来看看小的。你没见过野猫和黄鼠狼吗？它们放低身段，伏在地上，等候捕捉出游的小动物。它们还善于上窜下跳，爬高下低，应该算得上是又聪明又机灵了吧？但还不是中了猎人的机关，死在罗网之中？再来看看大的。你看草原上那头牦牛，大得像天边的云彩，这算大了吧？但是它再大也抓不了老鼠啊。所以不能简单以'有用''无用'来判断大小。

"现在你一棵这么大的树，却担心它没有用处。让我来告诉你，这棵树是干什么用的。你为什么不把它种在什么都没有的地方，种在广漠的原野上，然后自由自在地在它的边上逛来逛去？不要老是想着做些强自己所难的事（'无为'的真正含义），逍逍遥遥地在树下睡个大觉。那么这棵大树，不会因为能够做家具而在刀斧下夭亡，也没有什么东西去伤害它。它没什么用处，哪里还会有什么困苦呢？"

庄子的意思是，给了你一个"大"的机会，你却无法把握，反而把它敲碎了，可以想象，即使给了你"逍遥游"的机会，你也游不起来。所以，最终的决定因素，还在于是否有一颗自由的心。

原文选注

北冥有鱼，其名为鲲（kūn）。鲲之大 [1]，不知其几千里也 [2]。化而为鸟，其名为鹏。鹏之背，不知其几千里也。怒而飞 [3]，其翼若垂天之云。是鸟也 [4]，海运则将徙于南冥 [5]。南冥者，天池也。

[1] **之**：助词，用于主谓结构之间，取消句子的独立性。 [2] **其**：句中助词，无义，只增加一个音节。 [3] **怒**：气势很盛、不可遏止。 [4] **是**：代词，这。 [5] **运**：运行，运转，转动。

蜩与学鸠笑之曰 [1]："我决起而飞 [2]，抢榆枋 [3]，时则不至而控于地而已矣 [4]，奚以之九万里而南为 [5]？"

[1] **蜩**（tiáo）：蝉。**学鸠**：小斑鸠。学，又作"鸴（xué）"。 [2] **决**（xuè）：快速的样子。 [3] **抢**：撞，碰到。 [4] **控**：此处指"停留"这种状态。 [5] **奚以……为**：即"为什么要做……的事情呢"或者"哪里用得着做……的事情呢"。奚，疑问代词，什么。

小知不及大知 [1]，小年不及大年。奚以知其然也？朝（zhāo）菌不知晦朔 [2]，蟪蛄不知春秋 [3]，此小年也。楚之南有冥灵者 [4]，以五百岁为春，五百岁为秋；上古有大椿者，以八千岁为春，八千岁为秋，此大年也。而彭祖乃今以久特闻 [5]，众人匹之 [6]，不亦悲乎！

[1] **知**：同"智"，智慧，才智。 [2] **晦朔**：指一天的早晚。 [3] **蟪蛄**（huìgū）：知了。 [4] **冥灵**：神话中的树木名。 [5] **特**：独特，特别。 [6] **匹**：匹敌，

比得上，相当。

故夫知效一官①，行比一乡②，德合一君而征一国者③，其自视也，亦若此矣。而宋荣子犹然笑之④。且举世而誉之而不加劝⑤，举世而非之而不加沮⑥，定乎内外之分，辩乎荣辱之境，斯已矣⑦。

①效：胜任。　②比：这里意为前列。　③征：征信，取信。　④犹然：微笑自得的样子。　⑤劝：通"欢"，欢乐。　⑥沮：丧气、颓丧或灰心失望。　⑦斯：代词，这。

尧让天下于许由，曰："日月出矣，而爝火不息①，其于光也，不亦难乎！时雨降矣②，而犹浸灌，其于泽也③，不亦劳乎！夫子立而天下治，而我犹尸之④，吾自视缺然⑤。请致天下。"许由曰："子治天下，天下既已治也，而我犹代子，吾将为名乎？名者，实之宾也⑥，吾将为宾乎？鹪鹩巢于深林⑦，不过一枝；偃鼠饮河⑧，不过满腹。归休乎君，予无所用天下为！庖人虽不治庖，尸祝不越樽俎而代之矣⑨。"

①爝（jué）火：小火。　②时雨：应时的雨水。　③泽：恩泽，恩惠。　④尸：尸立，在其位而无所作为。　⑤缺然：犹歉然，欠缺的样子。　⑥宾：次要、附属。　⑦鹪鹩（jiāoliáo）：画眉鸟。　⑧偃鼠：即鼹鼠。　⑨尸祝：古代祭祀时的主祭人。樽俎（zūnzǔ）：盛酒食的器皿，樽盛酒，俎盛肉。

肩吾问于连叔曰："吾闻言于接舆，大而无当，往而不返。吾惊怖其言，犹河汉而无极也①；大有径庭②，不近人情焉。"连叔曰："其言谓何哉？""曰：'藐姑射之山，有神人居焉，肌肤若冰雪，绰约若处子③；不食五谷，吸风饮露；乘云气，御飞龙，而游乎四海之外。其神凝④，使物不疵疠而年谷熟⑤。'吾以是狂而不信也。"连叔曰："然。瞽者无以与乎文章之观⑥，聋者无以与乎钟鼓之声。岂唯形骸有聋盲哉⑦？夫知亦有之⑧。是其言也，犹时女也⑨。之人也⑩，之德也，将旁礴万物以为一⑪，世蕲乎乱⑫，孰弊弊焉以天下为事⑬！

之人也，物莫之伤，大浸稽天而不溺^⑭，大旱金石流、土山焦而不热。是其尘垢秕糠^⑮，将犹陶铸尧、舜者也^⑯，孰肯以物为事！"

① **河汉**：指银河。**无极**：无穷尽，无边际。　② **径庭**：差得非常远。　③ **绰约**：姿态柔美的样子。　④ **凝**：稳重、庄重。　⑤ **疵疠**(cīlì)：亦作"疵厉"。指灾害疫病、灾变。　⑥ **文章**：错杂的色彩或花纹。　⑦ **形骸**：人的躯体。　⑧ **知**：同"智"，智慧，才智。　⑨ **时**：同"是"。**女**：同"汝"。　⑩ **之**：代词，这。　⑪ **旁礴**：亦作"旁薄""旁魄"。广大，宏伟。**一**：整体。　⑫ **蕲**(qí)：通"祈"，期求。　⑬ **弊弊**：辛苦、疲惫的样子。　⑭ **浸**：大水淹没。**稽天**：至于天际，形容势大。　⑮ **秕**(bǐ)**糠**：瘪谷和米糠，喻琐碎、无用之物。　⑯ **陶铸**：原指制作陶范并用以铸造金属器物，这里比喻造就、培育。

惠子谓庄子曰："魏王贻我大瓠之种^①，我树之成而实五石^②。以盛水浆，其坚不能自举也；剖之以为瓢，则瓠落无所容^③。非不呺然大也^④，吾为其无用而掊之^⑤。"

① **瓠**(hù)：葫芦。　② **树**：动词，种植。**成**：收成。**实**：果实。**石**(dàn)：古代计量单位，十斗为一石。　③ **瓠落**：大，空廓的样子。　④ **呺**(xiāo)**然**：大而内中空虚的样子。　⑤ **掊**(pǒu)：击破。

庄子曰："夫子固拙于用大矣^①。宋人有善为不龟手之药者^②，世世以洴澼絖为事^③。客闻之，请买其方百金。聚族而谋曰：'我世世为洴澼絖，不过数金。今一朝而鬻技百金^④，请与之。'客得之，以说吴王^⑤。越有难^⑥，吴王使之将^⑦。冬，与越人水战，大败越人，裂地而封之。能不龟手一也，或以封^⑧，或不免于洴澼絖，则所用之异也。今子有五石之瓠，何不虑以为大樽而浮乎江湖^⑨，而忧其瓠落无所容？则夫子犹有蓬之心也夫^⑩！"

① **固**：原来，本来。　② **龟**(jūn)：通"皲"，开裂。　③ **洴澼**(píngpì)：漂洗。**絖**(kuàng)：棉絮。　④ **鬻**(yù)：卖。　⑤ **说**(shuì)：游说。　⑥ **难**(nàn)：发难。　⑦ **将**(jiāng)：动词，率领，指挥。　⑧ **或**：有人，

有的。　⑨樽：一种形如酒器，可以缚在腰上渡河的东西。　⑩蓬：草名，蓬蒿。这里指心里塞满了草，不开窍。

惠子谓庄子曰："吾有大树，人谓之樗①。其大本拥肿而不中绳墨②，其小枝卷曲而不中规矩③。立之涂④，匠者不顾。今子之言，大而无用，众所同去也⑤。"庄子曰："子独不见狸狌乎⑥？卑身而伏，以候敖者⑦；东西跳梁，不避高下；中于机辟⑧，死于罔罟⑨。今夫斄牛⑩，其大若垂天之云。此能为大矣，而不能执鼠⑪。今子有大树，患其无用，何不树之于无何有之乡，广莫之野⑫，彷徨乎无为其侧⑬，逍遥乎寝卧其下。不夭斤斧⑭，物无害者，无所可用，安所困苦哉！"

①樗（chū）：即臭椿。　②本：草木的根或靠根的茎干。拥肿：即臃肿。绳墨：墨斗和墨线，木工拉直线的工具。　③规矩：圆规和角尺。　④涂：通"途"。⑤去：离开。　⑥狸：野猫。狌（shēng）：同"鼪"，黄鼠狼。　⑦敖：出游。　⑧机辟：亦作"机臂"。捕捉鸟兽的工具。一说为弩身。　⑨罔罟（wǎnggǔ）：渔猎的网具。　⑩斄（lí）牛：牦牛。　⑪执：拘捕，捉拿。⑫广莫：即广漠。　⑬彷徨：优游自得的样子。　⑭夭：短命，早死。斤：斧子一类的工具。

第二章

企求化蛹成蝶，才有杜鹃啼血的执着

——读《齐物论》

"齐"是象形字，甲骨文字形如右图，本是描绘小麦穗头长得平整的样子，所以它的本义就是"整齐"。"齐物论"的"齐"是形容词作使动词，意为"使……变得整齐"。那么庄子在这一章里，想让什么变得整齐呢？历来有两种不同的说法。

南朝刘勰在《文心雕龙·论说》里说："庄周《齐物》，以'论'为名。"也就是说，刘勰认为"论"是一种文体，"齐物论"是"齐物之论"，即"论天下万物都是一个样儿"。

宋朝的王应麟在《困学纪闻》中却说："庄子《齐物论》，非欲齐物也，盖谓物论之难齐也。"他认为要"齐"的不是"物"，而是"物论"。所谓的"物论"，则是指"诸子百家关于天下万物的看法和评论"，也就是说，他认为这一章的主题是"谈诸子百家吵吵嚷嚷的幼稚病和无聊透顶"。

两种说法，历来针锋相对。一方以刘勰《文心雕龙》为据，认为以"论"为篇名是可以有的，并且引同时期的《公孙龙子》和《荀子》作为佐证；另一方则说诸子的著作中，基本都是取开头几个字凑个篇名，以"论"为名只是极个别的现象，况且《庄子》中，也只有这个篇名中有个"论"字，不能充分证明就是"齐物之论"。双方争吵不休的同时，有看热闹的就提出更让人掉眼镜的观点："论"正式成为一种文体，是秦汉之后的事情，如果真的是"齐物之论"，那只有一种可能，就是这一篇是后人的伪作，不是庄子他老人家写的。

唯恐天下不乱。

到底是"齐物之论"还是"齐的是物论"，还得回到内容中。

这一章的结尾，是著名的"庄周梦蝶"：

昔者庄周梦为胡蝶，栩栩然胡蝶也。自喻适志与！不知周也。俄然觉，则蘧（qú）蘧然周也。不知周之梦为胡蝶与？胡蝶之梦为周与？

庄子梦见自己变成一只蝴蝶，很自在的蝴蝶，于是就觉得很开心啊，不再觉得还有庄周

庄周梦蝶

这个人存在。可惜好梦不长，一下子就醒了，惊觉自己原来还是庄周。从此之后，庄子就搞不明白了，到底是自己在梦中变成了蝴蝶，还是自己原本就是一只蝴蝶，现在这个庄周，只是蝴蝶做的一个梦而已？

这个故事很玄乎，很适合拿来印证"人生如梦"，还可以由此引申出许多感慨。所以很多时候提起庄周，就会有这只蝴蝶在边上慢慢地飞。关于"庄周梦蝶"的涵义，也就有了许多的理解。

那么，"庄周梦蝶"到底是想说明什么呢？要看接下来的这一句：

周与胡蝶则必有分矣，此之谓物化。

在一般人的眼里，庄周与蝴蝶肯定是有区别（分）的，这就叫作"物化"。

为什么认为庄周和蝴蝶有区别，就是"物化"？"物化"是指把某些玩意儿，比如"精神、性质"具体化为某一样事物。这里的"物化"，则是指"认为某一样事物就是某一样事物"，或者就说"事物与事物之间因为具有不同的特征，因而也是不一样的"。一般人眼里，庄周与蝴蝶是有区别的，因此庄周就是庄周，蝴蝶就是蝴蝶，所以很有必要弄清楚到底是庄周变成了蝴蝶，还是蝴蝶变成了庄周。没弄清楚谁变成谁之前，总是放不下心里的大石头。

道家则认为，物与物之间本来就没有区别，只有想不明白的人，才会什么事情都要"物化"。只要听从自己的内心，庄周和蝴蝶都会一样地快乐，根本没有必要去搞清楚到底是谁变成了谁。

这一章中，还有一个成语："朝三暮四"。现在这个成语基本都用来比喻反复无常、变化多端，让人捉摸不定。但是它本来并不是这个意思：

狙（jū）公赋芧（xù），曰："朝三而暮四。"众狙皆怒。曰："然则朝四而暮三。"众狙皆悦。

企求化蛹成蝶，才有杜鹃啼血的执着

《齐物论》中关于这个典故就这么几句，说得不是很清楚。细查一下，这个典故最早出自《列子·黄帝篇》：

> 宋有狙公者，爱狙，养之成群，能解狙之意，狙亦得公之心。损其家口，充狙之欲。俄而匮焉，将限狙之食，恐众狙之不驯于己也。先诳之曰："与若芧，朝三而暮四，足乎？"众狙皆起而怒。俄而曰："与若芧，朝四而暮三，足乎？"众狙皆伏而喜。

宋国一个养猴子（狙）的老头，在粮食不够的时候，先告诉猴子：早上给三个芧（橡子），晚上给四个，猴子们都很生气。于是老头又说，那就早上给四个，晚上再给三个，猴子们很开心。

这样看来，"朝三暮四"根本不是现在"变化多端"的意思。很多时候，我们也如猴子一样傻，很费力地去计较一时一事的得失，却没有意识到，上帝是很公平的，最终大家得到的都一样。而庄子引用这个典故，本来是想说明，很多像公孙龙这样的人，"劳神明为一而不知其同也"，费尽心思地去证明"白马到底是不是马"，却不知道，天下所有的事物，本来就都是相同的。

结合上面这两个典故，应该还是"齐物之论"。

"齐物"的意思是，万物都是浑然一体的，所有事物归根到底都是相同的，没有什么差别，也没有美丑、善恶、贵贱、是非之分。

先来说美丑，这个比较简单。

毛嫱和丽姬，人们看到她们的时候，确实觉得很美；但是鱼见到了就沉入水底，鸟见到了就高高飞走，麋鹿见到了就飞快地跑开。美人、鱼、鸟、麋鹿，这四者到底谁才是天下真正的美色呢？

我们一直都用沉鱼落雁、闭月羞花来形容四大美女的绝色，但是庄子认为至少鱼见到美女就沉入水底，不是因为羞愧，而是表示不屑一顾；而且美女、鱼、鸟和麋鹿到底谁更漂亮还不一定。因为"莛（tíng，草茎）与楹（房柱），厉（恶鬼）与西施"，乃至所有"恢恑憍怪（希奇古怪、千奇百怪的玩意儿）"，"道通为一"，从"道"的高度看来，通通都是一样的。

再说是非。要把"是"和"非"的差别都抹掉，这就有难度了，所以花的笔墨就比较多。

区分天下万物，无非是要分出彼此。从"彼方"的立场来看，见不到"此方"的任何正确之处；从"此方"的立场出发，就会认为"此方"的一切都是正确的。所以说，"彼"和"此"两者本来就没有区别，本来就是可以互相转换的。最能够体现"彼"和"此"关系的，就是"方生方死"这种观点。一个生命出现的那一刻（方生），就是走向死亡的开始（方死）；而一个生命结束，也意味着新生命的重新开始。一个事物好不容易具备了存在于世上的合理性（方可），但从那一刻开始，这种合理性就会逐步丧失（方不可）。因此，当一个事物被认定为"是"的时候，也就是走向"非"的开始；当他被认定为"非"的时候，恰恰是走向"是"的开始。"是"和"非"，本来就是相互依存、相互转化的。

学过《哲学原理》的都知道，庄子马上就要"掉进相对主义的泥坑"了：

所以圣人不会走上区分"彼此"与"是非"的歪路，而是把一切都交给"上天"去评判，让所有的"是非"都自然地显现，这其实也就是顺应了"是非"相生的真理。要知道"此"就是"彼"，"彼"就是"此"；"彼"有一个"是和非"的问题，"此"也有一个"是和非"的问题。果真有"彼此"的区分吗？果真没有"彼此"的区分吗？不把"彼"和"此"看成是相对的且同时并立存在的，这才是"道"的要旨。这个"道的要旨"就像是门的转轴，门轴插在环臼中，可以循环转动，应对无穷的变化。"是"也有无穷的变化，"非"也有无穷的变化，所有的"是非"观念，都比不上明了"是非"变换无穷的睿智。

所谓"相对主义",是只承认绝对运动而否认相对静止,认为所有的观点都没有绝对的对与错,甚至对与错根本就没有同时存在的可能,只有因立场不同、条件差异而相互对立。庄子上面的这一段论述,简直是对"相对主义"最好的注解。

不过"相对主义"好像历来就不怎么靠谱,早就被批得体无完肤了。用庄子自己举的"门轴"的例子也很容易反驳:我造个门在那,要么就开、要么就关,谁没事找事让它一天到晚滴溜溜地转个不停,你当自己是旋转门呢?

其实,庄子否认"是非"的目的,是让诸子百家特别是儒墨两家不要争吵不休:

故有儒墨之是非,以是其所非而非其所是。

儒墨两家是是非非争吵不休,致力于把对方所"非"的说成"是",把对方所"是"的说成"非",凡是敌人赞成的我们就反对,凡是敌人反对的我们就赞成。庄子认为这种争吵没有任何意义。

假如我和你辩论,你胜了我,我没有胜过你,你就真的正确吗?我就真的错了吗?我胜了你,你没有胜过我,我就真的正确吗?你就真的错了吗?也许是有人对、有人错?也许是大家都对、大家都错?我和你相互之间不认同,而别人又都会受到自身认知缺陷的影响,我让谁来作出正确的评判呢?让与你观点相同的人来评判,他既然和你观点相同了,又怎么公正地评判?让与我观点相同的人来评判,他既然和我相同了,又怎么保证公正?让与你我观点都不相同的人来评判,他和你我的观点都不一样,又怎么评判?让与你我观点都一样的人来评判,他和你我都一样了,更不能评判了啊?你、我、他相互都不认同,又等待谁来评判呢?

看来"相对主义"确实是一个泥坑,滑进去之后,扒一下滑一下，没有一点可以着力的地方，所有的努力看上去都不再有任何意义。所以，庄子在本章开篇中描绘"得道齐物"的代表人物南郭子綦的形象是：

南郭子綦隐机（凭靠几案）而坐，仰天而嘘，荅（tà）焉（忘怀的样子）似丧其耦（躯体）。颜成子游立侍乎前，曰："何居（何故）乎？形固可使如槁木，而心固可使如死灰乎？"

相对主义者认为一切事物都没有区别，没有美丑，也没有是非，当然所有的行为也就不再有意义。抱着这样的心态，还能生龙活虎，那才怪；当然只有形如槁木、心如死灰一条路。

如此的空灵与消极，是学不得的。不过不用担心，估计也没几个人学得来的。撇开这些，这一章中的辩证思维倒是很形象：

夫天下莫大于秋毫之末，而大山为小；莫寿乎殇子，而彭祖为夭。天地与我并生，而万物与我为一。

大小、多少甚至生命的长短本来就是相对而言的，真正宽广的是一个人的胸怀；心胸足够宽阔，大可以与天地比肩，视万物为己有。

李商隐说，庄生晓梦迷蝴蝶，望帝春心托杜鹃。其实庄子并没有纠结于到底是蝴蝶变成了庄子，还是庄子变成了蝴蝶，倒是我们在很多时候都企求化蛹成蝶，所以才有了杜鹃啼血的执着。

原文选注

物无非彼，物无非是①。自彼则不见②，自知则知之③。故曰：彼出于是，是亦因彼④。彼是方生之说也⑤。虽然，方生方死，方死方生；方可方不可⑥，方不可方可；因是因非，因非因是⑦。是以圣人不由而照之于天⑧，亦因是也⑨。是亦彼也，彼亦是也。彼亦一是非，此亦一是非⑩。果且有彼是乎哉⑪？果且无彼是乎哉？彼是莫得其偶⑫，谓之道枢⑬。枢始得其环中⑭，以应无穷。是亦一无穷，非亦一无穷也，故曰：莫若以明⑮。

①**是**：此，与"彼"相对。这一句是互文，意为区分天下万物无非是要分出彼此。　②**自**：从。**不见**：看不见（对方的正确之处）。　③**自知则知之**：有人说"自知"文意难通，应为"自是"，意为从自身的角度来看就知道了。不过"自知"似乎也可以，意为立足于自己这一方，无非是要论证己方的正确之处，自己了解自己当然比了解别人容易。　④**因**：依靠，凭借。　⑤**方**：介词，表示时间，相当于"在""当"。"方生方死"是惠施的观点："日方中方睨，物方生方死。"太阳到了正中就会偏斜（睨），事物从出生的那一刻就走向消亡。"方死方生"，则是指旧事物的消亡意味着新事物的诞生。　⑥**方可**：与"方生"类似，指一事物存在于世的合理性。　⑦**因是因非，因非因是**：互文，指"是非"互相依存、互相转换。　⑧**由**：动词，行走。**照**：通"昭"，显示。**天**：自然。　⑨**因是**："因是因非"的缩略。　⑩**彼亦一是非，此亦一是非**："彼方"也有一个是非标准，"此方"也有一个是非标准。　⑪**果**：果真，当真。　⑫**偶**：并立，同时存在。　⑬**道枢（shū）**："道"的要义、关键。　⑭**枢始得其环中**：比喻的说法，意为抓住了"道"的要旨，就如门轴在环臼中，可以应对无穷的变化。　⑮**莫若以明**：意为"是非"变化无穷，根本无法把握，什么标准都比不上明了"是非"相生变换的睿智。明，睿智。

毛嫱丽姬①，人之所美也②；鱼见之深入，鸟见之高飞，麋鹿见之决骤③。四者孰知天下之正色哉④？

①**毛嫱（qiáng）**：春秋时期越国的美女，大体与西施同时，相传与西施同为勾践的爱姬。**丽姬**：或称骊姬（？—前651），名不详，春秋时期骊戎国君之女，晋献公妃子，晋君奚齐的生母。以美色获得晋献公专宠，阴险狡诈，使计离间挑拨晋献公与儿子申生、重耳、夷吾的感情，迫使申生自杀，重耳、夷吾逃亡，改立自己所生之子奚齐为太子，史称"骊姬之乱"。　②**美**：形容词的意动用法，认为……很美。　③**决（xuè）**：快速的样子。**骤**：奔驰。　④**正色**：真正的美色。

既使我与若辩矣[1]，若胜我，我不若胜，若果是也[2]，我果非也邪[3]？我胜若，若不吾胜，我果是也，而果非也邪？其或是也[4]，其或非也邪？其俱是也[5]，其俱非也邪？我与若不能相知也[6]，则人固受其黮暗[7]，吾谁使正之[8]？使同乎若者正之？既与若同矣，恶能正之[9]！使同乎我者正之？既同乎我矣，恶能正之！使异乎我与若者正之？既异乎我与若矣，恶能正之！使同乎我与若者正之？既同乎我与若矣，恶能正之！然则我与若与人俱不能相知也，而待彼也邪？

①既：已经。若：人称代词，你。　②是：正确，对的。　③非：不正确，错的。　④其：副词，也许、大概。或：代词，有的。　⑤俱：副词，都。　⑥相知：互相认同。　⑦黮（dǎn）暗：指暗昧不明，认知有缺陷。黮，黑色。　⑧正：修正、评判、裁断。　⑨恶（wū）：代词，表示疑问，相当于"何""怎么"。

企求化蛹成蝶，才有杜鹃啼血的执着

第三章

养生，就是正确地看待人生

——读《养生主》

先抄一段原文：

庖丁为文惠君解牛，手之所触，肩之所倚，足之所履，膝之所踦（yǐ），砉（huā，拟声词）然向（xiǎng，拟声词）然，奏刀騞（huō，拟声词）然，莫不中音，合于《桑林》之舞，乃中《经首》之会。

文惠君曰："嘻！善哉！技盖至此乎？"

庖丁释刀对曰："臣之所好者，道也，进乎技矣。始臣之解牛之时，所见无非牛者。三年之后，未尝见全牛也。方今之时，臣以神遇而不以目视，官知（感官，知觉）止而神（精神、思想）欲行。依乎天理，批大郤（xì，缝隙），导大窾（kuǎn，缝隙），因（顺着）其固然（本来的样子）。枝（枝脉）经（经脉）肯綮（qìng，筋肉盘结处）之未尝，而况大軱（gū，骨）乎？良庖岁更刀，割也；族庖月更刀，折也。今臣之刀十九年矣，所解数千牛矣，而刀刃若新发于硎（xíng，磨刀石）。彼节者有间，而刀刃者无厚。以无厚入有间，恢恢乎其于游刃必有余地矣，是以十九年而刀刃若新发于硎。虽然，每至于族（盘结交错的地方），吾见其难为，怵然为戒，视为止，行为迟。动刀甚微，謋（huò，迅速裂开）然已解，如土委地。提刀而立，为之四顾，为之踌躇满志，善刀而藏之。"

文惠君曰："善哉！吾闻庖丁之言，得养生焉。"

这一段文字入选过中学语文教材，大家应该都很熟悉。这三百多个字中，创造了庖丁解牛、游刃有余、踌躇满志三个著名的成语。从文学的角度来看，庖丁解牛这个场景描写，气势宏大、酣畅淋漓，不仅体现了庄子"汪洋辟阖、仪态万方"（鲁迅语）的行文风格，也无愧于"千真万真的文学"（闻一多语）这一评价。

屠夫杀牛，不见血肉横飞，只见舞姿婀娜；不闻蛮牛悲鸣、人声鼎沸，只听得刀声清脆悦耳；本该是白刀子进、红刀子出的血腥场面，硬是被整成了歌舞表演，难怪文惠君要大声叫好。

关于如何把"杀牛的技术"进化成"杀牛的艺术"，庖丁给出的解释是"好道"而"进乎技"，即先有正确的思想理论指导，再有专业技术水平的精进。但是他所好的是什么"道"，没有明确的表述，我们也没去深究。因此一直以来，我们都是把庖丁当作一个满怀敬业精神、在平凡的本职工作岗位中取得不平凡成绩的有为青年来看待的。

文惠君曰："善哉！吾闻庖丁之言，得养生焉。"

当年备课的时候，对这最后一句还是闪过一丝疑虑的：这一篇的篇名就叫《养生主》，似乎是关于"养生的主旨""养生的要义"，或者也可以叫"养生的指导思想"，为什么要写那么一长段的"杀生"呢？看人家"杀生"，竟然还得出了"养生"之道，这是怎么回事？但课文和教参中都没有明示，讲台上也只是含糊带过，不过总觉得有点误人子弟。

现在先来看一下，什么是"养生"。

这几年，这个词热得不行，可能是"小资"这个说法有点刺耳，凡是和"悠闲"扯得上点边的生活方式和生活态度，都改名叫"养生"，许多人更是干脆把"喝茶"等同于"养生"了。这些号称"养生"的思想和生活方式，基本上都只能称之为"养身"，《庄子》中称之为"养形"。

所谓的"养生"，绝不仅指"养身（形）"，还包括"养性、养情"，用现在的哲学语言表述，应该是"正确对待自己的人生"。这样看来，"养生主"，其实就是"人生观"。

庄子的"养生主"可以概括为四个字：顺其自然。

我们看庖丁解牛，只看到他的"刀飞色舞"，再加上他又说自己在这个岗位上干了十几二十年，"所解数千牛矣"，我们都不自觉地按照"钢铁是怎样炼成的"这一思维定式，把他的"解牛艺术"理解成为"苦练杀敌本领"的成果，基本上都把庖丁和"卖油翁"划了等号。我们都忽视了一个细节，人家在动手杀牛的三年之后，就已经"目无全牛"了。丁大厨不是在十几二十年之后才开始表演"杀牛之舞"的，人家早就明白了杀牛艺术的精髓：

依乎天理，批大郤，导大窾，因其固然。技经肯綮之未尝，而况大軱乎？

依据牛身上的天然纹理，切削启开大的空隙，一切都顺着牛身结构本来的样子。关节经脉、筋骨纠结的地方都不去碰，更不用说去砍大骨头了。

庖丁解牛的诀窍就是"因其固然"，不去割，更不用砍。顺其自然，就是庖丁所谓的"道"，也就是庄子提倡的"养生主"。

人生，太多的欲望，势必招来许多的纠结，最终只能拿斧子去劈，背大刀去砍。

庄子认为人生应该"顺其自然"，是基于以下几点：

第一，人生的一切，不管好与坏，都是大自然赋予的。

公文轩见到右师的时候，大吃一惊："这是什么人哪？长相独特（当然指丑陋）到了什么程度啊？是天生的呢，还是人为的呢？"

经过观察和思考之后，公文轩得出了结论：

是老天让他如此的，老天让他生来就如此独特。每一个人的容貌都不会无缘无故变得很奇特，肯定是上天有意赋予的。从这件事中我们应该明白，决定一切的是上天，不是哪一个人。

第二，每一个人都有他自己该有的生活，不管出于什么目的，改变一个人原有的生活，都是不应该的。

沼泽地里艰难生存的野鸡，走十步才吃到一条小虫，走百步才喝到一口水，虽然觅食很不容易，但是它绝不期望被豢养在樊笼里。养在笼子里的动物，虽然因为勤于喂养而显得气宇轩昂，但这绝对算不上是美好的生活。

第三，生死有时，生命总有花开花落，没必要太把喜怒哀乐当回事。

老聃死后，秦失去吊唁，哭了三声之后就出来了。弟子问：

"老聃不是你的朋友吗？"

"是啊。"

"那你这么简单地凭吊一下，可以吗？"

"可以啊。开始的时候，我以为老聃是个人物，现在看来不是。刚才我进去吊唁，看到有些老人哭他就像哭自己的儿子，有些年轻人哭他就像哭自己的母亲；这些人这个样子聚集在这里，必定有原本不希望说的话说了，原本不想哭的人哭了，这就叫做遁避'天道（指自然规律）'、违背人情。这种忘记了生命传承规律的行为，古人说会因为遁避天道而受到惩罚。该来的时候，老聃先生准时来了，该去的时候，先生也顺从生命的规律去了。在该来的时候来，在该去的时候去，这正是生命的常态；本来就用不着让喜怒哀乐进入到生命之中，还用在葬礼上哭成这个样子？古人还把死亡看成是解自己于倒悬呢！"

第四，生命的意义在于精神的薪尽火传，不在于肉体的不死。

生命就像松脂，终究会在燃烧时耗尽，而精神则像火，可以一脉相传，永无尽头。

以庖丁解牛为引子，通过上面的四个论据，庄子提出对待人生（也就是养生）的正确态度是：顺其自然，才能游刃有余，才有可能最终达到踌躇满志的境界。

因为养生的"主"是顺其自然，庄子在本文的开篇，就告诫人们，耍小聪明是一件很危险的事，可惜，我们都会错意了：

吾生也有涯，而知也无涯。以有涯随无涯，殆已；已而，为知者，殆而已矣！

我们都把"知"当成了"知识"。生命是有尽头的，而"知识"是没有穷尽的，所以要"好好学习、天天向上"。问题在于联系一下下文"以有涯随无涯"，即把有限的生命投入到无限的学习中去，为什么会"殆"？拼命学习有什么危险？

其实这里的"知"，古同"智"，指的是"机智、巧诈、小聪明"，是一个贬义词，这在《庄子》和《道德经》中有很多的例证。

我们的生命是有限的，而"聪明机智"是变化无穷的，是没有尽头的，把有限的生命，投入到无限的耍小聪明之中，这是很危险的！罢手吧！耍小聪明的人，太危险了，赶紧收手吧！

最后，公布庄子在开篇就已经明确的"养生"方法：

为善无近名，为恶无近刑。缘督以为经，可以保身，可以全生，可以养亲，可以尽年。

做好事不要急于求名，求名是很累人的，并且招致忌恨的可能性也很大；做不了好事，做坏事也不能过分，否则处罚立至，还谈什么养生？就像因为有了"脊柱（督脉）"，人才能够安身立命，"养生"也要有"主"，需要找到正确的指导原则。只有把"顺其自然"作为人生的准则，才可以保身全生，颐养亲人，以尽天年。

原文选注

吾生也有涯，而知也无涯①。以有涯随无涯，殆已②；已而③，为知者④，殆而已矣！为善无近名，为恶无近刑。缘督以为经⑤，可以保身，可以全生，可以养亲，可以尽年。

①**知**：同"智"。这里是指狡诈、小聪明。　②**殆**：危险。　③**已**：停止。**而**：通"耳"，语气助词。　④**为知者**：耍小聪明（智）的人。　⑤**缘**：循，顺。**督**：中医学名词，督脉为人体中央贯彻上下之脉，就在脊椎位置。**经**：常道，指常行的义理、准则、法制。

公文轩见右师而惊曰："是何人也？恶乎介也①？天与②，其人与？"曰："天也，非人也。天之生是使独也，人之貌有与也。以是知其天也，非人也。"泽雉十步一啄③，百步一饮，不蕲畜乎樊中④。神虽王⑤，不善也。

①**恶乎**：疑问代词，相当于"何所"。**介**：独，特异。　②**与**：赋予。③**泽**：水深的湖泽或水草丛杂的湖泽。　④**蕲（qí）**：祈求。**畜**：饲养。**樊**：关鸟兽的笼子。　⑤**王（wàng）**：动词，这里指气势凌人。

老聃死，秦失吊之，三号而出①。弟子曰："非夫子之友邪？"曰："然②。""然则吊焉若此，可乎？"曰："然。始也吾以为至人也，而今非也。向吾入而吊焉，有老者哭之，如哭其子；少者哭之，如哭其母。彼其所以会之^③，必有不蕲言而言，不蕲哭而哭者。是遁天倍情^④，忘其所受^⑤，古者谓之遁天之刑^⑥。适来，夫子时也；适去，夫子顺也^⑦。安时而处顺，哀乐不能入也，古者谓是帝之县解^⑧。"

① 号（háo）：哭而有言。　② 然：表示肯定的应答声。　③ 会：会合，聚集。　④ 遁：逃避。倍：通"背"，违反，违背。　⑤ 受：接受，承受。⑥ 刑：惩罚。　⑦ 顺：顺从，顺应。　⑧ 帝：古时与"朕"一样，都可以用作普通人的第一人称。县：通"悬"，悬挂。

指穷于为薪^①，火传也，不知其尽也。

① 指：通"脂"，指松脂。穷：穷尽，完结，这里指燃尽。

第四章

人生很少左右逢源，基本都在左右为难

——读《人间世》

　　还是从篇名开始。一般都简单地把"人间世"等同于"人世间"，也就是"人间"或"世间"。但是仔细读一下，"人间世"和"人世间"是不一样的。

　　区别在于，"人世间"的"间"，相当于"中间"的"间"，是方位名词；而"人间世"的"间"，应该念"jiàn"，是动词，与语文教材《口技》中"中间力拉崩倒之声"的"间"同义，意思是"夹杂"。

　　"人间（jiàn）世"，是指"人夹在这个逼仄的世界上"，需要在夹缝中求生存。

　　本篇以一个虚构的故事开场：

　　孔子的得意弟子颜回听说卫国的国君是个愣头青，而且刚愎自用，搞得民不聊生，死人遍及全国，撂在水坑里就像草芥，就准备去救民于水火，顺便实行一下老师的治国理论。但孔子制止了他：

你如果去了，就是找死！

孔子制止颜回，理由有四个：

第一，你自己的道德修养不够，不够格去暴君那里推行大道。

第二，你在暴君面前谈仁义，就是打他耳光，因为你的仁义恰恰反衬出他的丑行，惹恼他的可能性非常大。

第三，如果卫君能够听得进别人的意见，早就有人把他说服了，轮不到你。

第四，暴君也不都是白痴，搞不好还是个论辩的高手，你学艺不精，到时候说不定还会被他诱进坑里。只要你认可了他一次，接下去就会没完没了，等你明白过来提出异议，就一定会被砍了。

这个虚构的故事，一眼就可以看出，是借孔子的口来恶心孔子：你不是周游列国推销自己的治国主张吗？太天真了，老百姓都不可能轻易被说服，何况是一国诸侯！搞成"累累若丧家之狗"都算是好的了，你要是真的试图以自身的"仁义"感染、感动、改变人家，结果肯定是死路一条。

从前夏桀杀关龙逄，商纣王杀比干，都是因为他们自身修养过人，但却以臣下的身份去体恤国君的臣民，这就犯了以下犯上的大忌。所以他们的国君正是因为他的"个人修养"而不给他们活路。

这个故事很长，但主要是和儒家打嘴仗，和文章的主旨没什么大的关系。一大段的论述之后，终于回到了"人生很少左右逢源，更多是左右为难"这一主题。孔子问颜回，你将如何去说服卫君？

颜回说，我将"端而虚，勉而一"，外表端庄内心大度，勤奋努力且坚持原则。孔子说："唉，这怎么可以呢！不用说别的，就你这种'端勉'的态度就不行。"

用这种直来直去的方法，展示你的美德和人家对你的褒扬，在神态表情上就不能让人家有安全感。你这个态度，一般人都不敢表现出违和感，都会顺着你的情感需求，以求能够被容纳到你的心中。你这种做法，连日积月累地感化人家都算不上，怎么可能推行你的"大德"！可以肯定只有一个结果，对方会固执地坚持自己的观点，不会有一点变化，最多也只是表面认同，但内心绝不会去考虑你的意见，这种方法怎么可以！

颜回说，那我就"内直而外曲，成而上比"。内心还是坚持自己的理念，但是外表就曲就一点，并且把所有取得的成绩、所有要做成的事，都和上古时代相比较，都说成是尧舜时代定下来的法则，这样总行了吧！

孔子说："唉，这怎么可以呢！不说别的，你借古人来作大旗的方法是行不通的。"

许多的政治原则和治国法则是没有写在书上的，许多无理、不道德的人和事，即使固执得让人痛恨，却没有罪。你即使"内直外曲，成而上比"，也只能算是勉强做对了，哪里能算得上教化？和那些自以为是、固执己见、不肯接受别人正确意见的人差不了多少。

庄子借孔子的口，讥讽了颜回或者说儒家"兼济天下"的理想。虽然前半部分主要从姿态入手，后半部分主要从方法入手，前后并不怎么统一，但主题还是明确的，都是为了说明人生很多时候都是处于"两难"的境地。接下来讲的两个故事，同样都是为了说明"两难"是一种常态：

叶（shè）公（就是"叶公好龙"的那个叶公）子高受楚王的派遣要出使齐国，接受命令后吓得半死：完不成任务，楚王肯定要责怪；完成任务了，肯定会有人说好有人说坏，到时会把你活活气死。看来叶公肯定是处女座，凡事都爱纠结，怪不得会有"好龙"这一出。

颜阖要去给卫灵公的太子当师傅，但他知道这个太子不是个善茬。和他在一起如果不受伦理道德的约束，就会危害到国家；但如果要求他和自己一起讲道德吧，肯定惹祸上身。

人生，总是要在"两难"的夹缝中求生，这就是"人间世"。

如何在夹缝中求生？庄子借孔子之口给出的答案是：

第一，像斋戒一样摒弃内心的名利欲望，保持内心的空旷清明，即所谓的"心斋"。

第二，人家能接受你的观点就多说点，不能接受就不说，凡事都顺其自然，顺应规律，绝不螳臂当车（这个成语出处就在这里）。

而庄子自己给出的答案则是"无用之用"：

有一个叫做"石"的木匠到了齐国，来到曲辕的神社，看见一棵被当作社树的栎树。这棵栎树好大啊，它的树冠可以遮蔽数千头牛，用绳子绕着量一下，树干需要百来个人才能合抱，树的高度和周围的山差不多，十仞（大约25米）高的地方才伸出分枝，如果用它来造船，起码可以造个十几艘。赶来看树的人群像赶集一样热闹。但这位木匠大伯却不管不顾，不停步地往前走。弟子很仔细地把这棵树看了个够，然后跑到木匠身边说："自从我拿起斧头凿子跟随先生，从不曾见过这样漂亮的木材。先生却不肯看一眼，不停地往前走，为什么呢？"

木匠回答说："打住，不要再说它了！这是一棵什么用处也没有的树。用它做船，船会沉没；做成棺椁，棺椁会很快朽烂；做成器皿，器皿会很快毁坏；做成房门，房门会流出树脂脏了衣服；做成房柱，房柱会被虫蛀蚀。这是一棵不成材的树，正因为没有什么用处，所以它才能如此长命，才能长得那么大。"

木匠回到家里后，栎社树出现在梦里对他说："你想用什么东西跟我比较呢？你想用有用的树来跟我比较吗？那么楂、梨、橘、柚这些果树，果实成熟了就会被打落，果子脱落之后，枝干也就会遭受摧残，大的被折断，小的被扯下来。就是因为它们能结出鲜美的果实，才苦了自己的一生，基本都不能终享天年而半途夭折。世俗者对于它们的敲打，是它们自找的。天下所有的事物莫不如此。而且我寻找让自己无用的办法已经很久了，中间好多次差点就死掉了。现在好不容易找到了这个办法。'无用'，就是我最大的用处。假如我果真像你所说一样'有用'，还能够获得长命百岁这一最大的好处吗？况且你和我都是'物'，你为什么要这样看待事物呢？你也不过是快要死了的无聊人，又怎么可能懂得'无用之木'的奥妙呢！"

匠人醒来后就开始研究这个梦。弟子说："既然它的志趣在于'无用'，那么又跑去做社树干什么？"木匠说："闭嘴！你不要说了！别说了！它也倒霉，想尽办法之后故意找的这么个寄身之所，已经被不明白原因的人嘲笑了。如果它不做社树，可以肯定早就被砍了！况且它内心所要保全（指追求）的本就与众不同，你却用常人的标准来评判它，不觉得相差太远了吗！"

"社树"的例子之后，又举了几个例子：商丘的大树因为一无用处而大得不可思议；宋国"有荆氏"的小树因为"有用"，小枝条被折去拴猴，大树干被砍去做栋梁、制棺材；支离疏（人名）因为肢体不整、智力不全而逃过战争、躲过徭役，领取国家的补助，靠替人打零工而享尽天年。最后得出结论：

山上的树木因为"有用"而招来砍伐；点灯的油脂因为"有用"而被耗尽；肉桂树因为可以吃，所以被人砍掉；漆树因为可以提取漆，所以被人割得遍体鳞伤。人们都知道"有用之用"，但都不知道"无用之用"。

全文到此结束。气势也磅礴，文采也飞扬，但似乎并没有说清楚，在这个"两难"的人世间，怎样才算得上是"无用之用"？

"无用之用"，绝对不是简单的"一无用处"。在后面的《山木》一文中，树因为"无用"而得以保全，鹅却因为"无用"而被杀，弟子很困惑，庄子因此给出了"处于无用与有用之间"的原则。所谓的"无用与有用之间"，很让人摸不着头脑，并且有诡辩的嫌疑。仔细想了好久，庄子给出的答案似乎应该是：

成为吉祥物。

作为"社树"的栎树之所以长寿，"无用"当然是原因之一，如果"有用"早就被砍了，但最根本的原因还是它是一棵"社树"。

"社树"，本质上就是一个吉祥物。承载着大众的希望和寄托，与每一个人的切身利益紧密相关，谁敢去动一下作为吉祥物的"社树"呢？唾沫淹不死你，自己也会把自己吓死。庄子在《山木》中说"鸟莫知于鹡鸰（燕子）"，没有比燕子更聪明的鸟了。有一篇文章就叫《庄周的燕子》，很详细地分析了燕子与人相处的"大智慧"，如"无害""知趣""信任"等等。但我总觉得燕子之所以被人喜爱并关怀，还因为它吉祥物的身份。

树和鸟可以成为吉祥物，人怎么办？

一个人，不能成为具化的"吉祥物"，只能成为大众精神上的寄托。摒弃名利与是非观念，这就是"无用"，凭自身的修养成为大众的精神寄托，这就是"无用之用"。

庄子就是这样的精神寄托。

精神寄托与精神导师是不一样的。导师靠说教，寄托则是一种发自内心的向往，这就是庄子与孔子的区别。导师多少总要带一点名利目的，这也是孔子时时处处被庄子讥讽的原因。但是"民智未开"之前，不谈说教，只谈寄托，肯定也不现实，所以儒与道，向来都是两条平行线。

且昔者桀杀关龙逄^①，纣杀王子比干^②，是皆修其身以下伛拊人之民^③，以下拂其上者也^④，故其君因其修以挤之^⑤。

①关龙逄（páng）：夏代末年大臣，因为进谏忠言而被杀。　**②比干**：商朝贵族，商王太丁之子，20岁就以太师高位辅佐帝乙，又受托孤重任辅佐帝辛（纣王）。帝辛暴虐荒淫，比干至摘星楼强谏三日不去。纣怒曰："吾闻圣人心有七窍，信有诸乎？"遂杀比干剖视其心。　**③是**：代词，这。**修**：动词，指学问、品行方面的学习、锻炼和培养。**伛拊（yǔfǔ）**：怜爱、爱抚。**人**：别人、人家，这里指君主。　**④拂**：违背，逆。　**⑤修**：名词，指个人的修养。**挤**：排挤。

夫以阳为充孔扬^①，采色不定^②，常人之所不违^③，因案人之所感^④，以求容与其心^⑤。名之曰日渐之德不成^⑥，而况大德乎！将执而不化^⑦，外合而内不訾^⑧，其庸讵可乎^⑨！

①阳为：正大光明的作为。**充**：这里是表现、展现的意思。**孔**：形容词，嘉，美。**扬**：褒扬，称颂。　**②采色**：神采，神色。**定**：镇定、稳重，让人放心。　**③违**：违背，违反。　**④案**：同"按"。**感**：指情感或感受。　**⑤与**：同"于"。　**⑥日渐**：一天一天地（改变）。　**⑦执**：固执、坚持。**化**：感化。　**⑧訾（zī）**：考虑，希求。　**⑨庸讵（yōngjù）**：岂，何以，怎么。

匠石之齐^①，至于曲辕，见栎社树。其大蔽数千牛^②，絜之百围^③，其高临山十仞而后有枝^④，其可以为舟者旁十数^⑤。观者如市，匠伯不顾，遂行不辍^⑥。弟子厌观之^⑦，走及匠石，曰："自吾执斧斤以随夫子^⑧，未尝见材如此其美也。先生不肯视，行不辍，何邪？"曰："已矣^⑨，勿言之矣！散木也^⑩，以为舟则沉，以为棺椁则速腐，以为器则速毁，以为门户则液樠^⑪，以为柱则蠹，是不材之木也。无所可用，故能若是之寿^⑫。"

①之：到……去，往。　②蔽：遮住，遮掩。　③絜（xié）：用绳子计量。围：计量圆周的约略单位，指两只胳膊合围起来的长度。　④仞：计量高度的单位，八尺。　⑤旁：通"方"。　⑥辍（chuò）：中止，停。　⑦厌：满足。　⑧斤：斧之一种，后称"锛"，即横口斧。　⑨已矣：即"好了啦"。已，停止。矣，语气助词。　⑩散木：指无用的树木。　⑪液樠（mán）：指像松木心那样溢出树脂。樠，松木心。　⑫寿：长寿。

匠石归，栎社见梦曰①："女将恶乎比予哉②？若将比予于文木邪③？夫柤梨橘柚④，果蓏之属⑤，实熟则剥⑥，剥则辱⑦；大枝折，小枝泄⑧。此以其能苦其生者也⑨，故不终其天年而中道夭，自掊击于世俗者也⑩。物莫不若是。且予求无所可用久矣，几死，乃今得之，为予大用。使予也而有用，且得有此大也邪？且也，若与予也皆物也，奈何哉其相物也⑪？而几死之散人⑫，又恶知散木！"

①见（xiàn）：出现。　②恶乎：疑问代词，何所。　③文木：纹理细致有序的"可用"之木，与"散木"相对。文，纹理。　④柤（zhā）：山楂。　⑤蓏（luǒ）：瓜类植物的果实。　⑥剥：脱落。　⑦辱：屈辱，果实脱落后枝干就随意受人摧残。　⑧泄（yè）：通"抴"，即拽。　⑨以：因为。其能：自身的才能。其，它的。　⑩掊（pǒu）：敲打。　⑪奈何：为什么。其：句中语气助词。相（xiàng）：这里指看待、评价。　⑫散人：与上文的"散木"相当，指无用、不成材的人。

匠石觉而诊其梦①。弟子曰："趣取无用②，则为社何邪？"曰："密③！若无言！彼亦直寄焉④，以为不知己者诟厉也⑤。不为社者，且几有翦乎⑥！且也，彼其所保与众异⑦，而以义喻之⑧，不亦远乎！"

①诊：问诊，这里指研究。　②趣：志趣。取：取向。　③密：动词，这里指闭嘴。　④直：故意。寄：寄居。　⑤以：通"已"，已经。为：被。诟（gòu）厉：讥评，辱骂。　⑥翦（jiǎn）：砍伐。　⑦保：通"褒"，指内心所追求的、坚持的。　⑧义：这里指常理。喻：理解、解读。

山木，自寇也①；膏火②，自煎也③。桂可食，故伐之；漆可用，故割之。人皆知有用之用，而莫知无用之用也。

①**自寇**：自取砍伐。寇，侵犯，掠夺。　②**膏火**：指用来点灯的油脂。膏，油脂。　③**煎**：销熔。

人生很少左右逢源，基本都在左右为难

第五章

长得丑不是你的错，出来走进图画里吧

——读《德充符》

《德充符》的"符"，和道士们装神弄鬼的"符箓""鬼画符"没有任何关系。

先看一下这一章中出场的人物。

鲁有兀者王骀（tái），从之游（游学）者与仲尼相若（一样多）。

申徒嘉，兀者也，而与郑（国）子产（郑国的贤相）同师于伯昏无人（虚构的得道者）。

鲁有兀者叔山无趾，踵（无趾，所以用脚后跟走路）见仲尼。

"兀"的意思是"独立"，"兀者"就是一条腿的人。从后文的内容来看，这三个人好像都是因为犯了罪而被官府砍了一条腿。

卫有恶（丑陋）人焉，曰哀骀它（tuó）。

这个"恶人"丑成什么样子，没有明说；从名字看来，似乎是驼背，可能还瘸腿（"它"通"驼"，"骀"是劣马）。

这四个人，肢体不全，但都比孔子、子产之类的贤人更有名望。尤其是这个"哀骀它"：

丈夫与之处者，思而不能去也。妇人见之，请于父母曰"与为人妻，宁为夫子妾"者，十数而未止也。

简直是人见人爱，男男女女都喜欢他。

比这四人更丑的还有：

阘（yīn）跂（qí）支离无脤（shèn）说卫灵公，灵公说（同"悦"）之，而视全人，其脰（dòu）肩肩。瓮盎大瘿（yǐng）说齐桓公，桓公说之，而视全人，其脰肩肩。

阘，弯曲；跂，多趾；支离，肢体缺少；无脤，没肉、骨瘦如柴。有人说"无脤"是缺嘴唇，可能是因为"脤"与"唇"都有"辰"部，其实"脤"是古代祭社稷用的生肉。瘿，颈部的大瘤，中医认为是"气郁痰凝血瘀结于颈部"，估计就是缺碘，脖子像坛子一样大。看到这两个奇形怪状的人后，卫灵公和齐桓公再看见完整的人，都觉得看不顺眼了，无非是脖子（脰）扛（肩，动词）在肩（名词）上罢了。也有说"肩肩"是细长的意思，看见大头颈之后，感觉正常人的脖子都太细了。这种解释针对后一个人说得通，对前一个就不大好理解了，要不就是抄写的错误。

不过也不用去较真，总之就是上面这六个"歪瓜裂枣"都很有名望且招人喜欢。

如果仔细回忆一下，佛道两家中，真正长得仙风道骨的帅哥并不多，更多的可能还是这种奇形怪状的高人。道家的神仙们则常常是"清丑入图画，视之如古铜古玉"，据说这种人物形象的首创者就是庄子。

长得丑不仅不是我的错，而且还大可以出来接受众人的膜拜，真是太好了。

长得丑，又招人喜欢，当然只能有一个原因：心灵美。也就是"德"。回到本章的题目"德充符"。

先抄一个："道德充实于内，万物应验于外，内外融合如符契般紧密。"这个解释，反正我是看不懂，但偏偏就有许多这样玄虚的注解。

《说文》："充，长也，高也。"上面是"育"字头，下面是个"儿"字，所以它的本义是"育儿长大成人"，引申为"成长、提高"，本来并不是"充满、充实"的意思。

"符"可以作动词，意为"符合"，但它的本义是传达命令或调兵遣将用的凭证，双方各执一半，以验真假，如"信陵君窃符救赵"；两块"符"合一起，对得上号，才叫做"符合"。这一章中，并没有什么"内外融合"的内容，还是应该作名词"凭证、符号、标志"解比较靠谱。

上述这些奇形怪状的人物，都因为"心灵美"而讨人喜欢、名声在外，至于长得怎么样，并不重要。所以一个人德行（德）养成（充）的标志（符），不是外貌是否华丽，是否有"书卷气"，而是内心的修养是否到位，最直接的评判标准，则是是否受人待见。说不定长得越丑的，德行越高；多点东西或者少点东西，也无所谓，说不定还越招人喜欢。

腹有诗书气自华，道家表示不屑一顾。

当然，外貌可以无所谓，但内心的修养应该达到什么样的程度，这个"德充符"到底应该是什么，还是要说清楚的。这个任务是由孔子来完成的。

孔子在这一章中，首先是作为陪衬比较的对象出现的。他不仅在祖国（鲁国）人民心中的地位没有王骀受尊崇，还被叔山无趾数落"蕲（期）以诚诡幻怪之名闻"，并且在老聃提出救救仲尼先生时，断言"天刑之，安可解"，上天要惩罚他，没得救了。其次，孔子又是作为一个道家观点的论述者出现的，"德充符"就是通过他的口说出来的。

借孔子的口表述的东西很多，主要有两方面的内容：

一是这些奇形怪状的角色，之所以招人喜欢，"是必才全而德不形者"。虽然肢体不完整了，但"才情"肯定都是完整的，并且"德行"本来就"不形于色"。

何谓"才全"？仲尼说："要相信生和死、存在和消亡、途穷与通达、贫穷与富有、贤明与不肖、毁谤与赞誉，正如饥渴与寒暑一样，都是必然的客观变化，都是天命（客观规律）的体现。看着日夜准时在眼前交替，从不会为任何人而改变，就应该懂得没有事情是可以人为算计、规划的，哪怕是从一开始就算计也不行，因为万事都有它的发展规律。明白这个道理，就不会因为生死存亡、贫富穷达、毁谤赞誉而让平和的心态溜走；也不会把这些放在心上，让自己生活安乐、内心通达，始终保持喜悦的心情；让日夜交替不再影响自己的心态，让自己和万物一起永远生活在春天里。感受万物生死变化时，内心很清楚，这些都无非是生命的过程。这就叫做'才全'。"

何谓"德不形"？仲尼说："看过像镜子一样平整的水面吗？要知道，这是水在容器里停留的极致状态了，再多一点，就会溢出来。'水平'，可以作为德行的原则，内里充实、没有空隙，但绝不溢出一点。'德'，是让内心平和的修养，内心满怀着'德'，但是绝不表现出来，这就叫'德不形'。真正的'德不形'者，万物都不会离他而去，更不用说人了。"

这些叙述还是很绕，总结一下，"才全"就是因承认客观规律而内心豁达；"德不形"就是德行不外露，且不外露又能让人感受得到，因而趋之若鹜。

二是真正的"德充符"是"忘形而无情"。

所以"德"是要培育的，而"德的外现"是要被忘记的。但是，人们总是不忘记应该忘记的，而忘记了不应该忘记的，这可是真正的"忘记"。圣人确实应该去"游学"，但是学什么很重要。"智"是为了满足本来就多余的各种需求，"德"是为了妥善地处理个人与外界的各种关系。正如用绳子捆绑是为了让不相干的东西胶着在一起，拼命地把一个东西做得很工巧，主要还是为了出售而获利。圣人从来不算计，哪用得着"智"？从来不担心在与外界的交往中失去什么，哪用得着"德"？从来不去破坏事物原本的完整性，哪用得着考虑要把哪些东西黏在一起？从来就不追求货利，哪用得着去卖这卖那？

万物的发展壮大、万物之间的相互联系、人和自然的关系以及人维持生存的需求限度，这四者都是天然化育的，应该由天（自然）来决定。既然由天来决定，又哪里用得到人！所以，正确的处世态度是：有人的形态，而没有人的情感。有人的形态，所以能与常人为伍；没有人的情感，所以就不会让"是非"观念扰乱自己。所以圣人都是渺小的，因为他们看上去和一般人没有什么不同；但是圣人又是伟大的，因为唯独他们能顺应天（自然）的要求！

"忘形"，联系前面的内容，也有两层含义。第一层意思是"忘记形貌"，长得丑无所谓；不仅先天的丑陋可以忽略，甚至因犯罪而被斩手砍脚也没关系，只要德行高超就行了。这就是为什么要塑造这些"清丑"人物的原因。第二层意思是"忘记德的外现"，也就是"德不形"。所以上面这些"清丑"，即使是学生和孔子一样多，也是不开口说教的，鲁哀公要把国家托他治理他也是不能接受的。

"忘形"当中，别的都忘掉好像也可以，但居然可以连"德"也用不着，"德"可是人类最高和最后的存在准则，连这都可以不要了？还有，既然不能开口说教，《庄子》这么苦口婆心地费什么劲？

还是《老子》聪明，就五千字，还强调是被人逼着写的。

相比于"忘形","无情"更让人惴惴。作为一个"人",真的可以"无情"吗？所以又借老朋友惠子来讨论了一番：

惠子对庄子说："人真的无情吗？"

庄子说："对啊。"

惠子说："人而无情，还可以叫做人吗？"

庄子说："上天和'道'给了你人的外形和独特的相貌，为什么不能叫做人？"

惠子说："既然叫做人，哪里能无情？"

庄子说："你说的'情'，不是我说的'情'。我所谓的'无情'，说的是人不能够因为'个人好恶'这一内在的原因而伤害自己，而应时刻顺应自然，不去追求改善生存的状态、讨论生存的意义。"

惠子说："不追求生存的质量和意义，哪里还可以作为一个人而存在？"

庄子说："自然和上天给了你人的形貌，就不要因为'个人好恶'这一内在的原因而伤害自己。现在你让精神跑到身体之外，耗损你的精力，累得像条狗，倚着大树大声呻吟，靠着干枯的梧桐树打瞌睡。上天选择了你，让你具备了人的形态（给了你成为一个人的机会），你却拿着什么'坚白论'成天价乱叫。"

这一段明显是鸡同鸭讲，双方对"情"的理解完全不同。惠子所谓的"情"，就是我们常说的"情感"，指一个人对外界社会、事物以及自身、周围人的评价和体验，具体地说，就是爱情、幸福、仇恨、厌恶、美感等等。而庄子所谓的"情"，到底是什么，并没有明说，只是说"无情"就是不要受个人好恶和是非观念的影响，一切顺其自然。一路吵下来，并没有真正在某一个地方产生碰撞，所以最后就变成了很文艺的人身攻击。

星爷说，长得丑不是你的错，出来吓人就是你的不对了。但是只要"德""充"到一定的程度，缺个把零件也照样大受欢迎，丑点又怕什么？

"清丑入图画"，出来走进图画里吧。

原文选注

（鲁）哀公曰："何谓才全？"仲尼曰："死生存亡，穷达贫富^①，贤与不肖^②，毁誉^③，饥渴寒暑，是事之变^④，命之行也^⑤。日夜相代乎前^⑥，而知不能规乎其始者也^⑦。故不足以滑和^⑧，不可入于灵府^⑨。使之和豫^⑩，通而不失于兑^⑪，使日夜无郤而与物为春^⑫，是接而生时于心者也^⑬。是之谓才全。"

①穷：尽头，困窘，走投无路。达：通达。　②不肖："贤"的反义词，不成才。　③毁：毁谤。誉：称颂。　④是：代词，这，这些。变：变化的规律。　⑤命：命数，其实就是规律。行：过程和结果。　⑥代：更迭，代替。　⑦规：规划、谋划。始：开始的时候。　⑧滑：滑过，溜走。和：指内心平和的状态。　⑨灵府：心灵，内心。　⑩和豫：安乐。　⑪通：内心通达。兑（duì）：喜悦。　⑫郤（xì）：空隙，裂缝。为：介词，于，在，表示时间或处所。　⑬接：接触，感受外界的变化。时：一切事物不断发展变化所经历的过程，就是"时间"。

"何谓德不形^①？"曰："平者^②，水停之盛也^③。其可以为法也^④，内保之而外不荡也^⑤。德者，成和之脩也^⑥。德不形者，物不能离也^⑦。"

①形：现形，显露，显示。　②平：水面平整。　③停：这里指水在容器里。盛：顶盛，极致的状态。　④法：效法，仿效，借鉴。　⑤保：保有，持有，坚守。荡：因摇荡而溢出。　⑥成和：促成平和的心态。脩：同"修"。　⑦离：离别，走开。

故德有所长而形有所忘^①，人不忘其所忘而忘其所不忘^②，此谓诚忘③。故圣人有所游④，而知为孽⑤，约为胶⑥，德为接⑦，工为商⑧。圣人不谋⑨，恶用知？不斲⑩，恶用胶？无丧⑪，恶有德？不货⑫，恶用商？四者⑬，天鬻也⑭。天鬻者，天食也⑮。既受食于天，又恶用人！有人之形，无人之情。有人之形，故群于人⑯；无人之情，故是非不得于身。眇乎小哉，所以属于人也⑰！謷乎大哉⑱，独成其天！

① **长**（zhǎng）：生长，成长，养成。**忘**：忘却，不计较。 ② **不忘其所忘**：不忘记他所应该忘记的。 ③ **诚**：确实、真正。 ④ **游**：游学。 ⑤ **知**：同"智"，聪明机巧。**孽**：指各种不必要的、旁生的、多余的人生需求。 ⑥ **约**：绳约，用绳子捆绑。**胶**：指让不同的事物黏合在一起。 ⑦ **接**：接触外界、外部事物，指人与外界的关系。 ⑧ **工**：工整，精致。**商**：通过贸易获利。 ⑨ **谋**：谋划，算计。 ⑩ **斲**（zhuó）：砍削。 ⑪ **丧**（sàng）：丢失。 ⑫ **货**：买卖东西以获利。 ⑬ **四者**：关于这是哪"四者"，有不同的说法。联系上文，应该是指万物的发展壮大、万物之间的相互联系、人和自然的关系以及人维持生存的需求限度这四个问题。 ⑭ **天鬻**（yù）：上天养育的。鬻，通"育"。 ⑮ **天食**（sì）：由上天喂养。食，动词，喂养。"天鬻天食"是一个比喻的说法，上天养育的由上天去喂养。意为本该由上天决定的，还是要让上天来决定。 ⑯ **群**：动词，随俗。 ⑰ **属**：归属、隶属。 ⑱ **謷**（áo）：与"眇"相对，意为高大。

惠子谓庄子曰："人故无情乎？"庄子曰："然"。惠子曰："人而无情，何以谓之人？"庄子曰："道与之貌①，天与之形②，恶得不谓之人？"惠子曰："既谓之人，恶得无情？"庄子曰："是非吾所谓情也③。吾所谓无情者，言人之不以好恶内伤其身④，常因自然而不益生也⑤。"惠子曰："不益生，何以有其身？"庄子曰："道与之貌，天与之形，无以好恶内伤其身。今子外乎子之神⑥，劳乎子之精，倚树而吟，据槁梧而瞑⑦。天选子之形⑧，子以坚白鸣⑨！"

① **貌**：相貌，外貌。 ② **天**：上天，自然。**形**：（人的）外形。 ③ **是**：代词，这。 ④ **内**：方位名词作状语，意为因为个人内在的好恶而伤害了自身。 ⑤ **因**：顺着。**益生**：意为提升生活的质量，增加生命的意义。益，

增加。　　⑥**外**：方位名词作状语，意为让本该在内心的精神跑到外面来。
⑦**据**（jù）：依靠。**瞑**：闭着眼睛，劳累的样子。　　⑧**天选子之形**：上天选择你给了你人的形体。选，选择。　　⑨**坚白**："坚白"论是名家（战国时诸子百家之一）的著名言论，它以石为喻，指石头的白色与坚硬的特性都独立于"石"之外。**鸣**：既指"名声在外"，也指"吵嚷不休"。

第六章

造化这个大师，以天地为熔炉浇铸了世界

——读《大宗师》

甄子丹的功夫电影《一代宗师》让"咏春派宗师"叶问火了一把。"咏春派宗师"，是指"咏春这个武术宗派中的大师"。

"大宗师"就是"最值得尊崇的老师"，问题是很多人都在找这个"大宗师"到底是哪位，找呀找呀找不见，就说这"大宗师"就是"道"。这也是很常见的手法，凡是一时半会儿解释不了的，都说"这就是'道'"。道家就这样被玄虚了。

这一章的开篇，用了很多笔墨来论述什么样的人才是"真人"。

"真"，繁体为"眞"，据说是会意字，《说文》中认为"眞"是"仙人变形而登天也"。有人据此认为，"眞"上面的"匕"是指"变化"，可不是，"化"中不就有个"匕"吗？"目"是指"眼睛"，中间的"乚"是指"隐藏"，下面的"八"是指升天时乘坐的交通工具。大意是指大白天眼看着得道之人"变形"之后，乘坐着飞碟飞得无

影无踪，也就是"白日飞升"。所以"真"字的本义就是"道家称存养本性或修真得道的人为真人"。

这样看来，道家不但要创造"白日飞升"的事例，还得专门造一个字来称呼这种现象。

但是"真人"这个称呼，和"和尚"一样，都有一个"降 key"的过程。原本都是对"得道"的高僧大德的尊称，不是任谁都能用的，但渐渐就成了最平常不过的称呼，有些场合甚至还带上了揶揄和贬义。

道教中有许多"真人"，《射雕英雄传》中有个"全真教"，干脆从上到下"全是真人"。但这些"真人"从《射雕》开始就是一副讨人厌的样子，到了《神雕侠侣》中更是让人恨得牙疼。为了反衬王重阳徒子徒孙们的刻板，金庸大侠故意让周伯通这个老顽童在"全真教"中插科打诨，嬉皮笑脸，游戏人间却敢作敢为，更要命的是武功高的同时，辈分也高，没人奈何得了他。"全真七子"不管在什么场合出现，格调都不是一般的高，但只要周伯通一出场，立刻就像鼓鼓囊囊的皮球被戳破了一个口子。

王重阳自然是"真人"，但在金大侠心中，也许周伯通更符合"真人"的要求？因为庄子认为，"真人"应该是这样的：

什么样的人叫做真人？上古的"真人"不因为自身拥有得太少而不开心，不采用强力的手段去成事，甚至不屑于谋划世事。像这样的人，不会为了过去的事而后悔，不会因为恰好在合适的时间、干成一件恰到好处的事而自得。像这样的人，登高不会战栗，下水不会沾湿衣服，入火不会害怕酷热。这样我们就知道，能够在"道"的指引下达到高尚境界的人也是如此（原文有点拗口，其实就是指"无欲"）。

上古的"真人"，睡觉时不会做梦，醒来时没有担忧，吃饭不追求美味，呼吸深沉。"真人"的呼吸，气息直达脚底，一般人都只到喉咙口。喉咙弯弯曲曲的人，说话的声音吞吞吐吐，好像在呕吐。那些嗜好和欲望多的人，他们的天然灵性就会变得肤浅。

上古的"真人"，不知悦生，也不知恶死；出生时不欣喜，死亡时也不拒绝，潇洒地来，潇洒地走。从来不忘记生命是怎样开始的，也不去追求人生最终要达成什么样的结局。生命降临时，就用欣喜的态度去对待；生命消失时，就忘掉一切的欲念和过程，等待生命的重新开始。这就叫做不因为内心的欲念而舍弃"天道"，不企求用人力去改变"天道"。这就叫做"真人"。像这样的人，他的心志高远而不外现，他的神态沉着而冷静，他的容颜平和而质朴。伤感时像秋天般清冷，欣喜时像春天般温暖，内心的喜怒哀乐像四季一样和谐运转，既适宜于万物的生长而又没有尽头。

上古的"真人"，他们日常表现出来的处事原则，只关乎正义，绝不呼朋结党；为人低调，看上去似乎能力不足，也不能够承接大事；杂在人群中的时候，有棱角但不固执，不会让人感到为人刻薄尖酸且好胜；展示自己时注意保持谦逊，绝不浮夸。要知道洋洋得意只是看起来很开心，品德与阅历的积累应该让我们的神态更加平和；要知道所有的高大伟岸都坚持不到最后，所以与人相处要以"德"为原则；要知道像世人那样苟苟营营，致力于磨砺人生，最终只会招来无法制止的诋毁。所以"真人"不刻意和众人结交，似乎关上了心扉；喜欢孤独寂寞，似乎连语言也可以忘却。

法家以严刑峻法作为治国的主体思想；儒家讲仁义的同时，企求以"礼"作为治国的辅助手段；而纵横家们就企图借助"智巧"来创造国家强盛的机会；只有我们道家，坚持要顺应客观规律。倡导严刑峻法，不免杀人盈野；倡导礼乐的，因为迎合了世人的口味，似乎很流行，但实质上也并不是那么回事；借助聪明机智的，最终也不能够成事。只有我们道家，坚持顺应客观规律，所以能够真正

造化这个大师，以天地为熔炉浇铸了世界

成就大事。顺应规律，干事情就很容易，就像手脚健全的人走上一个小山坡，这又有什么困难的呢？但是别人都以为他是真正的"善行者"。所以道家的"真人"，他们的喜好很专一，他们的厌恶也很专一。他们对自己专一的事自然很专注，对自己不想专注的事情，也绝不会突然回过头去关注一回。他们关注的是怎么与自然规律为伍，他们从不关注的是怎样与世人为伍。他们深信人与自然不能够对立、不可能让一个去占胜另一个，这就叫做"真人"。

按照这些要求，"全真七子"差了何止十万八千里。丘处机们在《射雕》中不甘寂寞，成天背着把剑，四处插手民间纠纷；争强好胜，和江南七怪打个赌都不惜赔上十八年的时间；等东邪西毒这些真正的高手一出场，立刻揭穿了全真七子的龙套身份。在《神雕》中，这几个小龙女眼中的"牛鼻子"更加过分，一副道貌岸然的样子，尽爱惹事生非、没事找事，管了许多的闲事。

总结下来，主要是丘处机们忘了一个字：忘。

该忘掉的不忘，不该忘掉的忘了。

颜回对孔子说："回进步了呢！"孔子说："什么意思？"

颜回说："我忘了仁义是怎么回事了。"孔子说："小伙子可以嘛，不过不能骄傲啊。"

过了些日子，颜回又见到了孔子，说："回又进步了呢！"孔子说："什么意思？"

颜回说："我忘了礼乐是什么玩意了。"孔子说："年轻人可以嘛，不过还是没有到达最高境界啊。"

又过了些日子，颜回再次找到孔子，说："回又进步了呢！"孔子说："现在又是什么意思？"

颜回说："我'坐忘'了！"

孔子吓了一跳："什么叫'坐忘'？"

颜回说："让紧绷的肢体放松下来，不因为欲望而伤身；摒弃所谓的聪明机智，不因为算计而劳神。远离形体的束缚、智巧的牵绊，按照'道'的要求行事处世，解决所有的问题，这就叫做'坐忘'。"

孔子说："一切按照'道'的要求来，就不会为个人的喜好所左右；懂得世界是不断变化的，就不会固执己见。你果然进步到贤人的级别了！我该跟在你后面学道了！"

《庄子》很专一地调侃儒家掌门人，时不时地让仲尼先生站出来否定自己的仁义礼乐，编派儒家的不是，乐此不疲。

关于"坐忘"，许多人都解释为"端坐而忘记一切"。这是典型的望文生义。"坐"在"停车坐爱枫林晚"（《山行》）以及"但坐观罗敷"（《陌上桑》）两句中，很容易被误解为"坐着"，但偏偏是"因为"的意思。

"坐忘"中的"坐"，意思是"居留、停留"。《说文》："坐，止也。从土，从畱省。会意。土所止也。此与留同意。"清归庄《黄孝子传》："父子坐旅中，惝恍累日，因留过岁。"所以，"坐忘"的准确含义是"停留在'忘'的境界里"，当然，就是指"忘掉了一切，包括外物与自身"。

这一章中最著名的一句，也和"忘"有关。"相濡以沫，不如相忘于江湖"，现在一般是用来指一对男女在恶劣的环境中苦恋，不如在自由自在环境中互不相识，基本上与"宝马车中哭还是自行车上笑"是同质命题，只不过换了一张古老且"雅致洒脱"一点的画皮。但在《庄子》中，这一句根本不关男女之情：

> 泉涸，鱼相与处于陆，相呴（xǔ，慢慢吸气）以湿，相濡以沫，不如相忘于江湖。与其誉尧而非桀也，不如两忘而化其道。

泉水干涸之后，几条鱼一起被困在烂泥里，互相吹点湿气，沾点唾沫，企求生存下去，与其这么悲壮而悲凉地挣扎着活下去，不如互相忘掉彼此，在大江大湖中自由自在地遨游。

看上去似乎是这么个意思，但是，联系下句"与其誉尧而非桀也，不如两忘而化其道"就不一样了。这一句比较难理解，我们可以用情景重现的方法来说明：

泉水干涸之后，几条鱼被困在了烂泥里。这时候来了一个叫做尧的人，给鱼洒了几滴水，让它们又挣扎着活了几天，于是所有人都称赞尧真是个好人。后来又来了个叫做桀的家伙，二话不说就把这几条鱼烤着吃了，于是大家都说，桀真是个坏蛋。其实，对于这几条鱼来说，尧和桀真的没什么区别，它们才不管什么尧和桀，它们真正希望的，是在那个（其）"道"的哺育下，自由自在地繁衍、生息（化）。

忘掉外力强加于生命的影响，让生命回到自然的形态、自然地演变，这才是"相忘于江湖"。

"相忘于江湖"的最高境界，自然是"忘掉生死"。这一章出现了许多"子"字辈的人物，子祀、子舆、子犁、子来、子桑户、孟子反、子琴张，这些高人的共同特点，就是都不把生死当回事。

死生，命也，其有夜旦之常，天也。

生死有命，就像日夜不断更替，本来就是自然的规律。

所以这些高人在朋友的葬礼上，无一例外都表现出一副没心没肺的样子：

或编曲，或鼓琴，相和而歌。

把葬礼当成了派对，而且还振振有词：

不久子来有病，已经奄奄一息，妻子儿女们围在床前哭泣。子犁前往问讯："叱！让开，不要惊扰了大自然的演化！"

子犁靠在门上和子来低语："伟大的造物主这次又会让你干什么呢？将会送你去哪里呢？会让你变成老鼠的心肝吗？会让你变成小

虫的臂膀吗？"

子来说："生为人子，不管父母让去往东西南北，只有唯命是从。阴阳造化对于人，不只是父母对于儿子那么简单。现在他让我靠近死亡，我却不愿听从，我能这么忤逆吗？造化有什么错呢？大自然让我以人的形态存在，必然会让我为了生存而劳心劳力，让我在老去时为人所遗忘，最终它会用死亡来让我彻底安息。所以喜欢我生存在世的亲人啊，同样应该为我离开这个世界而开心。试想一下，如果有个冶铁的大师来铸铁，铁块跳起来说，我一定要被铸成镆铘剑！大师一定会以为这是一块不祥之铁。现在造化让你成了一次人形，你就要求'我要再做一回人、再做一回人'，造化也会认为你是不祥之人。以天地为大熔炉，以造化为冶铁大师，铸什么不可以呢？去往哪里不可以呢？"

说完，马上就睡着了……很快又惊喜地发现，他又醒了！

唉，这最后一句简直是败笔啊。既然已经安静地睡着了，又醒来干什么！可见内心还是不舍。

"忘"掉生死，又谈何容易。

不过读完这一段，本章开头的问题应该有答案了：以天地为大炉，以造化为大冶。"大冶"即铸造大师，天地造化就是自然，用今天的话来说，就是大自然或者说自然规律，才是铸造一切的"大宗师"。

所谓"造化弄人"，也许应该这样理解？

原文选注

何谓真人？古之真人，不逆寡①，不雄成②，不谟士③。若然者④，过而弗悔⑤，当而不自得也⑥。若然者，登高不栗，入水不濡⑦，入火不热。是知之能登假于道者也若此⑧。

① 逆寡：指因为拥有的东西太少而心生抗拒。逆，抗拒。　② 雄成：指采用强有力的手段成就某件事。雄，强有力。　③ 谟（mó）：图谋、算计。士：通"事"。　④ 若然者：像这样的人。　⑤ 过：可以指过去的事，也可以指所犯的过错。　⑥ 当（dàng）：适合，适当。自得：自我认同。　⑦ 濡（rú）：沾湿。　⑧ 是：代词，这。知：懂得，知道。登假：谓升至某种境界。假，至。

古之真人，其寝不梦，其觉无忧，其食不甘，其息深深①。真人之息以踵②，众人之息以喉。屈服者③，其嗌言若哇④。其耆欲深者⑤，其天机浅⑥。

① 息：呼吸。　② 以：在，于。表示行动的时间、处所或范围。踵：脚跟。　③ 屈服：通"曲伏"。　④ 嗌（ài）：咽喉闭塞。哇（wā）：拟声词，形容类似呕吐的声音。　⑤ 耆（shì）：同"嗜"，嗜好。　⑥ 天机：天生的灵性。

古之真人，不知说生①，不知恶死；其出不訢②，其入不距③，翛然而往④，翛然而来而已矣。不忘其所始⑤，不求其所终；受而喜之⑥，忘而复之⑦。是之谓不以心捐道⑧，不以人助天，是之谓真人。若然者，其心志⑨，其容寂⑩，其颡頯⑪。凄然似秋，暖然似春，喜怒通四时，与物有宜而莫知其极⑫。

① 说：同"悦"。　② 訢（xīn）：古"欣"字。　③ 距：通"拒"。④ 翛（xiāo）然：无拘无束、自由自在的样子。　⑤ 其：代词，代指生命。　⑥ 受：接受，指接受自然的恩赐，成其为生命。　⑦ 复：重新开始。　⑧ 以：因为。捐：舍弃。　⑨ 志：名词作形容词，指心志高远。　⑩ 寂：宁静。　⑪ 颡（sǎng）：额头，代指神态。頯（kuí）：质朴。　⑫ 有宜：适宜，有好处。

古之真人，其状义而不朋①，若不足而不承②；与乎其觚而不坚也③，张乎其虚而不华也④；邴邴乎其似喜乎⑤，崔崔乎其不得已乎⑥！滀乎进我色也⑦，与乎止我德也⑧，厉乎其似世乎⑨，謷乎其未可制也⑩，连乎其似好闭也⑪，悗乎忘其言也⑫。以刑为体⑬，以礼为翼⑭，以知为时⑮，以德为循⑯。以刑为体者，绰乎其杀也⑰；以礼为翼者，所以行于世也⑱；以知为时者，不得已于事也；以德为循者，言其与有足者至于丘也，而人真以为勤行者也。故其好之也一⑲，其弗好之也一。其一也一，其不一也一。其一与天为徒⑳，其不一与人为徒。天与人不相胜也㉑，是之谓真人。

①状:这里指处理人际关系中表现出来的情态、操守。义:指正气、和正。朋:亲疏好恶、朋党关系。　②若不足:指"真人"为人低调，好像有很多的缺点。不承:不能承受（许多的人、事）。　③与:相与，与人相处。觚（gū）:本义是商周时盛行的一种酒器，细腰高足，腹部和足部各有四条棱角，后用来指棱角。与"弧"同义。坚:固执己见，难以沟通。　④张:展示的意思。虚:谦逊。华:浮华。　⑤邴（bǐng）邴:欢喜的样子。⑥崔崔:高大的样子。已:维持到最后的意思。　⑦滀（chù）:积聚。进:增进，增加。色:神色，神态。　⑧止:"处于……状态"，"坚持……原则"。我德:个人的德行。　⑨厉:通"砺"。世:世人，平常人。　⑩謷（áo）:诋毁，造谣中伤。制:制止,控制。　⑪连:与人结交的意思。闭:封闭。　⑫悗（mèn）:不经意。　⑬刑:刑法，刑罚。体:主体，治国的主要手段。　⑭翼:辅助手段。　⑮知:同"智"。时:时机，机会，机遇。　⑯循:遵循，遵守，效法。　⑰绰:广大，宽大。　⑱行:盛行。　⑲一:专一。　⑳徒:徒党，同一类或同一派别的人。　㉑相胜:相互压服，制约。

俄而子来有病①，喘喘然将死②，其妻子环而泣之。子犁往问之③，曰:"叱④！避⑤！无怛化⑥！"倚其户与之语曰:"伟哉造化！又将奚以汝为⑦，将奚以汝适⑧？以汝为鼠肝乎？以汝为虫臂乎？"子来曰:"父母于子⑨，东西南北，唯命之从。阴阳于人，不翅于父母⑩；彼近吾死而我不听⑪，我则悍矣⑫，彼何罪焉！夫大块载我以形⑬，劳我以生⑭，佚我以老⑮，息我以死。故善吾生者⑯，乃所以善吾死也。今之大冶铸金⑰，金踊跃曰'我且必为镆铘'，大冶必以为不祥之金。今一犯人之形⑱，而曰'人耳人耳'，夫造化者必以为不祥之人。今一以天地为大炉，以造化为大冶，恶乎往而不可哉^⑲！"成然寐^⑳，蘧然觉^㉑。

①俄而：不久。　②喘喘然：气息奄奄的样子。　③问：慰问。④叱：喝斥声。　⑤避：回避，躲开。　⑥怛（dá）：惊恐，惊扰。化：生命的演化。　⑦奚：什么，何。为：成为。　⑧适：往，到。　⑨父母于子：意为"儿子之于父母"。　⑩翅：古同"啻（chì）"，但，只。⑪近吾死：即"吾死近"，让我走向死亡。　⑫悍：蛮横。　⑬大块：大地，大自然。载我以形：让我以人的形态存在。　⑭劳：使……辛劳。　⑮佚：散失，不为人所知。　⑯善：以……为善，喜欢。　⑰大冶：杰出的冶金师傅。铸金：冶炼金属铸造工具。　⑱今：现在。犯人之形：浇铸为人的样子，指成为人。犯，通"范"，铸造。　⑲恶乎往：即何所往。恶乎，疑问代词，何所。　⑳成然：犹俄然，片刻，顷刻。　㉑蘧（qú）然：惊喜的样子。

颜回曰："回益矣^①。"仲尼曰："何谓也？"曰："回忘仁义矣。"曰："可矣，犹未也。"他日，复见，曰："回益矣。"曰："何谓也？"曰："回忘礼乐矣。"曰："可矣，犹未也。"他日，复见，曰："回益矣。"曰："何谓也？"曰："回坐忘矣^②。"仲尼蹴然曰^③："何谓坐忘？"颜回曰："堕肢体^④，黜聪明^⑤，离形去知^⑥，同于大通^⑦，此谓坐忘。"仲尼曰："同则无好也^⑧，化则无常也^⑨，而果其贤乎^⑩！丘也请从而后也。"

①益：多，增加，进步。　②坐：居留，停留。　③蹴（cù）然：因惊奇而神态突变的样子。　④堕：通"惰"。　⑤黜（chù）：废除、取消。　⑥离形：远离形体的束缚。去：抛弃。知：同"智"，智巧。　⑦同：统一。指按照"道"的要求统一行动。大通：大"道"。　⑧好：个人喜好。　⑨化：变化。无常：不拘于现有的状态与认识。　⑩而：通"尔"，你。

第七章

所谓帝王之道，就是让每个人都能干自己喜欢的事

——读《应帝王》

　　这是内篇的最后一篇。同样，在篇名的理解上就开始纠结，有人认为是"什么样的人'应该'成为帝王"，有人认为是"帝王'应该'怎么做"。两种说法本质上差不多，都认为"应"念 yīng，"应该"的意思，结合本章的主要内容，似乎可行。

　　但从语法上看，又有问题。"应该"是能愿动词，不能独立作谓语，"应该帝王"或者"帝王应该"语意上都是不完整的，所以上述两种解释都加上了谓语动词（"成为"和"做"）。加别的成分可以，加谓语动词就说明在理解上存在问题，正如我们平常说话，没有哪句话是没有谓语的。

　　我认为这里的"应"应该念 yìng，作动词，意为"应答、回答"，

"应帝王"，意为"回答如何做一个好帝王（这个问题）"。这样理解的理由是，本章主要是论述庄子的治国理念，而关于这些理念的陈述，都采用了先由一个人来提问，再让另一个人来回答的"问答式"。

"问答式"是先秦诸子著作中最常见的行文方式，之所以采用这种方式，除了有情景剧的直视感以外，很大程度上是出于"重言"的目的。

"重言"是《庄子》的主要艺术手法。"重"的意思是"借重"，简单一点说就是借"名人"来为自己站台，与今天我们写议论文用"名人名言"是一个道理。

第一个站出来"应帝王"的名人是前面已经出现过的王倪（从后面《天地》篇看，他的辈分很高——"尧之师曰许由，许由之师曰啮缺，啮缺之师曰王倪"）：

啮缺向王倪求教（如何做一个好帝王），问了四次，王倪都说不知道。啮缺因此欢喜雀跃，跑去把这事告诉蒲衣子。

蒲衣子说："现在你懂了吧？虞舜比不上泰氏（传说中的上古帝王，有人说就是伏羲氏）。虞舜那个家伙，顶着仁义的名头，心中藏的真实想法却是'要（yāo，通"邀"）人'，希求笼络人心，让百姓都跑到他的治下。他的这种办法确实也得到了许多人的拥戴，但是，从本质上讲，他们的目的无非是为了巩固自己的统治，因此从来无法摆脱不把人当人（非人）的现实（只当成统治的对象）。至于泰氏就不一样了，他睡觉时很闲适，醒着时很快乐；一会儿把自己当成马，一会儿把自己当成牛；他的智慧立足于真情与真诚之上，他的德行非常纯真。最关键的是，他从来没有不把人当人（的治国目标）。"

回答如何"应帝王"，还是要从否定别人开始。首先被拉出来示众的，还是老对头儒家。儒家尊崇"仁义"，庄子说，你们所谓的仁义，确实得到了许多人的赞同，但是，有一个坎你们迈不过去，那就是你们的仁义,最终的目的是"归化",让老百姓都跑到你们那里去。为什么要这么努力地让老百姓跑到你们的治下呢？还不是为了让自己的势力更庞大、国力更强盛,出于这个自私目的的"归化",根本就没有把百姓当成"人",最多只当成"人力资源"！就你们这样的,还好意思说什么"仁义"？

我们道家就不一样。在我们心中,人与动物一样都是造物主的恩赐,更何况是人与人。没有任何一个人有权利把芸芸众生当成自己的子民。所有的人都应该睡得安稳,活得快乐,这才是治国的本质。

批完了儒家,就轮到法家了：

肩吾去见楚国的狂士接舆。接舆说："日中始（虚拟的人名）教你什么了？"肩吾说："他告诉我,管理人民的人,根据自己的理念和需要,推行政策法令,普天下的人谁敢不听从并且归化呢？"

接舆说："这也太欺负人、欺负自然和社会规律了。他们这样治理天下,就好像在海里开凿河道,让蚊虫背负大山一样。圣人治理天下,靠的是这种表面上的驯从吗？要端正人民的思想,让他们发自内心地认同你的治国举措,然后转化为自觉的行动,圣人治国,无非是让每个人做他们真正乐意做的事而已！况且鸟儿懂得高飞以躲避弓箭和罗网的戕害,老鼠懂得在神坛之下挖洞深藏,让人投鼠忌器,逃避熏烟掏洞的祸患,你认为天下人竟然会比这两种小动物还无知吗？！"

法家倡导严刑峻法,凡是人身上突出的部位,都要安上一个对应的罪名,如有触犯,一律割去；犯了大事,则把脑袋割去。道家认为这是典型的治标不治本,没有"触及灵魂"。并且以人的本性和智慧,肯定会想出许多的应对之策,魔高一尺,道高一丈,恶性循环,只会让天下更乱。

接下来该批墨家了。不过从后面的《天下》章可以看出,庄子对墨家还是很尊重的，不好意思直接开涮，所以这里让墨家的死对头阳子居冒名顶替了一回：

阳子居拜见老子，说："现在有一个人，行动像声音一样迅疾，性格坚毅、洞察事物、心如明镜，并且刻苦勤劳，致力于寻找治国良方，从不倦怠。这样的人，可以与古之明王比肩了吧？"老子说："这样的人对于圣人来说，就像官府的小吏总是被上司差遣着不断地更换职事，（你再有水平也不可能每一个岗位都得心应手吧？）就像再好的工匠也会受制于技艺的局限性，（总不能真的一招鲜吃遍天下吧？）所以这样的人不免成天身形劳累、内心惊恐不安。况且，你以为精力充沛、技能出众是好事啊？要知道虎豹因为美丽的皮毛而招致围捕，猕猴因为身手敏捷、猎狗因为能抓狐狸，所以脖子上都被套上了绳索。这样的人，怎么可能和明王相比呢？"

阳子居吓了一跳："敢问明王之治。"老子说："明王之治，有三个特点。一是不居功。功盖天下却像与自己无关，教化遍及万物，百姓却没感觉到要依靠什么明君英主。二是不占有。即使拥有万物，也不会让占有欲（名）膨胀，而是让万事万物按照自身规律、按照自己喜欢的样子发展。三是不害怕。即使是站在汹涌而深不可测的河流之旁，也像是身边什么东西也没有，悠哉游哉。"

阳子居的主张是"贵生、重己"，孟子说他"拔一毛而利天下不为"，与墨家的"兼爱"唱反调。但是他出于"贵生重己"目的而讲求的坚毅、勤奋，与墨家却是一致的，正因为如此，才总是将他和墨家做比较。历史上的墨者非常自律，对自身的要求很严苛，和清教徒、苦行僧有得一拼，这一点，庄子是认可的。但是对于墨家的具体手段，即通过自身的勤奋努力和个人技能来改变世界，庄子是不认同的。

"明王"们要"不居功、不占有"，这个容易理解，但"不害怕"似乎不应该是什么正经的要求。其实不然，许多时候，都是因为害怕，在没有弄清状况之前就出了昏招，为人如此，治国也是如此。

庄子所谓的帝王之道，主旨可以用本章最后的一则寓言来概括：

南海之帝名叫儵，北海之帝名叫忽，中央之帝叫做浑沌。儵和忽经常一起到浑沌的地盘上聚会，浑沌对他们很好。儵和忽商量要报答一下浑沌的情谊，不知道哪个说："每个人都有眼耳口鼻七窍用来看、听、吃和呼吸，唯独浑沌没有，我们试着替他凿开七窍。"每天凿一窍，七天之后，七窍凿成，浑沌也死了。

这个寓言的寓意再清楚不过：治国者要尊重客观规律，顺势而为，不能根据自己的认知和经验，想当然地做出决策。浑沌虽然没有七窍，但是活得好好的，你非要按照自己的想法去改变人家，结果把人给弄死了。这种情况，不能用"好心办坏事"做借口。

说到这里，本章的主旨应该很明确了，不再展开了。下面要说一下关于《庄子》的真伪问题。《庄子》一书洋洋洒洒十几万字，中间夹杂了无数人的伪作，这是共识。虽经西晋郭象大力删改、去伪存真，将五十二篇《庄子》删定为三十三篇，但还是有许多地方一眼就能看出并非原作。原来比较一致的看法是《内篇》应该是原作，但近人也有质疑《内篇》真伪的。我认为至少这一章中那一大段壶子让季咸"看相"，脸上又阴晴不定，唬得人一愣一愣的文字，与"帝王之道"没有任何关系，肯定是后人夹塞无疑。

原文选注

啮缺问于王倪，四问而四不知。啮缺因跃而大喜 ①，行以告蒲衣子 ②。蒲衣子曰："而乃今知之乎 ③？有虞氏不及泰氏 ④。有虞氏，其犹藏仁以要人 ⑤，亦得人矣 ⑥，而未始出于非人 ⑦。泰氏，其卧徐徐⑧，其觉于于⑨，一以己为马⑩，一以己为牛；其知情信⑪，其德甚真⑫，而未始入于非人。”

①跃：欢呼雀跃。　②蒲衣子：传说中的贤人。　③而：通“尔”，你。乃今：现在。　④有虞氏：虞舜。泰氏：据说就是伏羲氏。　⑤藏：怀藏，怀有。要（yāo）：通“邀”，罗致、招揽的意思。　⑥得人：得到人民的拥戴。　⑦非人：不把人当人。　⑧徐徐：舒适的样子。　⑨于于：自得的样子。　⑩一：一下子、一会儿。　⑪知：同“智”。情信：真情、真诚。⑫真：纯真。

　　肩吾见狂接舆①。狂接舆曰：“日中始何以语女②？”肩吾曰：“告我：君人者以己出经式义度③，人孰敢不听而化诸④？”狂接舆曰：“是欺德也⑤。其于治天下也，犹涉海凿河而使蚊负山也⑥。夫圣人之治也，治外乎⑦？正而后行⑧，确乎能其事者而已矣⑨。且鸟高飞以避矰弋之害⑩，鼷鼠深穴乎神丘之下以避熏凿之患⑪，而曾二虫之无知⑫！”

①肩吾：人名。接舆：楚狂士，即陆通。　②日中始：肩吾的老师，虚构的人物。有说其名为“中始”，“日”是从前、过去的意思。语（yù）：动词，告诉。女：同“汝”，你。　③君人者：管理百姓的人。君，动词，管理。以己出：根据自己的意志出台（政策法度）。经：标准。式：规格。义：规矩。度：法度。　④化：归化。诸：兼词，之于。　⑤是：代词，这。欺：欺凌。　⑥涉：度过。　⑦治外：让人表面顺从。　⑧正：端正内心。行：指推行教化。　⑨确乎：真正。能其事：能够做他想做的事。　⑩矰（zēng）：系有丝绳的短箭。弋（yì）：用丝绳系在箭上射飞鸟。　⑪鼷（xī）鼠：小老鼠。　⑫曾：乃，竟。

　　阳子居见老聃①，曰：“有人于此，向疾强梁②，物彻疏明③，学道不倦。如是者，可比明王乎？”老聃曰：“是于圣人也，胥易技系④，劳形怵心者也⑤。且也虎豹之文来田⑥，猨狙之便、执斄之狗来藉⑦。如是者，可比明王乎？”阳子居蹴然曰⑧：“敢问明王之治。”老聃曰：“明王之治，功盖天下而似不自己⑨，化贷万物而民弗恃⑩；

有莫举名⑪，使物自喜⑫；立乎不测⑬，而游于无有者也⑭。"

① 阳子居：即阳朱，战国著名的利己主义者。　② 向（xiǎng）疾：像声音一样迅疾。向，通"响"。疾，迅速。**强梁**：精明强干，处事果决。　③ **物彻**：洞彻事物。疏：通达。明：明敏。　④ 胥（xū）易：指小吏经常被长官指使干各种各样的工作。胥，古代官府中的小吏。易，变更。技：技能。系（jì）：束缚，受限于。　⑤ 劳形怵（chù）心：形体劳顿，内心恐惧。　⑥ 文：指皮毛上的花纹。来（lái）：招来。田：围猎。　⑦ 猨狙（yuánjū）：猕猴。便：便捷，机灵。藜（lí）：狐狸。藉：用绳索系着。　⑧ 蹴（cù）然：惊惶不安而面容改变的样子。　⑨ 不自己：不认为是自己（的功劳）。　⑩ 化：教化。贷：给，施及。恃：依靠。　⑪ 有：拥有。举：张举。名：占有。　⑫ 自喜：按照自己喜欢的样子（自由自在的发展）。　⑬ 不测：深不可测。　⑭ 游：优游。无有：什么都没有。

南海之帝为儵①，北海之帝为忽，中央之帝为浑沌②。儵与忽时相与遇于浑沌之地③，浑沌待之甚善。儵与忽谋报浑沌之德，曰："人皆有七窍以视听食息④，此独无有，尝试凿之。"日凿一窍，七日而浑沌死。

① 儵（shū）：匆匆的样子，与"忽"同义。　② 浑沌：意为自然。③ 时：经常。相与：一起。　④ 息：呼吸。

所谓帝王之道，就是让每个人都能干自己喜欢的事

外 篇

第八章

遵循"性命之情"，不要旁生枝节

——读《骈拇》

"骈"的意思是"并列、一起"，如《马说》中有"骈死于槽枥之间"。"骈拇"是指大脚趾和第二趾连在了一起。"骈拇"还有个兄弟叫"枝指"，指大拇指边又生出了一手指。

骈拇枝指，违背了天然的特性，同时也是蔑视"德（按照自然规律行事处世）"的表现；附生的肉瘤和突出来的疣痣，违背了一个人本来应该有的形态，同时也是蔑视自然特性的表现。推崇"仁义"，拔高它的地位和效用，将之作为治理国家的标准，就像是试图将"骈拇枝指"的地位并列到"五藏（脏）六腑"的高度，这不是治国、处世、行事的正确原则和方法啊。

"骈足"的人，因为连在一起，好端端的两个脚趾就成了无用的肉；"枝指"的人，凭空多出的这根"手指"，也没有任何用处。抬高"骈拇枝指"的作用，甚至把它们和"五脏六腑"相提并论，这种情形，可以用来形容儒家将"仁义"滥用为衡量一切的标准这种做法，和过分夸大"耳聪目明"的功用一个样。

"骈拇"，两个脚趾并在了一起，不符合客观规律和人性；"枝指"则是凭空多出来的多余之物。"仁义"和"骈拇枝指"一样不合规律且多余，可儒家偏要把它抬高到和五脏六腑一样重要的高度。不只"仁义"是"骈拇枝指"，"过度的耳聪目明"同样是违背人性的：

眼睛特别明亮的人，混淆五色弄出各种稀奇古怪的颜色，到处都装饰上纷繁复杂的花纹，世上有那么多五颜六色、光彩夺目的玩意儿，不就是他们搞的吗？离朱（黄帝时代的一个千里眼）就是这样的人。耳朵特别灵敏的人，搞乱了"五声"，拼命地在音律上下功夫，那么多的乐器、那么多的曲调，不就是他们弄出来的吗？师旷（春秋时天生无目的音乐家，也是个道家）就是这样的人。把"仁"这种旁门左道，拔高到"德"的上面，堵塞了"天性"，拼命宣扬以求得自己的名声。天下人吵吵嚷嚷地要去奉行谁也做不到的处世法则，不就是他们闹的吗？曾子、史鱼（卫国大臣）就是这样的人。致力于诡辩，堆砌辞藻、长篇大论，窜改人家的语句，把心思都花在"坚白同异（名家的两个著名的论辩命题）"之间，为了一时的机巧善辩之名累个半死，不就是他们提倡的吗？杨朱（魏国人，道家）和墨翟就是这样的人。他们干的都是"骈拇枝指"这样的旁门左道，都不是天下的"正道"。

这一段批评的就不只是儒家了，捎带了名家、墨家的同时，道家的同仁也有躺枪的。凡是花里胡哨的玩意儿，都是"骈拇枝指"，那么天下的"正道"到底是什么呢？

"**彼正正者，不失其性命之情**"，真正的"真理"是自然，是天性，是生命应该具有的情态。该合在一起的不能分叉，该分叉的就不能"骈"，该长的不会多余，该短的不会不够。鸭子的腿短，接一截就麻烦了；鹤的腿长，裁掉一截岂不哭死。那么，"骈拇枝指"能不能分开或者切掉呢？也不行，因为那也是天生的，尽管从数量上来看，要么是多了，要么是少了，但是你总不能因为它少了就把"骈"的分开，因为多了就把"枝"的砍掉，那是很痛的。

这样一来，庄子的态度很清楚了：建立在自然与天性基础之上的"人性（性命之情）"，是最高准则，所谓的"仁义"纯粹多余。就像五个手指肯定会有长短，人性也是丰富多彩的。儒家所谓的"修治齐平"，是想让所有人都变得整齐划一，这是不可能的。所以尽管"今世之仁人，蒿目而忧世之患"，"仁人"们满怀忧伤地看着这个世界；但是"不仁之人，决性命之情而饕贵富"，"不仁"的人，还是从自己的"人性"出发，拼命地去争取"富贵"；"故意仁义其非人情乎"，因为"仁义"本来就是违背人性的。

庄子追求的是基于人性之上的绝对自由。他甚至认为，木匠用角尺墨斗、绳绑胶粘弄出个轮子来，都是不对的，是"失其常然"的。他所谓的"常然"，是指"曲者不以钩，直者不以绳，圆者不以规，方者不以矩，附离（把分离的东西附合在一起）不以胶漆，约束不以纆（mò）索"，在这种状态下，"天下诱然（油然）皆生而不知其所以生，同焉皆得而不知其所以得"。

一句话，一切都应该"自然而然"。"则仁义又奚连连如胶漆纆索而游乎道德之间为哉"，那么所谓的"仁义"，又为什么成天价（连连）像"胶漆纆索"一样游荡在"道德"之间呢？

庄子说，自打尧这个家伙招来"仁义"搅动天下之后，天下所有的人都在它的压迫下疲于奔命。为了让"仁义"思想合法化，儒家还创造了"君子"和"小人"两套系统。"天下尽殉也"，"殉仁义"的叫做"君子"，"殉财货"的却叫做"小人"。庄子说：

家奴与长工相约去放羊，但是羊跑了。问家奴干嘛了，说是拿着鞭子在读书；问长工干嘛了，说是赌博去了。这两个家伙，做的事情不同，一个很高雅地在读书，一个很不成器地去赌博，但结果是一样的，都把羊弄丢了。那么，伯夷为名死于首阳山，盗跖为利死于东陵，这两个人，死的原因不同，但摧残生命、损伤性情是一样的，为什么一定要说伯夷是对的，盗跖就是错的呢？

从"残生损性"这个角度来说，盗跖和伯夷最终的结果是一样的，哪里又用得着在君子和小人之间纠结呢？"小人则以身殉利，士则以身殉名，大夫则以身殉家，圣人则以身殉天下。故此数子者，事业不同，名声异号，其于伤性以身为殉，一也。"司马迁的"重于泰山、轻于鸿毛"，被道家一个"殉"字抹平了，这恐怕是任谁都不能接受，所以不以为然的居多。

好在文章的最后，道家又祭出了自己的强项：

我们所谓的"臧（美好、善良）"，就是"德"；我们所谓的"聪"，不是听别人在说什么，而是能够听从自己内心的召唤；我们所谓的"明"，不是看清别人，而是要看清自己。看不清自己却很在意别人的看法，自己没有行为准则却拿人家的标准来衡量，是把别人的舒适当成了自己的舒适，是不懂得如何让自己舒适。所以我们只会愧疚自己没能达到"道和德"的要求，像"仁义"这样的"高大上"的节操是不敢去碰的，但是，"淫僻之行"这种"下三滥"也是不干的。

一句话，一切都要以"性命之情"为依据，尽量不要旁生枝节。

骈拇枝指①，出乎性哉②！而侈于德③。附赘县疣④，出乎形哉⑤！而侈于性。多方乎仁义而用之者⑥，列于五藏哉⑦！而非道德之正也⑧。

是故骈于足者，连无用之肉也；枝于手者，树无用之指也⑨；多方骈枝于五藏之情者⑩，淫僻于仁义之行⑪，而多方于聪明之用也。

①骈（pián）：并列，此处指合在一起。枝：歧出。　②出：指脱离。性：事物的性质或性能。　③侈：自高自大，盛气凌人。　④附：附着。赘：赘瘤。县（xuán）：同"悬"。　⑤形：固有的形态。　⑥多：赞许，推崇。方：并列。乎：介词，相当于"于"。用：使用、采用。　⑦列：并列，排列。藏（zàng）：即"脏"。　⑧正：正当、合适；正道。　⑨树：名词作动词，竖起或建起，树立。　⑩情：实情，情况。　⑪淫：过度，无节制，滥。僻：通"辟"，法律，法度。行：行为。

是故骈与明者，乱五色①，淫文章②，青黄黼黻之煌煌非乎③？而离朱是已④。多于聪者，乱五声⑤，淫六律⑥，金石丝竹黄钟大吕之声非乎⑦？而师旷是已⑧。枝于仁者，擢德塞性以收名声⑨，使天下簧鼓以奉不及之法非乎⑩？而曾史是已⑪。骈于辩者，累瓦结绳窜句⑫，游心于坚白同异之间⑬，而敝跬誉无用之言非乎⑭？而杨墨是已⑮。故此皆多骈旁枝之道，非天下之至正也⑯。

①乱：扰乱，打乱，使乱。　②淫：过度，无节制，滥。文章：错综而又华美的花纹和色彩。　③黼黻（fǔfú）：古代礼服上绣制的花纹。煌煌：光彩眩目的样子。非乎：不是吗。　④离朱：人名，亦作离娄，视力过人。已：语气助词，表示肯定。　⑤五声：即五音，五个基本音节，古代音乐中以宫、商、角、徵、羽称之。　⑥六律：古代用长短不同的竹管制作不同声调的定音器，其作用相当于今天的定调。乐律分阴阳两大类，每类各六种，阳类六种叫六律，阴类六种叫六吕。六律的名称是黄钟、太簇、姑洗、蕤宾、夷则、无射。　⑦金石丝竹黄钟大吕：古代乐器以金、石、丝、竹为原料，这里借原料之名作器乐之声的代称。黄钟、大吕，古代乐器声调的名称。　⑧师旷：晋平公时的著名乐师，据说天生无目。　⑨擢（zhuó）：拔，提举，抬高。塞：堵塞。收：获取。　⑩簧鼓：名词作动词，指吹吹打打。奉：信守，奉行。不及：做不到、够不着。　⑪曾史：曾参和史鳅（qiū）。曾参是孔子的学生；史鳅字子鱼，卫灵公的大臣。　⑫累瓦结绳：比喻堆

砌无用的词语。累，堆砌。结，联结。**审句**：窜改别人文句的含义，这是"名家"常用的论辩方法。　⑬ **游心**：花心思，醉心于。**坚白同异**：名家公孙龙的"离坚白"和惠施的"合同异"观点，详见第二章。　⑭ **散**：疲惫，困乏，衰败。**跬（kuǐ）誉**：指短暂的声誉。跬，举足两次为步，半步为跬。　⑮ **杨墨**：杨朱和墨翟，战国时代的著名哲学家，杨朱是道家。　⑯ **至正**：最极致的"正道"，真理。

　　臧与谷①，二人相与牧羊而俱亡其羊②。问臧奚事③，则挟筴读书④；问谷奚事，则博塞以游⑤。二人者，事业不同，其于亡羊均也。伯夷死名于首阳之下，盗跖死利于东陵之上。二人者，所死不同，其于残生伤性均也⑥，奚必伯夷之是而盗跖之非乎！天下尽殉也⑦。彼其所殉仁义也，则俗谓之君子；其所殉货财也，则俗谓之小人。其殉一也，则有君子焉，有小人焉；若其残生损性，则盗跖亦伯夷已⑧，又恶取君子小人于其间哉⑨！

　　① **臧（zāng）**：男奴隶。**谷**：这里指长工。　② **相与**：一起。**亡**：丢失。③ **奚事**：即"事奚"，意为干什么去了。奚，疑问代词，什么。　④ **筴（cè）**：同"策"，这里指放羊的鞭子。　⑤ **博塞**：亦作"博簺（sài）"，即六博、格五等赌博游戏。　⑥ **残生伤性**：残害生命，损伤性情。　⑦ **殉**：献身或丧生。　⑧ **已**：语气助词，"啊"。　⑨ **恶（wū）**：代词，表示疑问，相当于"何""怎么"。

第九章

马儿奔腾，原只为风吹草低的快乐

——读《马蹄》

这是《外篇》的第二章。《内篇》的标题，都是全文主旨的归纳，《外篇》和《杂篇》，基本都是简单地取开头的两三个字作为标题。前一章的"骈拇"和全文的主旨还有点联系，但"马蹄"不仅不能归纳中心思想，中间还应该有个逗号，纯粹是为了标题而标题，不过这也是先秦诸子著作的惯常做法。

马，蹄可以践霜雪，毛可以御风寒，龁（hé）草饮水，翘足而陆（跳跃），此马之真性也。

夫马，陆居则食草饮水，喜则交颈相靡（通"摩"，亲昵），怒则分背相踶（dì，踢）。

马，原本快乐地生活在草原之上，开心时奔腾跳跃、交颈相摩，不开心了背转身去用蹄子互相踢来踢去，风吹草低的日子何等自由自在。

可是伯乐出现了。

唐代韩愈的《马说》，主题是"其真无马邪？其真不知马也"！主要是因为"千里马常有，而伯乐不常有"，所以人生能有一个伯乐是很要紧的。但是庄子说：

伯乐说，我善于驯马。于是在马身上烧个logo，剃掉不齐整的毛，披上漂亮的装饰，带上嚼口和缰绳，用足绊和绳索连结起来，编成队系在马槽边。这样一来，十匹马中就有二三匹被整死了。

燕骨天下重神驹世
间稀风尘皆俗眼
空羡识力奇
企周马骀并题

伯乐相马

《马说》中认为，一般人不知道该如何正确地饲养千里马，"策之不以其道，食（sì）之不能尽其材，鸣之而不能通其意"，因此千里马"才美不外现"，"安求其能千里也"？庄子则认为伯乐未必就能养好马：

饥之，渴之，驰之，骤（快跑）之，整（修整）之，齐（使整齐）之，前有橛（衔木）饰（装饰）之患，而后有鞭笑（cè，同"策"，马鞭）之威，而马之死者已过半矣。

马被弄死过半还不要紧，最麻烦的是活下来的马，都学坏了：

自从给马装饰上漂亮的羽饰，加上颈轭，套在车衡上之后，这些马就学会了随时防备着人，弯着脖子逃脱车辕；性格变得暴烈而又懒散，成天想着如何摆脱衔木和缰绳的约束。所以马变得"聪明"，神情、行动变得和盗贼一样狡猾，都是伯乐的罪过啊。

不止驯马的有罪，庄子认为陶工和木匠同样有罪：

陶者曰："我善治埴（zhí，黏土）。圆者中规，方者中矩。"匠人曰："我善治木。曲者中钩（曲尺），直者应绳。"夫埴木之性，岂欲中规矩钩绳哉？然且世世称之曰"伯乐善治马而陶匠善治埴木"，此亦治天下者之过也。

从马不愿意被驯服、黏土不愿意被做成罐子、木头不愿意被做成车轮，从"伯乐、陶工、木匠之过"引出"此亦治天下者之过也"，主要还是为了拿儒家的"仁义治国"开涮：

那普天下的百姓，有着惯常的习性，织布而衣，勤耕而食，这就叫做"同德（共同的行为准则）"；品性专一但不结党偏私，这就叫做"天放（自然而然的洒脱）"。在那真正的和谐社会，老百姓行止快乐、眉眼含笑；在那个时候，山间没有大大小小的道路，水里没有船只和桥梁；万物一起生长，一片连着一片，禽兽成群，草木疯长。那个时候，禽兽可以牵着游玩，鸟巢可以爬上去看看下了什么蛋。在那真正的和谐社会，人与动物一起生活，人作为一个种族与世上的万物共存。哪里有"君子"和"小人"的区别呢！所有的人都一样淳朴，不会背离"德"的要求；所有人都没有"功名利禄"的诱惑，这就叫做"朴素"。"朴素"，是一个人最初、最本质的性情。

等到这世上有了所谓的"圣人"，拼命地鼓吹所谓的"仁义"，天下人开始犹疑了。一边倡导恣纵放荡的"乐"，一边又讲究循规蹈矩的"礼"，天下人开始分化了。所以大木头不被砍成一块一块，哪有祭礼上的酒樽；白玉不被毁坏，哪有祭礼上的珪璋。"道"和"德"不被背弃，哪用得着"仁义"；人的性情不被背离，哪用得着"礼乐"；

"五色"不被离乱，哪用得着这许多精致的纹采；"五声"不被错乱，哪用得着这样繁杂的"六律"。

把原木残损为器具，这是工匠的罪过；毁"道德"而以"仁义"治天下，这是"圣人"们的罪过。

至此，庄子的意思很清楚了：

圣人"毁道德"而"倡仁义"，如同工匠把木头加工成器具、伯乐驯服马匹，都是违背天性的，都是罪过。

就像伯乐给马套上了缰绳，马儿就变得狡猾了；"夫赫胥氏之时，民居不知所为，行不知所之，含哺而熙，鼓腹而游。民能以此矣"！但自从"圣人"们"屈折（歪曲）礼乐以匡天下之形，县跂（悬挂）仁义以慰（诱导）天下之心"之后，不仅有了"君子"与"小人"的分野，更为严重的是，"而民乃始踶（踢，挣扎的样子）跂（通"企"，踮起脚尖，努力的样子）好知，争归于利，不可止也"，人们开始学会虚伪狡诈，开始疲于争利了。

可见"仁义"真不是个好东西。

很明显，这一章是上一章的继续。

庄子在这一章中描绘的"至德之世"，让许多人不以为然。理由是"上古"那个原始社会，虽然没有等级、没有阶级、没有名利之争，但贫穷得一塌糊涂，喂饱肚子高于一切，所以绝对不是一个"宜居"的社会。我想说的是，庄子描绘的"至德之世"和儒家口中的"大同社会"，简直如出一辙。并且，不管是庄子还是孔子，都没亲见"上古"到底是个什么样子，也没有文字记载可以依据。所谓的"上古"，其实只是他们的希望和想象，是他们心中的"未来"。托名"上古"，只不过是为了让人们相信，"至德"与"大同"，是确实存在过的，因而也是能够实现的，这同样是先秦诸子惯用的手法。我们会在各家的著作中看到，大家都以"自三代以降"为分界线，对"三代"

和之前的社会充满怀念，认为"三代"之后一切都被败坏了。如果我们真的试图论证"上古"的真实状况，并以此来否定先哲们心中的未来，简直是枉费了他们的一番苦心。

总之，道家与儒家，尝试着不同的方法，朝着一个共同的目标，吵吵嚷嚷地行进了几千年。

这一章的最后一段，我有点好奇。从内容上看，只是把前面的内容又重新叙述了一遍，虽然行文简洁了许多，但立意乃至论述的方法却是高度一致。这种没有理由的重复，我想最合理的解释，可能是当年庄子写的就是这最后一段，后人以及后人的后人不断润色，才有了《庄子》今天的浩瀚和洋洋洒洒。

_{原文选注}

及至伯乐①，曰："我善治马②。"烧之③，剔之④，刻之⑤，雒之⑥。连之以羁絷⑦，编之以皂栈⑧，马之死者十二三矣。

① 伯乐：姓孙名阳，秦穆公时人，相传善于识马、驯马。　②治：管理。　③烧：给马烫上烙印。　④剔：同"剃"，理剪毛发。　⑤刻：刻画、修饰。　⑥雒（luò）：通"络"。　⑦连：连结。羁絷（jīzhí）：马络头和绊马脚的绳索。羁，马络头。絷，古同"系"。　⑧编：顺次排列，编结在一起。皂（zào）栈：亦作"皂栈"。皂，喂马或喂牛的槽。栈，马棚。

彼民有常性①，织而衣，耕而食，是谓同德②。一而不党③，命曰天放④。故至德之世⑤，其行填填，其视颠颠⑥。当是时也，山无蹊隧⑦，泽无舟梁⑧；万物群生，连属其乡⑨；禽兽成群，草木遂长。是故禽兽可系羁而游⑩，鸟鹊之巢可攀援而窥。夫至德之世，同与禽兽居，族与万物并。恶乎知君子小人哉！同乎无知⑪，其德不离⑫；

同乎无欲，是谓素朴^⑬。素朴而民性得矣。

①常性：惯常的本性。　②同德：共同的、习以为常的行为（规范）。　③一：专一。党：偏私，偏袒。　④天放：天然的放任洒脱。⑤至德之世："道德"标准执行最到位的时候。　⑥填填、颠颠：指因满足而快乐、兴高采烈的样子。　⑦蹊：小路。隧：隧道。　⑧舟梁：船只和桥梁。　⑨连属："属"与"连"同义，指连接。　⑩系羁：束缚、拘束。系、羁，动词，系、捆绑的意思。　⑪无知：即不狡诈，淳朴。知，同"智"。⑫离：背离。　⑬素朴：淳朴。素，没有染色的丝绸。朴，没有加工的木头。

及至圣人，蹩躠为仁^①，踶跂为义^②，而天下始疑矣^③；澶漫为乐^④，摘僻为礼^⑤，而天下始分矣^⑥。故纯朴不残，孰为牺尊^⑦！白玉不毁，孰为珪璋^⑧！道德不废，安取仁义！性情不离，安用礼乐！五色不乱，孰为文采！五声不乱，孰应六律！夫残朴以为器^⑨，工匠之罪也；毁道德以为仁义，圣人之过也。

①蹩躠（biéxiè）：扭了脚还要快步走，形容费力的样子。蹩，走路扭了脚。躠，快步走。　②踶（dì）：踢。跂（qǐ）：通"企"，踮起脚跟。③疑：犹疑。　④澶（chán）漫：恣纵放荡。　⑤摘僻：拳曲手足，指自加拘束。　⑥分：分化，指形成了君子与小人两套系统标准。　⑦牺尊：祭礼上的酒杯。牺，祭祀。尊，同"樽"。　⑧珪璋（guīzhāng）：玉制的祭祀用的礼器。　⑨残：动词，破坏。

夫加之以衡扼^①，齐之以月题^②，而马知介倪、闉扼、鸷曼、诡衔、窃辔^③。故马之知而态至盗者^④，伯乐之罪也。

①衡：车辕前端的横木。扼：通"轭"，驾车时搁在牛马颈上的曲木。②月题：马额上的佩饰，其形似月。　③介倪：斜着眼睛警惕地看。介，意为防备、警惕。倪，通"睨"，斜视。闉扼（yīn'è）：弯着脖子摆脱车轭。闉，屈曲。鸷（zhì）曼：形容马猛戾不驯。鸷，凶猛。曼，通"蛮"。诡衔：假装衔着嚼子。诡，欺诈、假冒。衔，这里指用嘴含。窃辔（pèi）：偷偷地从马辔头中摆脱出来。　④知：同"智"，指狡诈。态：神情，行动。至：达到。

马儿奔腾，原只为风吹草低的快乐

第十章

偷箱子是偷，偷梁换柱也是偷

——读《胠箧》

胠（qū），撬开；箧（qiè），竹制的箱子；"胠箧儿"就是小偷。

这一章中有个名句曾被选入初中历史教科书：

> 窃钩者诛，窃国者为诸侯。

对比强烈、形象生动，似乎一切就发生在眼前；最重要的是通俗易懂，选入教材简直再恰当不过了。问题是真的如教材所说的那样，这一句表明了庄子对当时"黑暗社会政治的憎恶和揭露"吗？且不说群星灿烂的先秦时代是不是真的"漆黑一片"，理解一句话的本意，怎么也得联系一下上下文吧？

庄子认为，"窃者"有大小之分，"小偷"无非是"胠箧、探囊、发匮（同"柜"）"。要么当"拐子"，在大街上用镊子探包夹手机；要么玩"白闯"，登堂入室翻箱倒柜。一般人应对小偷的办法无非是绑紧绳子，加固锁钥，这就是众人所谓的"聪明"。"然而巨盗至，则负匮、揭箧、担囊而趋"，提起箱子、背起柜子、担着包裹，一溜烟儿跑了。只怕你绑得不够牢固，跑到半路掉了。那么乡巴佬们眼中的"智者"，确定不是替大盗们"累积有利条件"的家伙？

掏口袋的小偷也罢，背箱子的巨盗也罢，无非是"窃了个钩"而已；更厉害的角色"窃"的是"国"这个大家伙，比如齐国的田成子。

来看一下田成子的基本情况：

姓名：田常；曾用名：陈恒、田恒；谥号：田成子；职业：齐国相国。

一会儿姓陈，一会儿姓田，是因为田、陈古音相近，基本不怎么区分，姓陈的也就是姓田的。从田恒变成田常，则是汉朝的事。汉文帝刘恒登基后，把所有的"恒"字一股脑儿改成了"常"字，《道德经》就是在那时从"道可道非恒道"变成了"道可道非常道"。

之所以强调田成子的"职业"，是因为尽管他唆使齐国大夫鲍息弑齐悼公，而后又发动政变，杀死齐简公和自己的对手阚止，身负两起犯上弑君的血案，但其个人的身份自始至终都只是"相国"，严格意义上"代齐窃国"的是他的曾孙田和。不过姜太公的齐国确实是从田常开始被架空的，要说他"窃国"也可以。从他这里开始，到齐王建为秦始皇所灭，"田齐"一共有十二位主君（先是家主后是国君，其中有两位是兄终弟及，共十代）。这就是庄子在本篇中所说的"十二世有其国"。

错了，庄子说不了这话。

关于庄子的生卒时间，有两种说法。基本上都认为是死于公元前286年，齐王建的爷爷齐湣王时期；还有一种说法是死于公元前275年，齐王建的父亲齐襄王时期。齐王建继位是公元前264年，并且在位时间长达四十四年，直至公元前221年为秦所灭。所以，庄子要准确地断言田齐"十二世有其国"，必须得活到公元前221年之后。按庄子大约出生于公元前369年计算，怎么也得活到150岁。

鸡犬相闻

此篇为后人伪作无疑。

另一伪作的证据,则是本篇的主要论证过程实在牵强,离庄子的风格有点远。

本篇的论点与前面的几篇相同,主要是论述"好知(智)"与"仁义"的不可靠,"圣人之法"没什么用。

论证的过程是这样的:

从前那个齐国,城邑相望,鸡犬相闻,是渔网遍布、犁锄耕作的鱼米之乡,方圆有两千余里。四境之内,所立的宗庙、社稷,以及大大小小的行政管理机关,哪一样不是按照"圣人"提倡的法则来的?但是那一天田成子还不是杀其君而窃其国?田成子所窃的只是一个"国"吗?他还把"圣人"们的"好智"和"仁义"的治国之法一起偷走了。所以虽然田成子担着"盗贼"的恶名,却活得像尧舜一样地安稳,小国不敢多嘴非议,大国不敢出兵讨伐,竟然在齐国传了十二世。这岂不是偷"国"时连同"圣知"的治国之法一起偷了,而"圣知"之法最终却维护了"窃国者"的安全?

大致的意思是清楚的:为了防盗而拼命绑紧系箱子的绳子,反而方便了小偷一锅端;推行"圣知仁义"而成就的鱼米之乡,反而让作为盗贼的田氏如尧舜一般在其中安稳了十二世。

这个论证过程有点幼稚,儒家们很容易就能反驳:

第一，你承认了被偷走的齐国很强大，强大到能庇护田家十二世，你还说这个强大是我们的"仁义"给害的，那么，岂不是恰恰证明了"仁义"才是强国的正道？

第二，如果田成子不去偷，齐国还会是一个强大的存在，所以这件事不能说明"仁义治国"错了，主要是因为有人不讲"仁义"去偷东西，这恰恰说明我们儒家提倡的"君君、臣臣、父父、子子"的政治与社会伦理是多么重要。

第三，听你们的说法，好像是为了防备强盛的国家被偷后成为盗贼的庇护，所以就不要把国家搞强盛了。这有点说不过去吧？归谬一下，是不是可以这么说，因为每个人最终都是要死的，所以从一开始就不应该生下来？

总之是破绽百出，主动打脸的节奏，离庄子的纵横捭阖有点远。从论辩的方法来说，玩的是偷梁换柱：把"仁义是不是治国之道"，偷换成了"治国有没有意义"，点明这一点，立刻玩砸了。

不过文中也还是有着庄子式的机智：

盗跖的徒弟问跖说："盗亦有道吗？"跖说："什么地方没有道呢？作为一名盗贼，能够意料到房子里有什么财物，这就叫做'圣'；能够第一个冲进去，这就叫做'勇'；能够最后一个出来，这就叫做'义'；能够预知可不可以下手，这就叫做'智'；能够平分赃物，这就叫做'仁'。不具备这五条，而能够成为大盗的，天下就没有这么个事。"这样看来，好人得不到"圣人之道"不能立于世；盗跖得不到"圣人之道"同样不能在这世上逍遥。看来你这个"圣人之道"是好人坏人都能用，要知道天下可是好人少、坏人多，那么"圣人"之道岂不是有利于天下的少、祸害天下的多？

一千多年后，窦娥在刑场上大呼：可怎生糊突了盗跖颜渊！"忠勇仁义礼智信"被等同于撬门入室的"道"，儒家这一回可真比窦娥

偷箱子是偷，偷梁换柱也是偷

还冤。

冤的还不止这个，《道德经》第三十六章有一句：鱼不可脱于渊，国之利器不可以示人。我在《轻松读懂〈道德经〉》中说过了，这句话指的是，正像鱼儿不能离开了水，治国者不能脱离自己的大本营，不能拿着自家最利害的玩意儿去别人家宣示强大。典型的例子就是夫差在勾践的忽悠下，带着全部家当去齐国宣示武力，导致灭国。"三千越甲可吞吴"，那是说说的，主要还是因为吴国攻齐伤了元气。但文中引用了这一句后，却接着说，"*彼圣人者，天下之利器也，非所以明天下也*"。意思是说，你们这些圣人，就是伤害天下的"利器"，根本不可能指引天下人走向阳光大道。把"国之利器"扯到"圣人是伤天下的利器"，实在有些牵强。

前几章说过，《庄子》是"千真万真的文学"，作为一篇"政论文"，这一章不管是不是庄子所作，汪洋恣肆却是同样的：

唇亡则齿寒，鲁国进献的酒差劲却让赵国的邯郸被围困了；圣人出，人民没有获得感，大盗却兴起了；所以打倒圣人、释放盗贼，天下方能大治。

溪水干涸时，山谷显得格外空旷；夷平山丘，才能填平深潭。圣人死了，大盗就不会兴起，天下也就太平且不会有变故了；圣人不死，大盗就不会停止，即使重用圣人治理天下，也无非是让盗跖得利。

圣人为天下人制造斗、斛来计量东西，大盗就连同斗斛一起偷走；为天下人制造权、衡来计量轻重，那么就连同秤锤、秤杆一起偷走；为天下人制定信符、印玺来表达诚信，那么就连同符、玺一起偷走；向天下人倡导"仁义"，来规范人们的道德和行为，那么就干脆连同"仁义"一起偷走。怎么知道会是这样的呢？偷带钩的人都被杀了，偷了整个国家的人不仅不会被杀，而且还会成为诸侯。被偷的诸侯家有什么呢？有"仁义"啊。那么不就是连"仁义"和"圣智"一起偷了吗？那些以盗贼为榜样，废除原先的诸侯，窃夺仁义和斗斛、秤具、符玺的人，能够获得巨大的利益，即使是高官厚禄这样的赏赐也不能鼓励他们，即使是砍脑袋这样的刑罚也不能让他们收手。之所以会让盗跖们感觉有利可图，什么赏赐和刑罚都不能让他们停止偷窃和篡夺，都是因为利益太大，都是圣人们推行"仁义"把国家搞得富得流油的过错。

　　鱼儿不能脱离深潭，国家的"利器"不能随便拿给人看。那些所谓的圣人，就是伤害天下的"利器"，不能够担负天下走向光明大道的重任。所以，不玩"圣人"们的那一套（绝圣弃智），窃国大盗也就没有了；正如扔掉珠宝、捣碎玉器，小偷也就消失了；焚毁信符、击破印玺，百姓就会变得朴实淳厚；打破斗斛、折断秤杆，百姓就不再争利；毁尽普天下的"圣人之法"，才可以和老百姓讨论孰是孰非。扰乱六律，销毁竽笙，堵住师旷的耳朵，天下人会收起他们所谓的"耳聪"；毁掉器具上的各种纹饰，摒弃五彩，粘住离朱的眼睛，天下人才会收起他们所谓的"目明"；毁绝曲尺和墨斗，扔掉圆规和角尺，折断工倕的手指，天下人才会收起他们所谓的"工巧"。所以说："真正的智巧看上去和笨拙一样。"摒弃曾参、史鰌的忠孝之行，钳住杨朱、墨翟善辩的嘴巴，摒弃仁义，天下人的德行才能真正地、发自内心地相同。

　　天下人都收起他们所谓的"聪明"，天下就不会被毁坏，世上就不会有灾祸。每个人都收起所谓的"智巧"，天下事就不用那么让人犹疑。每个人都怀藏着淳朴的德行，天下就不会出现怪僻和极端行为。那些个曾参、史鰌、杨朱、墨翟、师旷、工倕、离朱，都是用游离于"道德"之外的异端邪说，来惑乱天下人的家伙，"圣人之法"是没有用处的。

　　这么几大段洋洋洒洒的文字，很是碎碎念，但主题还是很明确的：

儒家提倡的"圣人之法""圣人之治"没什么用。尽管如前面所说，论证并不严密，很有些牵强，但气势上还是很强大的，一路念叨下来，颇有些一气呵成的理直气壮。从文学和文采上来说，一点都不愧为《庄子》。

回到开头那句名言，首先"窃钩者诛，窃国者为诸侯"很有可能不是庄子说的；其次联系上下文，似乎也不是为了抨击"黑暗社会"，只在于强调"成为诸侯之后，连同'仁义'及'仁义的成果'一起偷了"，是作为"绝圣弃知"的论据使用的。也就是说，当年我们也被断章取义地"偷梁换柱"了一回。不再"以阶级斗争为纲"之后，把它请出教科书也是应该的。

原文选注

昔者齐国邻邑相望，鸡狗之音相闻，罔罟之所布 ①，耒耨之所刺 ②，方二千余里。阖四竟之内 ③，所以立宗庙、社稷，治邑、屋、州、闾、乡曲者 ④，曷尝不法圣人哉 ⑤？然而田成子一旦杀齐君而盗其国。所盗者岂独其国邪？并与其圣知之法而盗之。故田成子有乎盗贼之名，而身处尧舜之安，小国不敢非 ⑥，大国不敢诛 ⑦，专有齐国。则是不乃窃齐国 ⑧，并与其圣知之法以守其盗贼之身乎 ⑨？

①罔（wǎng）：即网。罟（gǔ）：各种网的总称。 ②耒（lěi）：古代一种翻土农具，形如木叉，上有曲柄，下面是犁头，用以松土，可看作犁的前身。耨（nòu）：钩儿锄，一种锄草的农具。刺：指用犁锄耕田。 ③阖（hé）：全，整个。竟：通"境"，边境，国境。 ④邑、屋、州、闾、乡曲：都是古代面积和地方行政区域的名称。"六尺为步，步百为亩，亩百为夫，夫三为屋，屋三为井，井四为邑"；"五家为比，五比为闾，五闾为族，五族为党，五党为州，五州为乡"。曲，指乡之一隅。 ⑤曷（hé）尝：何尝。曷，何，

什么。**法**：名词的意动用法，以……为法。　⑥ **非**：诽谤，诋毁。　⑦ **诛**：讨伐。　⑧ **是不乃**：这不就是。是，代词，这。　⑨ **圣知之法**：指选取聪明贤良之人管理天下、让百姓聪明睿智的治国之法。墨、儒两家都有这个主张。圣知，即圣智。**身**：躯体的总称。

故跖之徒问于跖曰："盗亦有道乎？"跖曰："何适而无有道邪①？"夫妄意室中之藏②，圣也；入先，勇也；出后，义也；知可否，知也；分均，仁也。五者不备而能成大盗者，天下未之有也。"由是观之，善人不得圣人之道不立③，跖不得圣人之道不行④。天下之善人少而不善人多，则圣人之利天下也少而害天下也多。

① **何适**：到哪里。何，疑问代词，哪。适，到。　② **妄意**：原指凭空猜测，这里是指在看不见内部的情况下凭经验预料到房子里有什么财物。妄，凭空。　③ **立**：立身，立命，立足。　④ **行**：行事，处事。"立"与"行"是互文。

故曰：唇竭则齿寒①，鲁酒薄而邯郸围②，圣人生而大盗起。掊击圣人③，纵舍盗贼④，而天下始治矣！

① **竭**：亡，失去。　② **鲁酒薄而邯郸围**：这个典故有两种说法。一种说法是楚宣王大会诸侯，而鲁恭公晚到，并且所献之酒味道淡薄，楚王很生气。加上鲁恭公自恃是周公的后代，不告而别，于是楚王带兵攻打鲁国。之前魏国一直想攻打赵国，却担心楚国发兵救赵。楚国出兵鲁国后，魏国趁机围了赵国都城邯郸。还有一种说法是楚王大会诸侯时，鲁国酒差赵国酒好，楚王的酒吏向赵国索酒遭拒，酒吏怀恨在心，偷换了赵、鲁两国的酒，于是楚王因酒薄而兵围邯郸。　③ **掊**（pǒu）**击**：抨击。掊，击破。　④ **纵**：放纵。**舍**：放弃。

夫川竭而谷虚①，丘夷而渊实②。圣人已死，则大盗不起，天下平而无故矣③。圣人不死，大盗不止。虽重圣人而治天下④，则是重利盗跖也⑤。为之斗斛以量之⑥，则并与斗斛而窃之；为之权衡以称之⑦，则并与权衡而窃之；为之符玺而信之⑧，则并与符玺而窃之；

为之仁义以矫之^⑨，则并与仁义而窃之。

①竭：干涸。虚：空虚。 ②夷：平。渊：深潭。实：填满。 ③故：变故。 ④重（zhòng）：看重，重用。 ⑤重利：丰厚的利益。 ⑥斗斛（hú）：古代的两种量器，十斗为一斛。 ⑦权：秤锤。衡：秤杆。 ⑧符玺（xǐ）：古代用作凭证的信物。"符"由两半组成，合在一起以验明真伪。信：守信，取信。 ⑨矫：纠正。

何以知其然邪？彼窃钩者诛^①，窃国者为诸侯，诸侯之门而仁义存焉。则是非窃仁义圣知邪^②？故逐于大盗、揭诸侯、窃仁义并斗斛权衡符玺之利者^③，虽有轩冕之赏弗能劝^④，斧钺之威弗能禁^⑤。此重利盗跖而使不可禁者，是乃圣人之过也。

①钩：本指腰带钩，泛指不值钱的玩意。 ②是：代词，这。 ③逐：追随。揭诸侯：指废除原先的诸侯。揭，掀起、拿开。 ④轩冕：代指高官厚禄。轩，官员乘坐的车子。冕，官员戴的礼帽。劝：劝勉，鼓励。 ⑤斧钺（yuè）：代指行刑、刑罚。钺，大斧，和"斧"一起都常用作刑具。禁：停手，收手。

故曰："鱼不可脱于渊，国之利器不可以示人^①。"彼圣人者，天下之利器也，非所以明天下也^②。

①利器：本义应是指国家的"实力、重要力量"，下文曲解为"伤害天下的锋利工具"。示：宣示，显露。 ②明：形容词作动词，使天下走向光明的意思。

故绝圣弃知^①，大盗乃止；擿玉毁珠^②，小盗不起；焚符破玺，而民朴鄙^③；掊斗折衡，而民不争；殚残天下之圣法^④，而民始可与论议^⑤。擢乱六律^⑥，铄绝竽瑟^⑦，塞瞽旷之耳^⑧，而天下始人含其聪矣^⑨；灭文章^⑩，散五采，胶离朱之目，而天下始人含其明矣。毁绝钩绳而弃规矩^⑪，攦工倕之指^⑫，而天下始人含其巧矣。故曰：大巧若拙^⑬。削曾史之行，钳杨墨之口，攘弃仁义，而天下之德始玄同矣^⑭。

①**绝圣弃知**:拒绝"圣人"治国,放弃采用"智巧"让老百姓变得"智巧"的治国之法。　②**擿**(zhì):投掷。　③**朴**:原木,未加工的木材。**鄙**:质朴。　④**殚**(dān)**残**:竭力毁坏。　⑤**论议**:谈论,讨论。　⑥**擢**(zhuó):拔掉。　⑦**铄**(shuò):熔化,销毁。**绝**:这里是折断的意思。　⑧**瞽旷**:即师旷。因其眼瞎,所以又叫他"瞽旷"。　⑨**含**:收藏,收敛。　⑩**文章**:即纹章,指纹彩、花纹。　⑪**钩绳、规矩**:都是木匠用的工具。钩,曲尺。绳,墨斗。规,圆规。矩,矩尺、角尺。　⑫**攦**(lì):折断。**工倕**(chuí):倕,古巧匠名。相传尧时被召,主理百工,故称"工倕"。　⑬**大巧若拙**(zhuō):真正的工巧看上去却没什么了不起,甚至会显得笨拙。拙,笨拙。　⑭**玄同**:指深深地相同,也就是高度统一。玄,这里指深切。

彼人含其明①,则天下不铄矣②;人含其聪,则天下不累矣③;人含其知,则天下不惑矣;人含其德,则天下不僻矣④。彼曾、史、杨、墨、师旷、工倕、离朱,皆外立其德而以爚乱天下者也⑤,法之所无用也。

①**含**:内敛、收敛。　②**铄**:销毁。　③**累**:忧患,祸害。　④**僻**:怪僻,极端。　⑤**外立**:在"道德"之外创立异端邪说。**爚**(yuè)**乱**:惑乱的意思。爚,照耀。

偷箱子是偷,偷梁换柱也是偷

第十一章

宽宥天下，原谅我这一生不羁放纵爱自由

——读《在宥》

"宥"字是清楚的，从"宀 (mián)"，"有"声。虽然是形声字，但又有会意的成分。"宀"表示房子，房子下面有个人，"广厦容人曰宥"，所以《说文》《国语·周语》都说"宥，宽也"。可见"宥"的本义是指大房子里空间宽阔，可以自由活动；引申义则是"宽容、宽待、宽仁"，或者就叫"宽宥"。

麻烦的是"在"字。基本上所有的注家，都认为是"自在"，"在"和"宥"加在一起是"宽容自在、宽然自存"。仔细看一下，问题就来了："在"和"宥"好像调了个个？

再来看几个很常见的词语：在意，在望，在理。

这些个"在"都是介词，"表示动作、情状所涉及的处所、时间、范围等"，没有什么实际上的意义，真正的词义是通过后面的字来表示的。"在宥"是不是也如此呢？

看一下具体的语境。开篇第一句：

闻在宥天下，不闻治天下也。

只听说过宽待天下，没听说过天下还需要哪个人来"治理"的。

如果仅是这一句，问题并不复杂。把事情搞凌乱了的是接下来的一句：

在之也者，恐天下之淫其性也；宥之也者，恐天下之迁其德也。

"在之也者""宥之也者"，这两个"之乎者也"看上去好像是判断句？分别说明"在"和"宥"是什么意思？所以非得给"在"也弄出个意思来？

其实，这是典型的互文，确切的意思是："在宥天下者，恐天下淫其性、迁其德也。"人家只是为了前后句式上的整齐，才把一句话拆成两句而已。

所以，我们不用在乎这个"在"到底是什么意思，看看人家到底在说什么就行了：

只听说过宽待天下，没听说过天下还需要哪个人来"治理"的。之所以要宽待天下，是因为如果盲目地加以管理，恐怕会迷失了天下人的本性，改变了固有的品德和处事方式。如果天下人不迷失本性，不改变处事和行为的规则，一切都自然而然、水到渠成，这个世界又有"治国者"什么事？从前尧治天下，好像让天下人都很开心，人性中就出现了"快乐"，变得不再淡定。桀治天下的时候，让天下人都憔悴忧愁，人性中又出现了"痛苦"，变得不再平和。人性不再淡定平和，就背离了"德"的要求。不按照"德"的要求而能保持长治久安的，从来就没有那么个事。

庄子的这一招很厉害，为了全盘否定儒家的治国方法，不仅抹掉了尧和桀的差别，还说人性本来是没有快乐与痛苦之分的，都是你们这些"治天下者"瞎搞，才让人们有了这些不必要的情绪体验，天下因此纷乱不已。

　　道家主张"宽宥天下"，不要成天想着"修身齐家治国平天下"，要让"天下"自由发展。但是，这一章本质上还是要讨论如何治国。得出"不治"才是最好的结论，那道家的治国方略岂不是同样没有意义？所以下面一定要有转折：

　　君子在万不得已的情况下，不得不去治理天下了，最好的方法莫过于"无为"。"无为"，然后安于"性命之情"。所以看重自己的生命甚于天下的人，才可以把天下托付给他；热爱自己的生命甚于天下的人，才可以把天下寄托给他。所以君子如果真的能够不把个人的精神分解为神、魄、魂、意、精志这莫名其妙的"五藏"（意为保持精神上的专一），不拔高、不滥用聪明才智，像尸体一样安静却又能龙腾虎跃，像死水一样沉默却又能发出雷鸣般的声音，那么就能做到思想"随天而动"，从容而无为。世上的万物如浮尘般纷乱繁多，我哪来那么多的时间去治理天下！

　　道家要去治理天下，一定是要在万不得已的情况下，被人硬逼着才去的。不过不知道"天下"这块肥肉在什么样的情况下才变得那么不值钱，要硬塞给谁？

　　这一段文字的中心句是"无为也，而后安其性命之情"。我在《道德经》的解读中说过，"无为"完整的表述是"无以生为"，并不是"什么都不干"，而是"不要硬生生地搞点事情干干"。"性命之情"，前面第八章说过了，指的是"生命应该具有的情态"。不要硬整点事情来做，然后才能够让百姓回归到生命本来应该具有的样子。说得简单一点，就是按照人性的特点，顺应人性的要求，不要惹事生非，天下就能大治。用今天的话来说，就是"以人为本"和"不折腾"。

　　这一段中抄了《道德经》中的几句原文：

故贵以身于为天下，则可以托天下；爱以身于为天下，则可以

寄天下。

从这一句来看，这一章恐怕也不是庄子的原作，至少是在汉朝才成文的。因为比较一下马王堆出土的帛书本《道德经》，汉之前的原文是"*故贵为身于为天下，若可以托天下矣；爱以身于为天下，女可以寄天下*"。《庄子》中引用的是后来传世本中的说法，恐怕成形的时间还是比较靠后的。两者比较，传世本的文字不仅语气上少了些生气，语义也有很大的不同。帛书本的意思是"只有把人生的意义从看重'为自己'转移到'为天下'，吝惜自身可以，但目的还是'为天下'，你才可以承受托付天下的重任"，与传世本强调的看重爱惜自身甚于天下的观点有很大的不同。

为了证明"无为"才是正道，又通过老子之口，论述了儒法墨三家的理论都是不可行的：

从前，黄帝开始用仁义来扰乱人心，于是尧舜累得大腿没肉，小腿没毛（其实这原本是用来形容禹治水的辛劳），只了了试图把天下的人和万物当成宠物给养起来；愁得五脏六腑打结，只为了推行所谓的仁义；呕心沥血，只为了弄出一堆规矩和法度。但是，还是不能够胜任治理天下的重任啊！你看尧把谨兜流放到崇山，把三苗流放到三峗，把共工流放到幽都，这正说明他胜任不了治理天下的重任啊！等到了夏商周三代，就更可怕了。坏蛋有桀这样的暴君、跖这样的大盗，好人也有曾参这样的大仁至孝、史鱼这样的大义直臣。为了解释这种怪象，儒墨诸说并起。百家争鸣的后果是，人们因为互相猜疑而喜怒不定；不管是聪明的还是愚笨的，都想着去欺骗别人；不论好人还是坏人，都互相诋毁，说谎的与诚信的互相嘲讽，天下就此衰落了！

高尚的德行不再存于世，生命如花瓣般掉落！普天下的人都喜欢玩巧弄智，百姓对人生的追求到了无以复加的程度。面对如此乱

宽宥天下，原谅我这一生不羁放纵爱自由

象，治国者只好用斧锯去制裁，用律法去棒杀，用槌凿去解决问题。天下人互相倾轧、乱象纷生，所有的罪过都是因为扰乱了人心！所以贤者自由自在地隐于深山之中，万乘之君却在庙堂之上忧心忡忡。现在这个世界，死于非命的藉藉相枕，披枷戴锁的前后相连，刑余之人满目皆是，而儒墨之徒却在一片枷锁之间跳脚攘臂。唉，太过分了！这帮家伙不知羞耻到了这个地步！我不知道"圣知"是不是枷锁上的横木，"仁义"是不是桎梏的卯榫（sǔn），谁又知道曾参和史鱼是不是桀跖的先声！所以，绝圣弃知、杜绝仁义，天下才能大治。

"绝圣"，就是让儒家放弃造神，不要动不动就圣人长圣人短的；"知"同"智"，"弃知"就是放弃玩智弄巧。简单一点说，就是不要把老百姓教坏了，顺其自然、无欲无为，才是治国正道。

这一段文字，很有《庄子》的特色，洋洋洒洒、一气呵成，从气势上就压得人喘不过气，作为政论文，堪称典范之作。而这一章中还有一段文字，也能体现《庄子》绘声绘色的灵动：

云将（人名）东游，绕过扶摇神树蔓生的枝条，恰好遇到了鸿蒙（人名）。鸿蒙正拍着大腿、雀跃而行。云将见了，惊疑地停了下来，安静地站立着，问："先生是谁？先生为何如此开心？"

鸿蒙拍着大腿、欢呼雀跃，根本停不下来，对云将说："游！"

云将说："我有问题要请教先生！"

鸿蒙抬头看着云将："啊！"

云将说："天不祥和，地又郁结，气候不调，四季不节，现在我想调和阴阳、风雨、晦明，造福百姓，请问我该怎么做？"

鸿蒙拍着大腿、雀跃而行，回头说："我不知道，我不知道！"

看到这一段文字，眼前跳跃的是《射雕英雄传》里的周伯通，脑子里响起的是黄家驹的"原谅我这一生不羁放纵爱自由"，不知是也不是？

闻在宥天下①，不闻治天下也。在之也者，恐天下之淫其性也②；宥之也者，恐天下之迁其德也③。天下不淫其性，不迁其德，有治天下者哉！昔尧之治天下也，使天下欣欣焉④，人乐其性⑤，是不恬也⑥；桀之治天下也，使天下瘁瘁焉⑦，人苦其性，是不愉也⑧。夫不恬不愉，非德也。非德也而可长久者，天下无之。

①宥：宽容。　②淫：惑乱。性：人性。　③迁：迁移，改变。德：遵循客观规律处世行事。　④欣欣：兴高采烈。　⑤人乐其性：人们以为人性中应该有"乐"。　⑥恬：安静、淡定。　⑦瘁（cuì）瘁：憔悴忧愁。　⑧愉：平和。

故君子不得已而临莅天下①，莫若无为。无为也，而后安其性命之情②。故贵以身于为天下③，则可以托天下；爱以身于为天下，则可以寄天下。故君子苟能无解其五藏④，无擢其聪明⑤；尸居而龙见⑥，渊默而雷声⑦，神动而天随⑧，从容无为而万物炊累焉⑨。吾又何暇治天下哉！

①临莅（lì）天下：即君临天下。莅，到、临。　②安：做形容词意为安定，做动词意为安抚、安于。性命之情：生命本来应该具有的情态。　③贵：意动用法，以……为贵，意为看重。身：个人的生命。　④苟：若，如果，假使。解：分解、拆分（精神）。五藏：中医认为人的精神分成五个独立的部分分藏在五脏中。　⑤擢（zhuó）：指有意展露。聪明：指聪明机智。　⑥尸居：像尸体一样一动不动。尸，一动不动的样子。龙见（xiàn）：像龙现于天一样惊天动地。见，同"现"。　⑦渊默：像死水一样沉默。渊，深水潭。雷声：雷鸣般的声音。雷，名词作状语。　⑧神动而天随：精神随天（自然、规律）而动。　⑨炊累：如浮尘般繁多。炊，烟火、烟尘。累，繁多。

昔者黄帝始以仁义撄人之心①，尧舜于是乎股无胈②，胫无毛③，以养天下之形④，愁其五藏以为仁义⑤，矜其血气以规法度⑥。然犹有不胜也⑦。尧于是放讙兜于崇山⑧，投三苗于三峗⑨，流共工于幽都⑩，此不胜天下也。夫施及三王而天下大骇矣⑪。下有桀、跖，上有曾、史，而儒墨毕起。于是乎喜怒相疑，愚知相欺，善否相非⑫，诞信相讥⑬，而天下衰矣；大德不同⑭，而性命烂漫矣⑮；天下好知⑯，而百姓求竭矣⑰。于是乎钐锯制焉⑱，绳墨杀焉⑲，椎凿决焉⑳。天下脊脊大乱㉑，罪在撄人心。

① 撄（yīng）：扰乱。　② 股：大腿。肢（bá）：大腿根部的肉。　③ 胫：小腿。　④ 以养天下之形：即以此养育天下万物的形体。　⑤ 愁：动词，忧愁、发愁。五藏：这里代指思虑、思想。　⑥ 矜：同"瘝（guān）"，意为得病。规：动词，规范、统一。　⑦ 胜：胜任。　⑧ 讙兜：人名，传说跟尧作对，被尧放逐。崇山：地名，传说在当时中原之地的南陲。　⑨ 三苗：尧时代的古国名，地处南方，与讙兜、共工、鲧合称为"四罪"。三峗（wéi）：又作"三危"，山名，地处甘肃敦煌市东南。　⑩ 共工：与怒触不周山的共工似乎不是同一个人，传说为帝尧的水官。幽都：即幽州。　⑪ 施（yì）：延续。三王：即夏、商、周三代国君。骇：惊骇、可怕。　⑫ 善否（pǐ）：好坏。　⑬ 诞：指说大话。信：诚实守信。讥：嘲讽。　⑭ 大德：高尚的德行。同：统一，因统一而盛行。　⑮ 烂漫：这里指消散。　⑯ 知：同"智"。　⑰ 求竭：指追求太多，到了无以复加的程度。求，需求、追求。竭，尽头。　⑱ 钐（jīn）：斧的一种。制：控制，制约。　⑲ 绳墨：墨线、墨斗，木工取直的工具。引申为规矩、规则、律法。　⑳ 椎凿：槌和凿。决：决断、决定，解决问题。　㉑ 脊脊：像脊椎骨一样，一节挤着一节，形容互相倾轧的样子。

故贤者伏处大山嵁岩之下①，而万乘之君忧栗乎庙堂之上②。今世殊死者相枕也③，桁杨者相推也④，刑戮者相望也⑤，而儒墨乃始离跂攘臂乎桎梏之间⑥。意⑦，甚矣哉！其无愧而不知耻也甚矣⑧！吾未知圣知之不为桁杨椄槢也⑨，仁义之不为桎梏凿枘也⑩，焉知曾、史之不为桀跖嚆矢也⑪！故曰"绝圣弃知而天下大治"。

① 伏处：隐居。嵁（kān）：险峻。　② 栗（lì）：害怕。　③ 殊死：

非正常死亡。**相枕**：一个叠着一个。　④**桁（háng）杨**：戴在颈上和脚上的刑具、枷锁。**相推**：后面的推着前面的，一个接着一个。　⑤**刑戮者**：受刑罚的人。戮，杀害。　⑥**离跂（qí）**：脚趾离开地，指跳起来。跂，脚趾。**攘（rǎng）臂**：挽起袖子，露出手臂。形容奋力的样子。**桎梏（zhìgù）**：脚镣手铐，用于拘系罪犯的刑具。　⑦**意**：同"噫"，感叹。　⑧**无愧**：不知道愧疚。　⑨**楔楬(jiēxí)**：连接脚镣或手铐左右两部分的横木。楬，通作"楔"。　⑩**凿枘（ruì）**：卯孔和榫头，组成木器的关键结构。　⑪**嚆（hāo）矢**：即响箭，因发射时声音比箭先到，常用来比喻事物的开端，相当于"先声"。

云将东游①，过扶摇之枝而适遭鸿蒙②。鸿蒙方将拊脾雀跃而游③。云将见之，倘然止④，贽然立⑤，曰："叟何人邪？叟何为此？"鸿蒙拊脾雀跃不辍⑥，对云将曰："游！"云将曰："朕愿有问也。"鸿蒙仰而视云将曰："吁！"云将曰："天气不和⑦，地气郁结⑧，六气不调⑨，四时不节⑩。今我愿合六气之精以育群生，为之奈何？"鸿蒙拊脾雀跃掉头曰："吾弗知！吾弗知！"云将不得问。

①**云将、鸿蒙**：都是虚构的人名。云将，意为云的统帅；鸿蒙，意为飘缈的大气。　②**扶摇**：传说中东海的神树。**适**：恰好。**遭**：碰到。③**拊（fǔ）**：拍。**脾**：通"髀"，大腿。　④**倘然**：惊疑的样子。倘，同"徜"。　⑤**贽（zhì）然**：站立不动的样子。　⑥**辍（chuò）**：停止。⑦**天气**：风雨阴晴等自然气候。　⑧**地气**：大地上的自然现象。　⑨**六气**：指阴、阳、风、雨、晦、明六种自然气候变化现象。　⑩**不节**：不合节令。节，节令。

第十二章

俯仰于天地之间的，本就是鲜活的人性

——读《天地》

这一篇的篇名与内容没什么关系，简单地用了开头的两个字而已，这也是先秦诸子的惯常做法。关于本篇的主旨，可以先看一则寓言：

黄帝巡游到赤水之北，登昆仑而南望。回来后，发现丢了一颗"玄珠"。于是派"知"去找，没有找到；又派"离朱"去找，也没找到；再派"喫（chī）诟"去找，还是没有找到。最后派"象罔"去找，找到了。黄帝说："很奇怪啊，象罔为什么就能找到呢？"

这里的几个人，名字都怪怪的。为什么象罔能找到珠子，接下来并没有说明，得自己去想。赤水、昆仑显然是国家的代称，巡游的目的则是"南望"，当然不是随便看看，肯定是胸怀天下了；那么"玄珠"也就代指了"深奥"的治国之理。"知（智）"这个人名，也和"愚公与智叟"一样有象征意义，矛头指向了儒家；离朱前面出现过好几次了，是传说中的千里眼，看事情很清楚，因此思路也很清楚，基本上指的是法家；"喫"就是"吃"，"诟"是骂人，应该是讽刺以名家为代表的那一群玩嘴皮子的。"罔"是"迷惘"，"象"可以通"像"，"看上去傻乎乎的"，或者也可以指"虚无飘缈的样子"。总之，治国之道，机智的不行，聪明的不行，嘴皮子功夫好的也不行，傻傻的、虚无的、飘缈的才行。

因此，这一章是上一章的继续，讲的是君主"无为"才是治国正道。

尧治天下的时候，伯成子高被立为诸侯。尧传位给舜，舜又传位给禹，伯成子高就辞去诸侯之位跑去耕田了。禹去见他，伯成子高正好在田里耕种。禹走到下风口，恭恭敬敬地站着，问："从前尧治天下，先生立为诸侯。尧授舜、舜授我，但先生您辞去诸侯跑来耕田，敢问这是为什么呢？"

子高说："从前尧治天下，不用奖赏而民众听从教导，不用刑罚而民众自然敬畏。现在你治天下，推行赏罚而百姓尚且不仁，道德从此衰落，刑罚自此建立，今后天下必将大乱，这一切都是从你开始的！你可以走了吧？不要妨碍我做事！"认真耕田不再理会大禹。

从这一段文字来看，把天下搞乱了的是禹，尧则是"无为而治"的代表。但就在一分钟之前，尧还是被批判的对象：

将闾葂（miǎn）去见季彻，说："鲁国的国君对我说：'请让我接受您的教诲。'我推辞了，但是他不准许。所以我就告诉了他（治国之道），不知对不对，请让我试着说给您听。我对鲁君说：'自身一定要谦恭勤俭，用人要选拔公忠之人不循私情，（做到了这两点）百姓谁敢不聚集在您的周围！'"

季彻笑得弯下了腰："像先生你这样的话，如果用于帝王的治国大业，就像螳螂奋臂去挡车轮，肯定是不能胜任的。而且君主们要是真的听你的话这样做了，还会使自己处于十分危险的境地。就像

俯仰于天地之间的，本就是鲜活的人性

是高楼大厦已经很招风了，还要在里面放很多宝物，成天盘算着进去趟一下混水的人肯定会很多。"

季彻这几句话说得有点隐晦，直白一点就是"把治国当成一种权力是很危险的"，即使是用人很公正，但这"用人的权力"还是像一个装满了宝物的博物馆，总是招来大盗与小偷的惦记。所以从皇帝到总统，都是高危职业。

将闾葂吓了一跳："我实在是迷茫于先生之言。不过，即使我听不懂，还是请先生说一下大概的意思。"季彻说："真正的圣人治天下，也会去鼓舞民心向善，并且让他们听从教化、改变习俗，完全消灭他们的占有欲，让他们都进步到心志单纯的境界。但是，这个改变看上去是人性自然发展的结果，老百姓是不知道什么原因使他们改变的。像你所说的这种治国之策，不就是推崇尧舜教化百姓的方法，傻乎乎地跟在他们的后面瞎跑。圣人治国，只是让百姓回到'道'与'德'的路上来，让百姓的心真正安静下来。"

从这几句来看，尧舜的治国之道也不是正路。"圣人"之道，在于让百姓的心能够静下来，保持内心的简单淳朴。关于这一点，接下来又有一个故事：

子贡南游于楚，回来路过晋国，经过汉水南岸，看见一个老人家正在打理菜园。因为水井很深，所以凿了一条隧道方便下到井里，再用瓦罐盛水，抱到井外来浇灌。尽管花了很多力气，但收效甚微。子贡说："现在有这么一种机械，一天能浇灌好多田地，不用费多少力气，先生不想试一下吗？"

老农抬起头来看着子贡："怎么做到的？"

"这是一种木头做成的机械，前面挂着水桶，后面挂着重物，用它来提水有如抽吸，速度快得像汤水翻滚横溢，它有一个名字，叫做桔槔（jiégāo）。"

老农忿然作色，说："我听我的师傅说，制造机械的人，必然是为了机巧之事，为了解决机巧之事，肯定会运用机巧之心。机心存于胸中，则内心不再纯粹单一；内心不再纯简，则心神不再安定；心神不定，再也不能够承载'道'的分量。我不是不知道有这种机械，是不屑于用。"

子贡很惭愧，低头不敢应对。

"有机械者必有机事，有机事者必有机心"，这两句话确实很铿锵，不过我怎么觉得，这老农就不该挖隧道，不该用什么锄头瓦罐什么的……

过了一会儿，老农问："你是干什么的？""我是孔丘的徒弟。"

"不就是那个号称博学，把自己当作圣人；引人赞美、以显示超过世人；独自哀歌，贩卖儒学以求取名声于天下的家伙吗？你还不收起你的那副得意的样子，放下你的架子，那还差不多！你连自己都'治'不好，还有工夫来治天下！你可以走了！不要耽误我的事！"

这一段几乎是《论语·长沮桀溺耦而耕》的翻版，好在孔门师徒一路上"累累若丧家之狗"，也不在乎多这一回；况且在《庄子》中，孔夫子一直被挤兑来挤兑去的，估计也没什么脾气了。

其实这一章的主旨是很明确的，开头第一段就写清楚了，有必要认真翻译一下：

天地虽大，养育万物是公平的；万物虽多，发展的路径是一致的；人民虽众，主宰者还是君主。君主本着"德"的要求，按照"天道"治理国家，才有可能成功。用"道"的观点来看待各种治国理论，能够正确认识谁才是真正的"天下之君"；用"道"的观点来看待各自的职分所在，能够明白什么是"君臣之义"；用"道"的观点来看待官吏才能，可以使天下吏治清明；用"道"的观点来泛观一切，可以解决万物的一切问题。所以贯穿于天地之间的，是"德"；普遍作用于万物发展进程的，是"道"；高高在上治理人民的，无非是一项"事业"；能够有所擅长的，称之为"技艺"。"技艺"是为"事业"服务的，而完成一项事业要符合"正义"的要求。"正义"是"德"的组成部分，"德"则是"道"的外现。"道"，乃是"天道"，也就是自然规律。所以说，上古那些哺育天下的君主，无欲而天下富足，无为而万物自然发展；内心如潭水般宁静，百姓自然和谐安定。《记》这本书上说，不在意事物之间的差异，认为天下万物都是一回事，那就什么事情也没有。无为无欲，鬼神也会叹服。

仔细领会一下，这一段和前面的几则故事寓言有些不一样。那几则故事过于玄虚飘缈，特别是老农灌园那一段，无疑是走进了死胡同，应该是后人附会的"事例解读"，而这一段很明确地提出"无为"就是顺应规律的"无以生为"，基本接近《道德经》中关于"无为"的原意。

这一章中还有一个故事，读下来也有不一样的感觉：

尧在华地视察，华地的封人（看守边疆的小官吏）说："啊，圣人哪！请让我为圣人祝福，祝福圣人长寿！"尧说："不要！"

"那就祝福圣人富有。"

"也不要。"

"那就祝福圣人多子好了。"

"也不要。"

华封人生气了："长寿、富有、多子，是每一个人的希望，唯独你不想要，为什么？"

尧说："儿子太多内心就会忧虑，富有了事情也就多了，长寿了会讨人厌，这三者，都不能增进我的德行，所以不要。"

"刚开始我还真以为你是圣人，现在看来，你最多是个君子。天生我材必有用，天生万民，必然会给每人一个职事，多生男子，就给他们每人一个合适的职事，又有什么好担忧的？富有了，让大家来分享，哪用得着担心事太多？所谓的圣人，像鹑（chún）鸟一样居无定所，像小鸟一样仰承父母，喂进嘴里就吃，没有就拉倒，如飞鸟般掠过人世，不留下一丝踪迹。天下有道，就和万物一起繁荣昌盛；天下无道，就修炼自身品德退隐山林；一千年后厌倦了人世，就升天成仙，驾着白云翱游在天帝之乡。你所说的三种忧患都不会落到头上，自身也不会有灾祸，又谈什么惹人厌烦？"

华封人撇下尧走了。尧紧随其后："请再教我点人生哲理吧！"封人说："回去吧！"

自古高手都在民间，老农、差役一不小心都是"扫地僧"的级别，那些"圣人"只有挨训的份。我认为这一段之所以感觉不一样，是因为其中的描述更接近道家真实的人性观，道家并不如人们所想象的那样压抑自身的一切欲望，顺应自然的同时，也追求"活生生的人性"。

俯仰于天地之间的，本就是鲜活的人性。

原文选注

天地虽大，其化均也①；万物虽多，其治一也②；人卒虽众，其主君也③。君原于德而成于天④，故曰，玄古之君天下⑤，无为也，天德而已矣⑥。以道观言而天下之君正⑦，以道观分而君臣之义明⑧，以道观能而天下之官治⑨，以道泛观而万物之应备⑩。故通于天下者⑪，德也；行于万物者⑫，道也；上治人者，事也⑬；能有所艺者⑭，技也⑮。技兼于事⑯，事兼于义，义兼于德，德兼于道，道兼于天。故曰，古之畜天下者⑰，无欲而天下足，无为而万物化，渊静而百姓定⑱。

《记》曰⑲："通于一而万事毕⑳，无心得而鬼神服。"

①化：教化，化育，养育。均：公平，这里指出于自然。 ②治：与上一句"其化均也"中的"化"构成互文，"化治"的意思是教化、管理百姓和万物。一：统一，一致。 ③主：控制者，支配者，财产或权力的所有者。 ④原：本原。成：成就，成功。天：指"天道"，自然规律、客观规律。 ⑤玄：远，幽远。君：名词作动词，治理。 ⑥天：自然规律。德：按照自然规律行事。 ⑦观：看待。言：理论。正：正统的、合乎要求与规律的。 ⑧分：职分。义：（君臣之间的）秩序、道义。明：明晓、显现。 ⑨能：才能。官：吏治。治：指吏治清明。 ⑩应：应对。备：完备。 ⑪通：通行。 ⑫行：与上一句的"通"构成互文，通行。 ⑬事：事业，指帝王治理民众也就是一份工作、一种事业。 ⑭能：才能，技能。艺：谙熟的技艺。 ⑮技：技艺。 ⑯兼于：是……的组成部分，由……决定。兼，合并，由部分合成整体。 ⑰畜：养育。 ⑱渊静：深沉清静，不扰乱人心。渊，水深的样子。 ⑲《记》：据说是一本书，为老子所作，不可考。 ⑳通：统，统一。一：同一，一致，一样。毕：尽，举。

黄帝游乎赤水之北①，登乎昆仑之丘而南望②，还归③，遗其玄珠④。使知索之而不得⑤，使离朱索之而不得⑥，使喫诟索之而不得也⑦。乃使象罔⑧，象罔得之。黄帝曰："异哉！象罔乃可以得之乎？"

①赤水：虚拟的水名。 ②南望：朝南而望，胸怀天下之意。 ③还（xuán）：通作"旋"，随即、不久的意思。 ④玄珠：黑色的珠子，喻治国之道。 ⑤知（zhì）：人名，聪明的意思。 ⑥离朱：传说中的千里眼，黄帝的臣子。 ⑦喫（chī）诟：人名，多嘴好辩的意思。 ⑧象罔：人名。"罔"指"迷惘"。象罔，指看上去傻乎乎的。

尧观乎华①。华封人曰②："嘻，圣人！请祝圣人③，使圣人寿④。"尧曰："辞。""使圣人富。"尧曰："辞。""使圣人多男子。"尧曰："辞。"封人曰："寿、富、多男子，人之所欲也。女独不欲⑤，何邪？"尧曰："多男子则多惧，富则多事，寿则多辱⑥。是三者，非所以养德也，故辞。"

①观：视察。乎：相当于"于"。华：地名，据说就是陕西华县。 ②封人：

守护疆界的人。　③**祝**：祝福。　④**使**：祈使。　⑤**女**：汝。　⑥**辱**：使……受辱，侮辱。

封人曰："始也我以女为圣人邪，今然君子也①。天生万民，必授之职②。多男子而授之职，则何惧之有！富而使人分之，则何事之有！夫圣人，鹑居而鷇食③，鸟行而无彰④；天下有道，则与物皆昌⑤；天下无道，则修德就闲⑥；千岁厌世，去而上仙；乘彼白云，至于帝乡⑦；三患莫至⑧，身常无殃⑨；则何辱之有！"封人去之。尧随之，曰："请问。"封人曰："退已！"

①**然**：乃，就。　②**职**：职事。　③**鹑（chún）居**：像鹌鹑那样没有固定的居所。鹌鹑，一种无固定居巢的小鸟。**鷇（kòu）食**：像初生待哺的小鸟那样无心觅求食物。鷇，须母鸟哺食的雏鸟。　④**鸟行**：像飞鸟掠过天空。**彰**：彰显，指留下名声。　⑤**昌**：繁荣昌盛。　⑥**就闲**：退隐。　⑦**帝乡**：神话中天帝住的地方。　⑧**三患**：即前面谈到的寿、富、多男子所导致的多辱、多事和多惧。　⑨**身**：自身。**常**：长久。

尧治天下，伯成子高立为诸侯①。尧授舜，舜授禹，伯成子高辞为诸侯而耕。禹往见之，则耕在野。禹趋就下风②，立而问焉，曰："昔尧治天下，吾子立为诸侯。尧授舜，舜授予，而吾子辞为诸侯而耕。敢问，其故何也③？"子高曰："昔尧治天下，不赏而民劝④，不罚而民畏。今子赏罚而民且不仁，德自此衰⑤，刑自此立，后世之乱自此始矣。夫子阖行邪⑥？无落吾事⑦！"俋俋乎耕而不顾⑧。

①**伯成子高**：人名，传说中的隐士。　②**趋就下风**：跑去站在下风口。趋，跑。　③**其**：代词，这。　④**劝**：动词作形容词，教化。　⑤**衰**：衰退、衰落。　⑥**阖（hé）行邪**：可以走了吧？阖，通"盍"，何不。邪，语气助词，表疑问。　⑦**无**：毋，不要。**落**：通"络"，阻碍。　⑧**俋俋（yìyì）**：用力的样子。

将闾菇见季彻曰①："鲁君谓菇也曰：'请受教。'辞不获命②，既已告矣，未知中否③，请尝荐之④。吾谓鲁君曰：'必服恭俭⑤，

俯仰于天地之间的，本就是鲜活的人性

拔出公忠之属而无阿私⑥，民孰敢不辑⑦！'"季彻局局然笑曰⑧："若夫子之言，于帝王之德，犹螳螂之怒臂以当车轶⑨，则必不胜任矣。且若是，则其自为处危⑩，其观台多物⑪，将往投迹者众⑫。"

① 将闾葂（miǎn）、季彻：人名。　② 获命：得到命令，被允许。
③ 中（zhòng）：正确。否：错误。　④ 荐：介绍、进献，一般是引荐人才，也可以是言论。　⑤ 服：从事，致力。　⑥ 拔：提拔。公忠之属：公正、忠诚这一类人。阿私：偏私。阿，曲从、迎合。　⑦ 辑：聚集。　⑧ 局局：俯身而笑。　⑨ 轶（yì）：超过，指螳螂阻挡车子越过自己。　⑩ 自为处危：自己把自己放在危险的地方。　⑪ 观（guàn）：平常的房子，与"官"相对。台：高大的房子。　⑫ 将往：想要去。投迹：意为想要去争抢。迹，足印。

将闾葂觋觋然惊曰①："葂也汒若于夫子之所言矣②。虽然，愿先生之言其风也③。"季彻曰："大圣之治天下也，摇荡民心④，使之成教易俗⑤，举灭其贼心而皆进其独志⑥，若性之自为，而民不知其所由然⑦。若然者，岂兄尧舜之教民⑧，溟涬然弟之哉⑨？欲同乎德而心居矣⑩。"

① 觋（xì）觋：惊恐。　② 汒（máng）若：即茫然。汒，同"茫"。
③ 风（fán）：通"凡"，指大意。　④ 摇荡：鼓舞。　⑤ 成：成就。教：教化。易：改变。俗：风俗。　⑥ 贼心：伤害他人之心。独志：单纯的心志。　⑦ 不知其所由然：不知道因为什么原因会这样。由，从。然，如此，这样。　⑧ 兄：名词作动词，意为推崇，与下面的"弟"（遵循）相对。　⑨ 溟涬（xìng）：意为分不清方向。溟，暗昧。涬，大水茫茫。弟：与"兄"相对，意为听从。之：代词，代指民众。　⑩ 居：这里意为安定。

子贡南游于楚，反于晋，过汉阴①，见一丈人方将为圃畦②，凿隧而入井，抱瓮而出灌，搰搰然用力甚多而见功寡③。子贡曰："有械于此，一日浸百畦④，用力甚寡而见功多，夫子不欲乎？"为圃者卬而视之曰⑤："奈何？"曰："凿木为机，后重前轻，挈水若抽⑥，数如泆汤⑦，其名为槔⑧。"为圃者忿然作色而笑曰："吾闻之吾师，有机械者必有机事⑨，有机事者必有机心⑩。机心存于胸中，则纯白不备⑪；纯白不备，则神生不定⑫；神生不定者，道之所不载也⑬。吾非不知，羞而不为也。"子贡瞒然惭⑭，俯而不对。

① 汉阴：汉水的南岸。古时山南水北称之为阳，山北水南称之为阴。② 丈人：古时对老年男子的尊称。为（wéi）：动词，做，干活。圃畦：菜园。 ③ 搰（kù）搰：用力。 ④ 浸：灌溉。 ⑤ 卬（yǎng）：通"仰"，仰起头。 ⑥ 挈（qiè）：提。 ⑦ 数（shù）如泆（yì）汤：灌水的速度像汤水沸腾而外溢。数，通"速"，疾速。泆，通"溢"，沸腾而外溢。 ⑧ 槔（gāo）：即桔（jié）槔，一种原始的取水工具，又名吊杆。 ⑨ 机事：机巧之事，依靠机巧来完成事情。机，机巧。 ⑩ 机心：机巧、机变的心思。⑪ 纯：单纯。白：布未染，指质朴。 ⑫ 神生：思想，精神。生，通"性"。⑬ 载：承载。 ⑭ 瞒然：羞惭的样子。

有间①，为圃者曰："子奚为者邪②？"曰："孔丘之徒也。"为圃者曰："子非夫博学以拟圣③，於于以盖众④，独弦哀歌以卖名声于天下者乎⑤？汝方将忘汝神气，堕汝形骸⑥，而庶几乎⑦！而身之不能治，而何暇治天下乎！子往矣，无乏吾事⑧！"

① 有间（jiàn）：不一会儿。 ② 奚为：即"为奚"，做什么。奚，什么。为，做。 ③ 拟圣：效仿圣人，假装是圣人。拟，摹拟、仿效。 ④ 於（wū）于：故作玄虚的样子。 ⑤ 独弦：自唱自和。弦，名词作动词，弹。哀歌：哀叹世事的歌。 ⑥ 堕（huī）：通"隳"，毁坏。形骸：形体。 ⑦ 而：通"尔"，你。庶几：差不多。 ⑧ 乏：荒废，耽误。

第十三章

因为精明又强干，所以与"天道"渐行渐远

——读《天道》

读到这里，有必要对"道"和"德"做一个解释了。

"道"到底是指什么，向来是一笔糊涂账。看一下各门各派的解释，好像什么都能称之为"道"，又好像什么都没有说出来。我的看法是："道"，就是客观规律＋基本人性。

如果用现代的哲学名词来称呼"道"，应该就是"真理"。那么，什么是"真理"呢？真理是一种正确的认识，是对客观事物和客观规律的正确认识。所以，凡是正确的认识，都可以称为"道"。

但是，我还认为，"道"的范围比"真理"要大，大在什么地方呢？真理是正确的认识，而"道"除了"认识"以外，还包括"人性"。当然，这里的"人性"是指基本的人性。

"道"，又分"天之道"和"人之道"。所谓的"天之道"，就是自然规律＋部分的社会规律；所谓的"人之道"，就是人性＋另一部

分的社会规律。

最终答案是："道"＝客观规律＋基本人性＝自然规律＋社会规律＋基本人性。

至于"德"，有时候好像是"个人品德"的意思，但更多时候好像又不限于个人的品德。那到底是什么呢？

韩非子在《解老》中说，"德"有内外之分，"德者，内也。得者，外也"。文言中"德"和"得"是相通的，内心的思想品德，当然是"德"；外现的行事处世的方式方法，也叫"德"，或者也可以叫"得"。

经常与"德"联系在一起的还有"行"："德行，内外之称，在心为德，外现则为行。"

所以"德"其实有两层意思：一是个人的思想品德和行为规范，也就是"德"；二是按照客观规律即"道"的要求去行事处世，也就是"得"。

也就是说，"德"既指"人们共同生活及行为的准则和规范"，也是指"顺应自然、社会和人类客观需要去做事。不违背自然发展，去发展自然，发展社会，发展自己的事业"。

"道"与"德"的关系是："德"是人们的行为规范，"道"是"德"的理论基础。

这一章论述的是"天之道"，共分三个层次：

一、"道（天道）"无所不在

老子说，"道"是无所不在的，对于大的东西来说，它没有尽头，对于小的东西来说，它没有遗漏，所以在"道"作用下，万物齐备、和谐发展。浩大的"道"啊，它无所不包；深奥的"道"啊，它深不可测。

二、"天道"是"帝道"的基础

"天道"自然运行不停滞，万物成长；"帝道"和谐运行不停滞，天下来归;"圣道"完美运行不停滞,四海宾服。明了"天道",通晓"圣道",也就知道了"帝王之道",就能按照"帝王之德"来治理天下。让天下万物按照"天道"的要求,在不知不觉中平静地成长。

从前舜问尧说:"天子治理天下,应该朝什么方向努力?"尧说:"我不敢漠视求告无门的人,不敢抛弃穷苦的百姓,怜悯死去的人,关爱鳏寡孤独,这就是我努力的方向。"

舜说:"你这样好是好了,但不是尽善尽美。"

尧说:"那么应该怎样呢?"

"根据'天道'来治理天下,天下自然安宁。就像日月普照大地,像四季顺序更替,像昼夜变化一样自然,像云朵慢慢堆积总会下雨。"

尧说:"我太多事了!你的行为符合'天道',我的行为只符合'人道'。"

天地,是自古以来最伟大的,是尧舜所共同赞美的。上古时代治理天下,那需要做什么呢?只是效法天地,符合"天道"罢了!

三、"无为"是合乎"天道"的

帝王之德,取法于天地,以"道"和"德"为主旨,以"无为"为准则。"无为",则利用天下且有余;"有为"则为天下所用而不足。所以古人都很看重"无为"。帝王应该"无为",但如果臣下也"无为",那做臣子的就把自己等同于帝王了,这就叫做"不臣"。臣下应该"有为",但如果做帝王的也"有为",那就是做帝王的把自己等同于臣下了,这就叫做"没有君主的样子"。做君主的,一定要"无为"而"用天下",做臣子的一定要"有为"而"被天下用",这是不变的真理。

看到这里,是不是感觉有点怪怪的?原来只有君主才可以"无为",做臣子的必须"有为",那普天下只有一个人可以"无为",其他人都得是"有为青年",以前没这么说过啊。

不仅如此,更让人吃惊的还在后面:

君先而臣从，父先而子从，兄先而弟从，长先而少从，男先而女从，夫先而妇从。尊卑先后，是天地运行的规律，所以圣人效法了这一现象。天尊地卑，这是神明的排位；春夏先，秋冬后，这是四季的排序。万物生长变化，萌芽时有的直立疯长，有的屈曲伛偻，都有一定的形状；繁盛与衰黄互相交替，这种变化都有固定的流程。像天地这样最神圣的东西，都有尊卑与先后的顺序，何况是人呢！宗庙中尊崇血脉亲近的，朝廷上尊崇地位尊贵的，乡党之间以年龄为尊，做事情以贤惠为尊，这就是"大道"的秩序。嘴里说着"大道"，但是却否定"大道的秩序"，这不是真正的"道"。把"道"挂在嘴边，却否定"道"的本质，怎么能够真正效法于"道"呢？

　　这一段文字，我认真地看了很多遍，以确定是不是眼花了。前面提出君主可以"无为"，臣下必须"有为"，似乎还可以接受，因为魏徵在《谏太宗十思疏》中就说过："宏兹九德，简能而任之，择善而从之，则智者尽其谋，勇者尽其力，仁者播其惠，信者效其忠，文武争驰，君臣无事，可以尽豫游之乐，可以养松乔之寿，鸣琴垂拱，不言而化。何必劳神苦思，代下司职，役聪明之耳目，亏无为之大道哉？"好像还和道家的"无为"扯得上边。

　　但是，尊卑有序，本属于儒家极力倡导的"义"。"义者，君臣、上下之事，父子、贵贱之差也，知交朋友之接也，亲疏内外之分也。臣事君宜，下怀上宜，子事父宜，众敬贵宜，知交友朋之相助也宜，亲者内而疏者外宜。义者，谓其宜也。"这一堆内容，指出君臣、父子、上下级、贵贱等级、内外亲疏之间都是有"秩序"的，"适宜"这个"秩序"的要求的，就是"义"。

　　道家什么时候和儒家的"义"扯上边了？不是只要有机会就调侃人家的吗？所以，我强烈认为，因为《庄子》从头到尾都在讥讽儒家的"仁义"，某一位被惹恼了的儒家人物，在一个月黑风高的夜晚，偷偷地将这一段内容塞了进去，希图以"卧底"的方式扳回一局。

不知郭象校订《庄子》的时候，为什么没有把这一章给废了？

到这里，需要论述的内容基本都已经清楚了，但后面还有不少内容：

齐桓公在堂上读书，名叫扁的木匠在堂下砍木头做轮子。扁放下锤子和凿子，跑到堂上问桓公："敢问您读的书是说什么的？"

桓公说："我读的是圣人之言。"

"圣人还在吗？"

"已经死了啊。"

"那么你读的书，只是古人的糟粕而已！"

桓公很生气："寡人读书，你一个做轮子的木匠也敢妄议！讲出道理来就算了，讲不出道理来，你就等死吧！"

"我只不过以我从事的工作来看你读书而已。做轮子，轮毂眼太松了，车轴很容易插进去，但是不牢固；太紧了，又插不进去；但不松不紧的境界，只有得之于心才能应之于手。这个窍门嘴巴是说不出来的，只存在于心中。我不能教会我的儿子，我的儿子也不可能从我这学到这门手艺，所以，你看我都七十岁了，还在这里做轮子。古人和他们那不可言传的精髓一起死了，你现在所读的，无非是糟粕而已！"

这一段表面上是论述书籍是靠不住的，"世之所贵道者书也，书不过语……意之所随者，不可言传也"。实际是说"道"是不可言传的，写在书上的无非是些糟粕，靠读书是学不来真东西的，那么就只能靠自己"悟"了。但是，不是什么人都能说悟就悟的：

士成绮侧着身子上前，很小心地不踩到老子的影子，来不及脱鞋就跑进房间，问："如何修身？"老子说："你的容貌很高傲，你的眼光很逼人，你的额头像颧骨一样突出，你的嘴巴像大门一样张开。

你的举止很虚假，像勒紧马缰绳停在那里；每一个动作都有所准备，一有动静就像扣动扳机一样迅速发动。你心如明镜、小心谨慎，机智灵活，一副傲慢的样子，所有的模样都透露着不真诚。边境上也有你这样的人，他们的名字就叫做盗贼。"

额头像颧骨一样凸出，据说是脑容量大、聪明的象征。目光犀利、动如脱兔，时刻准备着，不放过任何一个机会，这就是世俗所谓的精明与强干。而在道家的眼里，这些人和盗贼是一个德性。不要奢求领悟了，他们只会与"天道"渐行渐远。

> 原文选注

天道运而无所积[①]，故万物成；帝道运而无所积，故天下归；圣道运而无所积[②]，故海内服。明于天，通于圣[③]，六通四辟于帝王之德者[④]，其自为也[⑤]，昧然无不静者矣[⑥]。

①**天道**：自然规律。**运**：运动、运转。**积**：停滞。　②**圣道**：圣人之道，指没有君王之位的思想家、能人志士，通过个人的学说和品德影响民众。③**明于天，通于圣**：明了天道，通晓圣道。天，天道。圣，圣道。　④**六通**：通晓空间一切规律。六，东、南、西、北、上、下六个方向。**四辟**：懂得春夏秋冬的运行规律。四，春夏秋冬四个季节。辟，法令。**帝王之德**：帝王的处事方式。德，按照客观规律的要求行事。　⑤**自为**：任由万物自行发展。　⑥**昧然**：这里指不知不觉中。**静**：平静，安静。指万物按照客观规律的要求，自由自在地成长。

夫帝王之德，以天地为宗[①]，以道德为主[②]，以无为为常[③]。无为也，则用天下而有余；有为也，则为天下用而不足[④]。故古之人贵夫无为也。上无为也，下亦无为也，是下与上同德，下与上同德则不臣[⑤]；下有为也，上亦有为也，是上与下同道，上与下同道则不主[⑥]。上必无为

因为精明又强干，所以与"天道"渐行渐远

而用天下，下必有为为天下用，此不易之道也⑦。

①宗：被传达、表示或暗示的意思；主旨。　②主：主旨。　③常：规则，规律。　④为天下用而不足：为天下所用而力不足。　⑤不臣：不守臣节，不合臣道。　⑥不主：失去了君主的品行。　⑦易：改变。

君先而臣从，父先而子从，兄先而弟从，长先而少从，男先而女从，夫先而妇从。夫尊卑先后，天地之行也①，故圣人取象焉②。天尊，地卑，神明之位也③；春夏先，秋冬后，四时之序也。万物化作④，萌区有状⑤，盛衰之杀⑥，变化之流也⑦。夫天地至神，而有尊卑先后之序，而况人道乎！宗庙尚亲⑧，朝廷尚尊⑨，乡党尚齿⑩，行事尚贤⑪，大道之序也。语道而非其序者⑫，非其道也；语道而非其道者，安取道⑬！

①天地之行：天地之间固有的运行规则。　②取象：取法的对象，取之而效法。　③神明之位：神明间固定的尊卑排位。　④化作：化育生成、成长。作，兴起，兴盛。　⑤萌：草木发芽。区：通"句"，草木发芽佝偻的样子。状：一定的形态。　⑥盛衰之杀：由兴盛到衰杀。　⑦流：流程，程式。　⑧尚亲：尊崇（血）亲。　⑨尚尊：尊崇（地位的）尊贵。　⑩尚齿：尊崇年龄大的。齿，年龄。　⑪尚贤：尊崇行事贤良的。　⑫非序：否定先后排序，否定一定的秩序。　⑬安取道：哪里能够求取大道。安，疑问代词，哪里。

昔者舜问于尧曰："天王之用心何如①？"尧曰："吾不敖无告②，不废穷民③，苦死者④，嘉孺子而哀妇人⑤。此吾所以用心已。"舜曰："美则美矣，而未大也⑥。"尧曰："然则何如？"舜曰："天德而出宁⑦，日月照而四时行，若昼夜之有经⑧，云行而雨施矣。"尧曰："胶胶扰扰乎⑨！子，天之合也⑩；我，人之合也⑪。"夫天地者，古之所大也，而黄帝、尧、舜之所共美也⑫。故古之王天下者⑬，奚为哉？天地而已矣⑭。

①天王：天德之王，具有崇高思想和行为的帝王。　②敖：同"傲"，

侮慢。**无告**:有苦无处诉、处境极为悲惨之人,指鳏寡孤独者。　③**废**:废弃,抛弃。　④**苦**:意动用法,以……为苦,怜悯。　⑤**嘉孺子**:让小孩子快乐。嘉,乐,欢娱。**哀**:怜爱。　⑥**未大**:不算最好的。大,顶点,极致。　⑦**出**:出现,实现。**宁**:安宁,指社会和谐。　⑧**经**:常道,指常行的义理、准则、法制。　⑨**胶胶**:粘在一起,指内心纠结。**扰扰**:扰动,指内心纷乱不宁。　⑩**天之合**:合于天道。　⑪**人之合**:合乎人道。　⑫**共美**:共同称赞的。美,动词,称美、赞美。　⑬**王**(wàng)**天下**:称王天下。王,动词,称王。　⑭**天地**:代指自然规律。

　　士成绮雁行避影^①,履行遂进而问^②:"修身若何?"老子曰:"而容崖然^③,而目冲然^④,而颡頯然^⑤,而口阚然^⑥,而状义然^⑦,似系马而止也^⑧。动而持^⑨,发也机^⑩,察而审^⑪,知巧而睹于泰^⑫,凡以为不信^⑬。边竟有人焉^⑭,其名为窃。"

　　①**士成绮**:人名。**雁行**:斜行。像大雁排成"人"字形飞行一样,在尊贵者的斜后方随行,走成斜列。**避影**:避免踩到尊者的影子,表示尊敬。　②**履行**:穿着鞋子进入内室。**遂进**:直接进入内室。这两句表示其忘记了礼仪。　③**而**:通"尔",你。**崖然**:岸然,傲慢的样子。　④**冲然**:眼神咄咄逼人的样子。　⑤**颡**(sǎng):额头。**頯**(kuí)**然**:凸出的样子。　⑥**阚**(hǎn)**然**:嘴巴张得很大的样子。　⑦**义**(é)**然**:巍峨高大的样子。义,通"峨"。　⑧**系马**:拉紧马缰绳。**止**:停止,站立。　⑨**持**:持续,这里指随时。　⑩**发也机**:发动时如扣动扳机一般疾速。机,弩箭上的扳机。　⑪**察而审**:明察而又审慎。　⑫**知巧**:聪明灵巧。**睹**:呈现。**泰**:骄傲,放肆。　⑬**凡**:所有,一切。**不信**:不可信。　⑭**边竟**:即边境。竟,通"境"。

　　夫子曰^①:"夫道,于大不终^②,于小不遗^③,故万物备^④。广广乎其无不容也^⑤,渊渊乎其不可测也^⑥。"

　　①**夫子**:指老聃。　②**于**:对于。**终**:尽头。　③**遗**:遗漏。　④**备**:完备,齐备。　⑤**广广**:博大空阔。　⑥**渊渊**:深厚。

　　桓公读书于堂上,轮扁斫轮于堂下^①。释椎凿而上^②,问桓公曰:

因为精明又强干,所以与"天道"渐行渐远

"敢问，公之所读者何言邪？"公曰："圣人之言也。"曰："圣人在乎？"公曰："已死矣。"曰："然则君之所读者，古人之糟魄已夫③！"桓公曰："寡人读书，轮人安得议乎！有说则可④，无说则死。"轮扁曰："臣也以臣之事观之。斲轮，徐则甘而不固⑤，疾则苦而不入⑥。不徐不疾，得之于手而应于心。口不能言，有数存焉于其间⑦。臣不能以喻臣之子⑧，臣之子亦不能受之于臣，是以行年七十而老斲轮⑨。古之人与其不可传也死矣，然则君之所读者，古人之糟魄已夫！"

① **轮扁**：造车轮的匠人，名扁。**斲**（zhuó）：同"斫"，砍削。　② **释**：放下。**椎**：锤子。**凿**：凿子。　③ **糟魄**：糟粕。魄，通"粕"。　④ **说**：说法，理由。　⑤ **徐**：指轮毂眼与车轴的间隙大。**甘**：滑润，很容易安装。**固**：牢固。　⑥ **疾**：指轮毂眼与车轴的间隙紧。**苦**：滞涩，过紧就会滞涩而难以安装。　⑦ **数**：一定的规律，窍门。**其间**：指内心。　⑧ **以**：用来。**喻**：教喻。　⑨ **老**：用在动词前面，表示某种动作、行为或状态在一段较长时间里一直持续不断发生或时常重复出现，有"经常""时常"的意思。有时"老"和"是"连用，有强调的意味。

第十四章

学人家扮优雅，结果却成了东施效颦

——读《天运》

"运"的本意为迁徙，引申义为发展，天下万物的发展变化，是由"天"决定的。

这个"天"，即上文所谓的"天之道"，现在就叫自然规律；"运"还有"运行、运转"之意。"天运"即自然规律运转不止，持续发挥作用，天下按照固有的规律发展，不以任何人的意志为转移。

本章首先是发"天人之问"：

天是在运转的吗？地是静止的吗？太阳和月亮是在同一轨道上先后追逐的吗？谁主宰了这一切？谁维持、掌控着这一切？是不是有个机关被打开了而停不下来了？是不是一开始运转了就不能自己停下来？是有云才有雨，还是雨变成了云？谁让云不断堆积，又是谁下的雨？是谁闲着没事闹着玩，助长了云和雨的变幻？风从北方起，为什么有时向东，有时又向西？风在空中回旋，是谁在天上呼吸吹动？是谁闲着没事在拿着扇子扇？敢问这一切都是什么原因？

"天人之问"就是"思考宇宙与人生"，属于唯物主义哲学三大终极问题中的第一个问题。这一段以直观写实的方法提出深奥的哲学命题，对后世影响很大。如唐代诗人张若虚的《春江花月夜》中就有"江畔何人初见月，江月何年初照人"，也是以日常所见景象来观照对宇宙和人生的思考。

巫咸袑（tiáo）（据说是中国最早的占星学家，相当于天文学家）说："来，我告诉你。天有六极五常，帝王顺之则天下大治，逆之则有祸患。治九州之事，成功的帝王，德行完备，如日月普照天下，天下人都拥戴他，这叫做伟大的帝王。"

六极五常，"六极"是指"东、南、西、北、上、下"，也就是"三维空间"；"五常"即金、木、水、火、土"五行"。"天有六极五常"，指三维空间里始终存在着五行变化，用现在的话来说，就是指自然规律无所不在、无时不在。而帝王之德，就在于顺应规律。

顺应规律，重点在于"运"字，即用"运动"和发展的观点来看待治国之道：

孔子西游到了卫国，颜渊问鲁国名叫金的太师："你认为夫子这一次西游会怎样？"金说："很可惜啊，夫子会无路可走！"

颜渊说："为什么呢？"

金说："你看刍狗（草扎的狗）没有陈列在神位用于祭祀之前，藏在小箱子里，披上绣花巾，等巫师斋戒祈祷之后才捧出来。等到祭祀之后，走路的将刍狗的脑袋踩在脚下，打柴的拿它来烧火。如果真把它当成神物，重新放回箱子里，披上绣花巾，不管在家里还是出去旅游都带着，睡觉时也抱着，那肯定会睡不着，一晚要惊醒好几次。现在夫子就像捧着先王已经在祭祀仪式上用过了的刍狗，聚集一众弟子，不管是在家里还是在旅途中，都睡在它边上。夫子和弟子们伐树于宋、削迹于卫，在宋国被追杀，在周天子处被老子讥讽，难道还能睡得着？被围在陈蔡之间，七天吃不到热饭，挣扎在死亡线上，难道不一夜惊醒好几次？"

伐树于宋，是指孔子和弟子们在宋国的大树下传道，惹恼了宋国的司马桓魋（tuí），桓魋砍掉了大树，追杀孔子。削迹于卫，是指孔子在卫国待不下去，不得不离开。"削迹"是"铲除脚印"的意思，讽刺孔子逃离卫国时很是狼狈，铲掉脚印怕人追逐，也有人说是卫人铲除了孔子的脚印。不过孔子离开卫国虽然是迫不得已，且在"匡地"被误当成阳虎围了五天，但似乎没有"削迹"的确切记载，应该是夸大之词。至于被围在陈蔡之间的糗事，在《庄子》中被大肆宣扬，出现了好多次，这里只是个开始。按这一段文字的说法，太师金认为孔子到处走投无路，主要是因为试图用"先王之法"来治当下之世，没有用发展的目光来看问题，非碰壁不可。

水中行没有比船更方便的，陆上跑没有比车更快捷的。因为船在水中跑得快，就把船推到陆地上，那一辈子也动不了一寸。古和今难道不正像是水和陆？西周和鲁国不就像船和车吗？现在你希望把西周的礼法用到鲁国，就像把船推到陆地上，劳而无功，还会给自己带来灾祸。孔夫子不知道上古留传下来的治国之道就是"没有固定的方式（无方）"，只有"无方"才能应对万物的无穷变化。而且你没见过桔槔（参见上一章）吗？挂着水桶的这一端，用力拉就低下来，放开手就仰上去。桔槔是人在牵引它，不是它在牵引人，所以它不管是低下来还是仰上去，都不会得罪人。三皇五帝的礼义法度，不注重是否相同，而是注重能否治国。所以如果要拿什么东西来比喻三皇五帝的礼义法度，就像是山楂、梨、橘和柚子，酸甜不同但都很可口。所以礼义法度，必须应时而变。

初中语文教材中有一篇选自《吕氏春秋》的《察今》，开头第一

学人家扮优雅，结果却成了东施效颦

句就是"上胡不法先王之法，非不贤也，为其不可得而法"。"不可得而法"的原因是"凡先王之法，有要于时也。时不与法俱在，法虽今而在，犹若不可法"；正确的态度是"释先王之成法"，"先王"的成法，就像是刍狗，用完了也就算了，不用成天捧着不放；重要的是"法其所以为法"，搞清楚人家制定治国方略的初衷，从实际出发，因地制宜，不一定非得和前人一样，只要能实现天下大治就行。

吕不韦是战国末期杂家的代表，之所以是"杂家"，因为手下有门客三千，自然是各种人物都有。《吕氏春秋》兼有儒法墨各家的观点，《察今》基本上就是道家的运动发展观，与本段中的"应时而变"同理。从本章的论述方法和论辩角度来看，后期的道家确实汇融了名家与法家的观点。

为了说明"时不与法俱在"，接下来用了两则寓言来比喻：

现在要是抓来一只猴子，给它穿上周公的衣服，它肯定要啃咬撕裂，直到完全去掉衣服之后才满意。看一下古和今的差异，就像猴子与周公。

西施心脏出了问题（据说是心绞痛），皱着眉头出现在乡里。乡里面有个丑女看见了，觉得西施皱着眉头样子很漂亮，回来后也捧心皱眉在乡里行走。边上的富人看见了，紧闭大门不出；穷人看见了，带着妻子儿女跑得远远的，不再回来。丑女只知道皱着眉头是漂亮的，但不知道为什么皱着眉头会漂亮。

这就是著名的东施效颦。之所以皱着眉头也漂亮，因为人家是西施，怎么着都好看，捧个心也优雅。拿着别人卓有成效的方法，用到自己身上，不仅不能捡现成的便宜，反而可能更加坏事。东施吓跑邻居，是有点夸张，但很符合《庄子》说理的特点。

儒家推行"仁义"，确实顶着"上古"的名头，且用尧舜来张目，所以《庄子》不停地攻击尧舜。本章则采取了借道伐虢的方法，通过论证"先王不可法",批驳儒家的治国之道,但是并没有仅仅集中在这一个点上,同样用了许多篇幅来正面攻击"仁义",可谓是全面开花。

其实也不能怪儒家,借"上古"来为自己的学说站台是先秦诸子的共同特点,《庄子》同样也是如此。并且庄子自己也认为,"重言",即借重上古的名人名言,是其论辩的一大特色。最明显的特征就是《庄子》中虚构的"上古人物",比任何先秦著作都多。不知道要是儒家以其人之道还治其人之身的话,谁会更吃亏一点?

原文选注

天其运乎①?地其处乎②?日月其争于所乎③?孰主张是④?孰维纲是⑤?孰居无事推而行是⑥?意者其有机缄而不得已邪⑦?意者其运转而不能自止邪⑧?云者为雨乎?雨者为云乎?孰隆施是⑨?孰居无事淫乐而劝⑩?风起北方,一西一东,有上彷徨⑪,孰嘘吸是⑫?孰居无事而披拂是⑬?敢问何故?"

① **天运**:因为日月流转,天给人的感觉是在运转的,与下文的"地处"相对。天,就是指"天",与"地"相对。运,运行,运转。 ② **处(chǔ)**:这里指静止。 ③ **争于所**:指日月在一个"处所(轨道)"上前后争逐。所,处所,轨道。 ④ **主张**:主宰,作主。**是**:代词,这。 ⑤ **维纲**:用以系物和提网的绳,指维系,保持。 ⑥ **居无事**:闲居无事。**行**:行走,运行。 ⑦ **意者**:表示测度,大概,或许。**机缄**:机关开闭。缄,闭。 ⑧ **不能自止**:受客观规律影响,不能自行停止。 ⑨ **隆**:指云聚集。**施**:降,指降雨。 ⑩ **淫乐**:古人把云雨视为阴阳交合而成,故言淫乐。**劝**:勉励,助长。 ⑪ **彷徨**:盘旋、往来的样子。 ⑫ **嘘吸**:指呼吸。嘘,吐气。 ⑬ **披拂**:飘动,摇荡。

学人家扮优雅,结果却成了东施效颦

巫咸袑曰①："来！吾语女。天有六极五常②，帝王顺之则治，逆之则凶。九洛之事③，治成德备④，监照下土⑤，天下戴之⑥，此谓上皇⑦。"

①巫咸袑（tiáo）：人名。据说是占卜术的创始者。　②六极：东、南、西、北、上、下，六极即四方上下之极。五常：金、木、水、火、土五行。③九洛：传说大禹治水时，有神龟出洛水，背上有书，称洛书。上面载有九种治理天下之大法，即是《尚书·洪范》篇的九畴。　④治成：治理国家获得成功。德备：品行完备。　⑤监照：应为临照。下土：即天下。　⑥戴：拥戴。　⑦上皇：伟大的、至上的帝王。

孔子西游于卫。颜渊问师金曰①："以夫子之行为奚如②？"师金曰："惜乎，而夫子其穷哉③！"颜渊曰："何也？"师金曰："夫刍狗之未陈也④，盛以箧衍⑤，巾以文绣⑥，尸祝齐戒以将之⑦。及其已陈也，行者践其首脊⑧，苏者取而爨之而已⑨；将复取而盛以箧衍，巾以文绣，游居寝卧其下，彼不得梦⑩，必且数眯焉⑪。今而夫子，亦取先王已陈刍狗，聚弟子游居寝卧其下。故伐树于宋，削迹于卫，穷于商周，是非其梦邪？围于陈蔡之间，七日不火食⑫，死生相与邻⑬，是非其眯邪？"

①师金：鲁国太师，名金。　②奚如：何如，怎么样。　③穷：不得志，不通达。　④刍（chú）狗：用草扎成的狗，祭祀时的祭物。陈：陈列、摆设。　⑤箧衍（qièyǎn）：方形竹箱。　⑥巾：名词作动词，覆盖。文绣：绣有纹饰的布。　⑦尸祝：祭祀时的主祭人。齐戒：斋戒。齐，通"斋"。将（jiāng）：拿着、捧着。　⑧践：践踏。　⑨苏者：打柴的人。取薪曰樵，取草曰苏。爨（cuàn）：烧火做饭。　⑩不得梦：睡不着。　⑪数：数次，多次。眯：梦魇。　⑫火食：熟食，生火做饭。　⑬相与：一起。邻：靠近。

夫水行莫如用舟，而陆行莫如用车。以舟之可行于水也而求推之于陆①，则没世不行寻常②。古今非水陆与？周鲁非舟车与？今蕲行周于鲁③，是犹推舟于陆也。劳而无功，身必有殃④。彼未知夫无方之传⑤，应物而不穷者也⑥。

① 推：推动，把船推到陆地上。　② 没世：终生，一辈子。寻常：古代长度单位，八尺为寻，二寻为常。　③ 蕲（qí）：祈求，希望。　④ 殃：灾祸。　⑤ 无方：没有固定方法。传：传承。　⑥ 应物：应对世间万物的无穷变化。不穷：不会穷尽。

且子独不见夫桔槔者乎①？引之则俯②，舍之则仰③。彼，人之所引，非引人也，故俯仰而不得罪于人。故夫三皇五帝之礼义法度④，不矜于同而矜于治⑤。故譬三皇五帝之礼义法度⑥，其犹柤梨橘柚邪⑦！其味相反而皆可于口⑧。故礼义法度者，应时而变者也。

① 桔槔（jiégāo）：用杠杆原理制成的提水机械。　② 引：往下拉。俯：低头，指吊桶拉下来。　③ 舍：放手。仰：升上去。　④ 三皇五帝：通行的说法是三皇为伏羲氏、神农氏和黄帝；五帝为少昊、颛顼、高辛、尧、舜。　⑤ 矜（jīn）：注重，崇尚。　⑥ 譬：比喻，打比方。　⑦ 柤（zhā）：同"楂"，果木名，种类多，如山楂等。　⑧ 可于口：即可口，都能够吃。

今取猨狙而衣以周公之服①，彼必龁啮挽裂②，尽去而后慊③。观古今之异，犹猨狙之异乎周公也。故西施病心而矉其里④，其里之丑人见之而美之⑤，归亦捧心而矉其里。其里之富人见之，坚闭门而不出；贫人见之，挈妻子而去走⑥。彼知矉美而不知矉之所以美。惜乎，而夫子其穷哉！

① 猨狙（jū）：猴子。衣：名词作动词，穿。　② 龁啮（héniè）：啃咬。挽裂：撕碎。　③ 慊（qiè）：满足。　④ 矉（pín）：通"颦"，皱眉痛苦的样子。里：乡里。　⑤ 美：意动用法，以之为美。　⑥ 挈（qiè）：提携、带领。走：跑开。

学人家扮优雅，结果却成了东施效颦

第十五章

许多的清高，只是一种刻意

——读《刻意》

"刻意"，今天的意思是"用尽心思"。这里的"刻"取本义"用刀雕刻"。"雕刻意志"，意为克制个人的意欲。"刻意"并不是全文的意旨所在，仍然只是开头两个字而已。

本章先从批判"五种人"开始：

克制意欲，以使自己的行为变得高尚；高谈阔论，埋怨时代，诽议时事，都只是故作清高而已。这些人一般都隐居在深山冷谷之中，不认可这个世界。

面容枯槁、一言不合就投水自尽的人，都喜欢这样。

第一个躺枪的是屈原。

标榜仁义忠信、谦恭礼让，只不过为了所谓的"修身"而已。这些人以"平天下"为己任，成天想着教化人民。

在家设帐讲学还不够，出门见到人就教训人家的，都喜欢这样。

第二个中招的是孔子。

开口闭口成大功、立大名，制定君臣之礼、整肃上下关系，只为了治国而已，这些人是朝廷上的强者。

致力于提升君主地位、强盛国家，以兼并他国为己任的人都喜欢这样。

商鞅、李悝等一大批"法家拂（bì）士"也中招了。

托身湖野草泽、荒郊野外，钓鱼闲逛，还真的是什么正事都不干。这些人充其量也就是"江湖人士"，都是些逃避现实的家伙。

有钱有闲的人都喜欢这样。

巢父、许由以及竹林七贤表示很冤。

打坐练气、吐纳练息，像熊一样挂在树上，像鸟一样伸缩脑袋，只是为了长寿而已。这些人辟谷导引，煅炼养生，一心想着修道成仙。

彭祖和那些希望长寿的人都喜欢这样。

感觉打击了一大批围观群众。

看一下原文，"五种人"的刻画很有即视感，用词凝炼精当，句式整散交错，奇偶和谐，语句流畅铿锵。更重要的是，点明了每一种人内心的真实想法，颇有剥去画皮后的恐惧。

剥完之后，轮到主角出场，我们都知道，这个主角名叫"圣人"。圣人与"五种人"的区别是：

不用时时刻刻想着克制意志而品行自然高洁，不用靠什么"仁义"也能达到修身的目的，不提倡功名也能实现天下大治，不在大江大海边也能悠闲自得，不练功而自然长寿。没有什么是忘不了的，也没什么是得不到的，内心恬淡，没有固定目标和准则，但是所有的美德都在他身上体现，这才是天地之道、圣人之德。

两者之间的对比主要还是在于主观意识上的区别，"五种人"的内心有追求，因而目的明确、态度坚定、方法完备，但似乎成功的不多。

而道家的圣人因为"无欲无为"，就洒脱得多。

接下来就是我们已经很熟悉的论断：

所以说，恬淡安寂、内心宽广，不刻意追求、无欲无为，这才是天地的准则，这才是"道"和"德"的本质。

所以说，圣人总是及时停止不该做的事，因此总是一副安静无为的样子，但人生也因此变得平坦容易。平坦容易，内心就安稳恬淡，如此则忧患不侵入内心，邪气不侵袭机体，所以圣人德行完整、精神不亏。

所以说，圣人生于世则顺天而行，死后听任自然将自己化为他物；通晓阴阳变化之道，安静时符合"阴"的要求，运动时符合"阳"的规律。不让幸福首先降临到自己头上，也不成为祸患的开端。充分感受外界的变化后才考虑应对之道，迫于无奈、不得已才有所行动。不依靠智巧与经验，而是遵循自然之理。所以没有自然的灾祸，没有外物的牵累，没有旁人的非议，也没有鬼神的责难。圣人生于世，犹如飘浮在水面一般自由，死亡对他们来说就是休息。不因过分思虑而陷于忧愁，也不谋划世事和人生。为人光亮但不耀眼，与人讲诚信但不期求人家也守信。他们睡觉时不做梦，醒来后没有忧愁，他们的心思纯粹，灵魂从不疲惫。无欲恬淡，才合乎"自然的德性（天德）"。

这一段文字，在前面的《天道》中出现过。那一章中，把这种境界称之为"天乐"，"通于万物，此之谓天乐，天乐者，圣人之心以畜天下也"。

所以说，悲哀和欢乐，不是"德"的正道；喜悦和愤怒，对于"道"而言是一种罪过；喜好和憎恶，是丢失"德"的表现。内心没有忧愁没有欢乐，才是"德"的最高境界；内心专一从不轻易改变，才是"静"的最高境界；不抵触任何外物，才是"虚"的最高境界；

不计较任何外物的得失，才是"恬淡"的最高境界；不违逆任何事物及其规律，才是"粹"的最高境界。

所以说，身体劳累却不休息就会疲惫，思虑过度而不懂得停止就会耗损精神，过度劳损总有一天会精力枯竭。水的特点，是不混入杂物就会清澈，不搅动就会平静，但如果堵塞不流动也不会清纯。水的这个特点，恰恰可以用来形容"自然的德性（天德）"。

这些论述都似曾相识。简而言之，就是"无欲无为"，保持清澈纯粹，也就是不要"刻意"。但最后几句用水的特点来比喻"天德"，并且提出"如果堵塞不流动也不会清纯"，已经为下面多少有点出乎意料的论断埋下了伏笔：

所以说，内心纯粹无杂念，坚守内心的安静和专一从不轻易改变，保持恬淡无为，这样还是不够的。得动起来，但是运动时一定要顺应自然而行，这才是涵养"精神"的正确方法。现在有一把越地出产的、类似于干将的宝剑，成天藏在匣子里，从不敢使用，看上去是珍贵到了极点（但是作为一把宝剑，它还有自身的价值吗）。

之所以会感觉意外，还是因为我们自己的认识不够全面。我们在很多时候都误解了"无欲无为"的本义。这个"干越之剑"的比喻，恰恰说明道家"无欲"并不是不思进取，"无为"也不是什么都不干，只是要"无以生为、顺天而为"。

同样有点意外的是，本章对"五种人"的人生观采取了网开一面的态度，并没有像惯常一样穷追猛打，似乎认为这些人的行为也是可以原谅的，因为：

人的思想是自由的，可以像流水一样遍及四方，也可以汇入许多的支流；上可以触摸到苍天，下可以蹯踞于大地，甚至可以化育万物；同时它又是看不见摸不着的，没有固定的形象。思想这种天马行空的特点，简直可以把它等同于天帝了。

思想（精神）的这个特点，正说明出现什么样的观点都是可能的，儒法墨百家争鸣，正是思想自由的产物。

但是，如果你是一个道家，还得按"道"的要求来：

"道"的要求，是思想要单纯朴素，不能因为外物而迷乱。要保证思虑忠纯，坚守不失，才能让思想与"道"相统一，思想与"道"的高度统一，才符合"天理"。俗语有这样的说法："众人都看重利益，廉洁的人看重名声，贤能的人崇尚志向，圣人则重视思想的纯粹和朴素。"思想朴素，就是不要掺杂不必要的东西；思想纯粹，就是不轻易改变、没有缺失。能够做到思想纯粹而又朴素的，叫做"真人"。

所以，本章的主旨很明确：许多的清高，都是"刻意"而为；"以天下为己任"与"刻意"地放马江湖同样不靠谱，还是做一个思想朴素、内心纯粹的"真人"吧。

原文选注

刻意尚行①，离世异俗②，高论怨诽③，为亢而已矣④；此山谷之士⑤，非世之人⑥，枯槁赴渊者之所好也⑦。

①**刻意**：克制意欲。**尚行**：使行为变得高尚。尚，使动用法。 ②**离世**：与世俗相离相异。与"异俗"为互文。**异俗**：与众不同。 ③**怨诽**：怨恨，非议。 ④**为亢（kàng）**：故作高尚。亢，高。 ⑤**山谷之士**：隐居深山冷谷之中的隐士。 ⑥**非世**：指诋毁世俗，讥刺世事。 ⑦**枯槁**：消瘦，憔悴。也有人认为是指"身体被烧成焦枯状"，如鲍焦、介之推等人自命清高，隐居不出而被烧死。可参阅《让王》《盗跖》等篇。**赴渊**：投水而死。

语仁义忠信①，恭俭推让，为修而已矣②。此平世之士③，教诲之人④，游居学者之所好也⑤。

①**语**：动词，说，指把仁义忠信挂在嘴边。　②**为修**：为了修养而修养。
③**平世之士**：以"治国平天下"为己任的人。　④**教诲之人**：以讲学著述
为业之人。　⑤**游居学者**：到处游说或居家讲学之人。

　　语大功，立大名①，礼君臣②，正上下③，为治而已矣④。此朝
廷之士⑤，尊主强国之人⑥，致功并兼者之所好也⑦。

①**立**：树立。　②**礼**：名词作动词，制定君臣之礼。　③**正**：动词，端正，
纠正。　④**为治**：追求天下大治。　⑤**朝廷之士**：侧身于朝廷的强者。
⑥**尊主强国**：使君主尊显，使国家强大。尊，使动用法。　⑦**致**：获得。**并兼**：
兼并他国。

　　就薮泽①，处闲旷，钓鱼闲处，无为而已矣②。此江海之士③，
避世之人，闲暇者之所好也。

①**就**：这里是靠近、到、位于的意思。**薮**（sǒu）**泽**：湖泊沼泽之地。
②**无为**：这里指什么事也不干。　③**江海之士**：游荡在江湖之间的隐士。

　　吹呴呼吸①，吐故纳新②，熊经鸟申③，为寿而已矣④。此道引
之士⑤，养形之人⑥，彭祖寿考者之所好也⑦。

①**吹呴**（xū）**呼吸**：吹与呴都是吐气，深者为呴，浅者为吹，为练功调
息呼吸的方法。　②**吐故纳新**：吐出浊气，吸纳清气。　③**经**：悬，吊。**鸟申**：
像鸟一样伸展肢体。申，同"伸"。　④**为寿**：追求长寿。　⑤**道引**：即"导引"，
舒通气血、柔和肢体的系统功法。　⑥**养形**：调养身体。形，指身体。　⑦**寿考**：
长寿。考，即老。

　　若夫不刻意而高，无仁义而修，无功名而治，无江海而闲，不
道引而寿，无不忘也①，无不有也②，澹然无极③，而众美从之④。
此天地之道，圣人之德也。

①**无不忘**：指忘记一切的身外之物和得失。　②**无不有**：指不追求身外
之物，反而能得到很多。　③**澹**（dàn）**然**：不在意的样子。澹，即淡。
④**众美**：众多的美德。

故曰，夫恬惔寂漠①，虚无无为②，此天地之平③，而道德之质也④。

① 恬惔（dàn）寂漠：即恬淡寂寞。惔，平静。　② 无为：这里指顺应规律而为（不是什么都不干）。　③ 平：公平，均等。　④ 质：实质、本质。

故曰，圣人休休焉则平易矣①，平易则恬惔矣。平易恬惔，则忧患不能入，邪气不能袭，故其德全而神不亏②。

① 休休焉：无所求的样子。休，平息。平易：平坦宽广。　② 德全：德行完整、齐全。亏：损害、缺失。

故曰，圣人之生也天行①，其死也物化②；静而与阴同德③，动而与阳同波④。不为福先，不为祸始，感而后应⑤，迫而后动⑥，不得已而后起⑦。去知与故⑧，循天之理⑨。故无天灾，无物累⑩，无人非⑪，无鬼责⑫。其生若浮⑬，其死若休⑭。不思虑，不豫谋⑮。光矣而不耀⑯，信矣而不期⑰。其寝不梦，其觉无忧，其神纯粹⑱，其魂不罢⑲。虚无恬淡，乃合天德。

① 生：生存于世。天行：顺天而行，指顺应规律行事。　② 物化：化为他物。　③ 静而与阴同德：安静的时候符合"阴"的处事原则。　④ 动而与阳同波：动的时候符合"阳"的运动规律。波，波动。　⑤ 感而后应：感受到外界的变化之后才应对，指不主动作为。　⑥ 迫：逼迫。⑦ 起：起而应对。　⑧ 知：同"智"。故：指固有的经验，也指旧法、旧典、成例。　⑨ 循：遵循。理：规律。　⑩ 物累：为外物所累。　⑪ 人非：被人非议。　⑫ 鬼责：被鬼神责难。　⑬ 浮：浮在液体表面或空中，比喻的说法。　⑭ 休：休息。　⑮ 豫谋：预先谋划。豫，预先。　⑯ 耀：耀眼。　⑰ 信：讲信用，守信。期：期望（人家也守信）。　⑱ 纯粹：纯真、单一。　⑲ 罢：同"疲"，疲累。

故曰，悲乐者，德之邪①；喜怒者，道之过②；好恶者，德之失③。故心不忧乐，德之至也④；一而不变⑤，静之至也；无所于忤⑥，虚之至也⑦；不与物交⑧，惔之至也⑨；无所于逆，粹之至也。故曰，形劳而不休则弊⑩，精用而不已则劳⑪，劳则竭。

①**邪**：歪路。　②**过**：过失，误区。　③**德之失**：即失德。　④**德之至**："德"的最高境界。　⑤**一**：专一。　⑥**忤**(wǔ)：抵触。　⑦**虚**：内心宽容，胸怀宽广。　⑧**交**：交接，接触。　⑨**惔**：通"淡"。　⑩**形劳**：身体劳顿。形，身体。**弊**：疲惫。　⑪**精用**：过分地运用"精神"，指思虑过度。**劳**：劳累。

水之性，不杂则清，莫动则平，郁闭而不流①，亦不能清，天德之象也②。故曰，纯粹而不杂，静一而不变，惔而无为，动而以天行，此养神之道也③。夫有干越之剑者④，柙而藏之⑤，不敢用也，宝之至也。

①**郁闭**：郁结闭塞。　②**天德之象**："天德"的特征。指水因流动而清澈，可以用来形容"天德"的特征。象，征象。　③**养神**：休养精神。　④**干越**：干溪、越山，出产宝剑的地方。　⑤**柙**(xiá)：通"匣"，匣箱。

精神四达并流①，无所不极②，上际于天③，下蟠于地④，化育万物，不可为象⑤，其名为同帝⑥。

①**四达并流**：形容人的思想和精神是自由的，可以像流水一样遍及四方，也可以汇入许多的支流。　②**极**：至，到达。　③**际于天**：到达天际。　④**蟠**：通"蹯"，蹯踞。　⑤**不可为象**：没有固定的形象。　⑥**同帝**：等同于天帝。

纯素之道①，唯神是守②；守而勿失，与神为一③；一之精通④，合于天伦⑤。野语有之曰："众人重利，廉士重名，贤人尚志⑥，圣人贵精⑦。"故素也者，谓其无所与杂也；纯也者，谓其不亏其神也。能体纯素⑧，谓之真人。

①**纯素**：单纯朴素。　②**神**：思想、精神。**守**：坚守。　③**一**：统一。　④**精通**：高度统一。　⑤**天伦**：天然和伦理。　⑥**尚志**：崇尚志向的远大。　⑦**贵精**：重视思想的纯粹和朴素。　⑧**体**：体悟并实行。

许多的清高，只是一种刻意

第十六章

回不去的精神家园，执行不了的初始化

——读《缮性》

本章属于"以义名篇"，主题就是"缮性"。"缮"的本义是修补、修整，引申义是保养、保持，"缮性"即保持人类最初具有的"真性情"，回到初始化状态。

本章和上一章一样，文字不多，所以都很认真地全文翻译了一遍，译完之后，不得不说一句，真不是一般的绕。

在世俗的学说中陶冶性情，期求回复到人类最初的真性情；内心的欲念随着世俗的思维颠来倒去，却希望到达心如明镜的境界。这些人只有一个词可以形容，就是愚昧。

古时候的学"道"之人，总是以恬淡的心态来涵养聪明才智。心怀机智，却不靠机智成事，聪明与才智就能够进一步促成恬淡的心态。聪明才智与恬淡的心态互相促进，此时他的性情既"和顺"又"符合事理"。因为所谓的"德"，就是顺应规律行事处世，它要

做到的就是"和（顺）"；而所谓的"道"，本质上就是"真理"或者说"事理"。所以说聪明才智与恬淡的心态互相促进，就离"道德"很近了。按照"德"的要求，没有什么是不能宽容的，这就是"仁"；"道"的范畴很大，所有的道理都包含在其中，没有遗漏的，那么"义"自然也在其中了。义理彰明，吸引万物都来归附，这就是"忠"；内心的纯正与充实反映到外部的表情上，这就是"乐"；行为守信、举止仪容符合"美德"的要求，这就是"礼"。所以儒家所提倡的"仁义忠信礼乐"都是以"道"和"德"为基础的，如果离开了"道"和"德"，片面地推行什么仁义礼乐，必定天下大乱。就像人家的德行本来是适合他自己的，我却要用自己认为正确的德行强行覆盖他固有的德行，要知道德行不能强加于人，也不能人为作用于物，强加的结果就是使人失去原有的本性，使物脱离了原有的发展轨迹。

古时候的人，生活在混沌与迷茫之中，与外部世界混然一体，因此人们都恬淡无为、宽容相处。那个时候，阴阳和谐宁静，鬼神也不扰民，四季顺时变化，万物不受伤害，所有生命都能尽享天年。人们内心蕴存着聪明机智，但无处可用，这叫做"至一"，也就是人与世界最和谐完美的统一状态。那个时候，人们不需要做这个做那个，因而保持着自然的状态。

后来，"道德"不停地衰落，等到燧人氏、伏羲氏统治天下时，人们还能够顺应自然，但已经开始取火、捕鱼，着手改造自然了，失去了和自然完美统一的状态。"道德"再度衰退，等到神农氏和黄帝统治天下的时候，只能让人民生活安定但已不能继续顺应自然。"道德"再度衰退，等到唐尧、虞舜统治天下的时候，倡导治理和教化，离散淳朴之风，用所谓的"善（个人的优秀品质）"使人背离了"道"，用所谓的"行（有所作为）"使"德"陷于危险的境地。从此之后，人们背离了原有的"性情"，只听从自己的"心（欲望）"。要知道，你有你的欲望，我也有我的欲望，从我的欲望能推断出你的欲望，你同样也知道我和你有着相同的欲望（所以争执就开始了）。而固有的聪明与智慧又不足以解决所有的问题，让天下安定下来，所以只好用所谓的礼节仪式让人不要争，又寄希望于推行所谓的广博学问让人增进修养（目的也无非是让人不要争）。但是他们不知道的是，礼节与仪式越多，离内心原有的质朴就越远；学问越多，内心的欲望越不受控制。这样一来，民心变得更加迷惑纷乱，再也无法回复到当初的"性情"之中。

这样看来，世间没有了"道"，"道"也抛弃了人世。人世和"道"互相抛弃，学道之人有什么理由在世间立足，又凭什么让"道"盛行于人世间呢？"道"没有办法在人世间兴起，人世没有办法让"道"得以振兴，即使圣人不躲入山林之中，他的德行也无法让人家注意。圣人的隐居，都不是因为他自己一定要隐居（不隐也没什么作用啊）！

古时候的隐士，不是一定要躲起来不出现，不是一定要闭上嘴巴不出门，也不是一定要隐藏聪明才智不想发挥作用，只是因为时机不当、命运不好，生存在一个错误的世界之中。（如果）生存在一个合适而美好的时代，却不能够让自己的主张遍行于天下，他们就回到了最原始与单纯的状态，不留下任何的印迹。生活在一个不好的时代，几近走投无路，就让自己像一棵树，尽力往深处扎根，即使最高的枝头也一动不动（绝不引人注目、引火烧身），耐心地等待美好时代的到来。这是一种保存自身的方法（也是唯一的方法）。

古时候活动在世间的人（"行身者"，与隐士相对），不靠雄辩来粉饰自己的聪明才智，不依仗自己的聪明才智而让天下的人无路可走，也不会因为聪明才智而丢掉"德"。他们很谨慎地置身于该有的位置，努力回到原有的"性情"中来。如此，又有什么事情是非做不可的呢！"道"本来就不赞同鬼鬼祟祟的行为，"德"本来就不认可浅陋的见识。浅陋的见识会伤害"德",不识大体的行为会损害"道"。所以说，端正自己的行为就可以了，以自身的"性情"没有缺憾为快乐的，这才是真正的"得志"。

所以古时候所谓的"得志"（确实是"因为得到满足而快乐"的意思，但是，它指的是"志愿得到满足"，而不是"欲望和利益得到满足"），不是指官做得多大，而是说除了保全原有的"性情"之外，没有什么更能让他快乐了。现在人们所说的"得志"，是指高官厚禄和地位显赫。荣华富贵对于一个人而言，并不是身家性命，只是偶然得到的外物，是临时寄存的东西。临时寄存的东西，来了不必阻挡，去了也不必挽留。所以不可以为了富贵荣华而放松自己的意志，也不可以因为穷困潦倒就委屈自己趋附于世俗。喜欢富贵荣华与因穷困潦倒而趋附世俗是同一回事，事实上只要不在意就行了。现在的人，都因为寄存的东西没有了就不开心，这样看来，即使现在很快乐，也肯定会有丧失快乐的那一天（因为寄存的东西早晚要拿回去的）。所以说，因为流连外物而丧失了自我，因为趋附流俗而失去了本性，这些都是本末倒置的人。

从晕头转向中回过神来，细看一遍，有些地方和主题并没有多少关系，似乎纯粹是攻击儒家的习惯性动作，而有些该说的似乎又没说，导致理解上很成问题，只好以括号为标记，往里面添了一点内容，以求稍微流畅一点。

这一章最明显的感觉是，儒家和其他诸子一样，为了增强其观点的说服力，"言必称上古"。由于儒家把"美好的上古时代"定位在了三皇五帝和尧舜时期，道家为了攻击其论据的需要，必须否定这一时期，因而只能把"更完美的上古时代"向前再推一步，这一推，就到了洪荒时代。

把没有实质性内容、只存在于想象中的洪荒时代作为精神家园，相当于把人类的硬盘格式化，多多少少都让人有点不乐意，有点抵触情绪。道家这样的"缮性"之旅尽管扣住了"朴素"和"无为"，但他们所希望回到的"初始化"状态，还是让人感觉和洪荒时代同样苍白。

原文选注

缮性于俗学①，以求复其初②；滑欲于俗思③，以求致其明④；谓之蔽蒙之民⑤。

① 缮(shàn)性：修养人性。俗学：指世俗之学，也指儒家等百家之学，当然，道家的不算。俗，世俗。　② 初："人之初"具备的"性命之情"、真性情。　③ 滑欲于俗思：指个人的欲望随着世俗的思维颠来倒去。④ 求致其明：达到聪明睿智的境界。致，达到。　⑤ 蔽蒙：即蒙蔽，指愚昧。

古之治道者①，以恬养知②。知生而无以知为也③，谓之以知养恬④。知与恬交相养，而和理出其性⑤。夫德，和也⑥；道，理也。德无不容⑦，仁也；道无不理⑧，义也；义明而物亲⑨，忠也；中纯实而反乎情⑩，乐也；信行容体而顺乎文⑪，礼也。礼乐偏行⑫，则天下乱矣。彼正而蒙己德⑬，德则不冒⑭，冒则物必失其性也⑮。

① 治道者：学道的人。　② 恬：恬淡的心态。知：同"智"。③ 知生：机智生于内心，指心怀机智。无以知为：不依靠机智做事。④ 知：智慧。　⑤ 和：处事恰当而顺畅。理：处事符合事理（真理）。性：性格，性情。　⑥ 夫德，和也：德，本来就是按照规律来行事，结果就是"和"。　⑦ 无不容：没有什么不能宽容。　⑧ 无不理：没有什么道理不包含在其中。　⑨ 义明：义理分明。物亲：万物与之亲近。　⑩ 中：内心。纯实：纯真实诚。反乎情：反应到外部的表情上。　⑪ 信行：行为守信。容体：仪容和举止。顺：符合。文：这里指美德。　⑫ 偏行：片面地推行。　⑬ 蒙：

指覆盖、强加于人。与下文的"冒"同义。 ⑭**冒**：盖，蒙。 ⑮**物**：事物、万物。**必**：肯定。**失其性**：（人）失去原有的本性，（物）脱离了原有的发展轨迹。

　　古之人，在混芒之中①，与一世而得澹漠焉②。当是时也，阴阳和静③，鬼神不扰，四时得节④，万物不伤，群生不夭，人虽有知，无所用之，此之谓至一⑤。当是时也，莫之为而常自然⑥。

　　①**混芒**：混沌与迷茫，指初始的淳朴状态。 ②**与一世**：即"与世一"，和外部世界浑然一体。**得**：同"德"，"德"的组成部分，指按照客观行事处世的具体的、外现的行为。**澹漠**：即淡漠。 ③**和静**：和谐宁静。 ④**得节**：顺应时节。 ⑤**至一**：人与自然的高度统一。 ⑥**莫之为**：什么都不做。**常自然**：以自然为常态，指保持自然的状态。

　　逮德下衰①，及燧人、伏羲始为天下②，是故顺而不一③。德又下衰，及神农、黄帝始为天下，是故安而不顺④。德又下衰，及唐、虞始为天下，兴治化之流⑤，澆淳散朴⑥，离道以善⑦，险德以行⑧，然后去性而从于心⑨。心与心识⑩，知而不足以定天下，然后附之以文⑪，益之以博⑫。文灭质⑬，博溺心⑭，然后民始惑乱，无以反其性情而复其初。

　　①**逮**：及，等到。**下衰**：持续地衰落。 ②**燧人**：传说发明钻木取火的氏族领袖。**伏羲**：传说从他开始制造鱼网和驯养动物。**为**：治理。 ③**顺**：顺应自然。**不**：不再（高度统一）。 ④**安**：安居乐业。**不顺**：不能顺应（自然）。 ⑤**治化**：治理教化。**流**：风气，风尚。 ⑥**澆**（jiāo）**淳散朴**：离散淳朴之风。澆，通"浇"，浮薄。 ⑦**离道**：背离"道"的轨迹。**以**：介词，用。**善**：个人的优秀品质。 ⑧**险**：使动用法，使（德）陷于危险的境地。**行**：行动，指有所作为。 ⑨**去性**：背离"真性"。**从于心**：只听从内心。 ⑩**识**：认识，认同。指人与人之间心灵可以相通，相互之间能知道对方的想法。 ⑪**文**：纹饰，指礼节、仪式等表面文章。 ⑫**益**：增长。**博**：广博（的学识）。 ⑬**质**：质朴。 ⑭**溺心**：沉溺心灵。

回不去的精神家园，执行不了的初始化

由是观之，世丧道矣①，道丧世矣，世与道交相丧也。道之人何由兴乎世②，世亦何由兴乎道哉！道无以兴乎世，世无以兴乎道，虽圣人不在山林之中，其德隐矣。隐，故不自隐③。

①丧：丧失，失去。　②兴：使兴盛，流行。　③隐，故不自隐：（圣人）的隐居，都不是他自己要隐居。

古之所谓隐士者，非伏其身而弗见也①，非闭其言而不出也②，非藏其知而不发也③，时命大谬也④。当时命而不行乎天下，则反一无迹⑤；不当时命而大穷乎天下⑥，则深根宁极而待⑦。此存身之道也。

①伏：隐匿。见：同"现"。　②闭其言：禁绝自己的理论。闭，禁绝。③发：显现，显露。　④时命：所处的时代与所遭逢的命运。大谬：极端错误，非常不合情理。　⑤反一：回到最原始、最单纯的状态。反，同"返"。无迹：不留下一点痕迹。　⑥大穷：走投无路。穷，无路可走。　⑦深根宁极：比喻的说法。往深处扎根，树梢也不动一下。宁，安静。极，这里是树梢的意思。

古之行身者①，不以辩饰知②，不以知穷天下③，不以知穷德④，危然处其所而反其性已⑤，又何为哉！道固不小行⑥，德固不小识⑦。小识伤德，小行伤道。故曰：正己而已矣⑧。乐全之谓得志⑨。

①行身者：活动在世间的人，与"隐士"相对。　②辩：雄辩。饰：粉饰。知：同"智"。　③穷天下："使天下穷"，让天下人无路可走。　④以知穷德：用"智"让"德"无路可走。以，介词，用。　⑤危然：谨慎的样子。反其性：回归到本性。　⑥小行：鬼祟之行。　⑦小识：浅陋的见识。　⑧正己：端正自己的行为。　⑨乐全：以"全"为乐。全，指自身的性情没有缺憾。

古之所谓得志者，非轩冕之谓也①，谓其无以益其乐而已矣②。今之所谓得志者，轩冕之谓也。轩冕在身，非性命也，物之傥来③，寄者也④。寄之，其来不可圉⑤，其去不可止。故不为轩冕肆志⑥，不为穷约趋俗⑦，其乐彼与此同⑧，故无忧而已矣。今寄去则不乐。

由是观之，虽乐，未尝不荒也^⑨。故曰，丧己于物^⑩，失性于俗者^⑪，谓之倒置之民^⑫。

① **轩冕:**官位爵禄的代称。轩，豪车。冕，高冠。　② **无以益其乐:**（除了保全"性情"之外，）没有什么能够增加他的快乐了。益，增加。　③ **傥**（tǎng）**来:**意外地得来。傥,偶然,意外地。　④ **寄者:**暂寄之物。　⑤ **圉**（yǔ）**:**通"御"，抵御、阻挡。　⑥ **肆志:**放纵心志。　⑦ **穷约:**穷困。约，拘束。**趋俗:**媚俗，同流合污。　⑧ **其乐彼与此同:**喜欢高官厚禄与因穷困而趋俗是同一回事。乐，喜欢。彼，指轩冕，即高官厚禄。此，指穷约。　⑨ **荒:**虚无，不真实。　⑩ **丧己于物:**因外物而丧失了自我。己，自我。　⑪ **失性于俗:**因为趋就流俗而丧失本性。　⑫ **倒置:**本末倒置。

第十七章

尽管有九曲连环，最终还是一路向东

"秋波"不是"秋天的菠菜"，而是和"秋水"一样，指"美女清澈的目光"。但本篇的篇名"秋水"是很诚实地指"秋天的水"。因为"秋水"与"秋波"的印象太深刻，看到这个篇名的时候，估计脑子里泛起的都是"贝加尔湖"或者"瓦尔登湖"的涟漪，清澈而空灵。

不过，尽管庄子本人确实清澈而又空灵，但庄子的"秋水"和"清澈"没有一点关系：

秋水时至，百川灌河。泾流之大，两涘（sì，水边）渚（zhǔ，水中高地）崖之间，不辨牛马。

此处的"河"是指黄河，既然是黄河，肯定和"清澈"扯不上边。之所以要点明是"秋水"，不过是因为经过雨水充沛的夏季之后，百川汇集，奔腾而下，两岸河渚山崖之间，看不清牛马，取其"声势浩大"

而已。

河伯（黄河河神）看着咆哮奔腾的河水，十分得意，"欣然自喜，以天下之美为尽在己"。等到了北海，"东面而视，不见水端"，才发现，相比于浩瀚的大海，自己真是太渺小了。于是河伯换了一副表情，对着北海神望洋兴叹：

有一句俗语是这么说的："听了很多的道理，但总认为都不如自己。"说的就是我这样的人啊。我曾经听到有人讥笑孔子少见寡闻，有人轻视伯夷叔齐的忠义，开始我是不相信的。今天终于领略了你们北海的无边无际，我如果不到你的家门口看一眼，那就很危险了，我这么妄自尊大，会一直被"大方之家"讥笑。

看来河伯很有慧根，善于举一反三，立刻就把话题从"水的大小"引到了"见闻"和"忠义"的"大小"之上，开始聊人生、聊理想了。

北海神有个奇怪的名字：若。这个"若"作为海洋文明的代表人物，见多识广，对河伯这个刚从黄土高坡上跑来下海的土包子一点也不客气：

井蛙不可以语于海者，是因为相对它的认知范围，大海的浩大实在是太抽象了（拘于虚也）；夏虫不可以语于冰者，是因为在它的生存时间内，根本就没有过"冰"这个东西（笃于时也）；曲士（思想和认知错误的人）不可以语于道者，是因为他们的思想局限于以往的认知之中（束于教也）。今尔出于崖涘，观于大海，乃知尔丑（缺陷），尔将可与语大理矣。

天底下的水域，没有比大海更大的了。万川归集于此，永不停歇却灌不满它；流进来的水，从"尾闾"泄出去，不知道什么时候停止却掏不空它。不管春秋交替、水旱肆虐，海水永不变化。流入的江河，数不胜数，但我从来没有认为自己很"大"。因为我依托着蓝天、顺着地势的起伏而存在，我的生命来自于气候阴晴的变化，我在天地之间，就像小石头、小树木在大山上。正在担心因为渺小而被人家讥笑，哪里顾得上自大！

四海之在天地之间，不正像蚁穴之在大泽？中国之在海内，不就像小米之在大仓？天下物种的数量，要以万为单位来计量，人只不过是其中之一。无数的人会集在九州之间，凡是出产谷物粮食的地方，车船能到的地方，都挤满了人。作为个体的某一个人，只是其中亿万分之一，拿某一个人，与世上的万物相比较，难道不像是一根毫毛长在马身上？五帝用禅让方法延续下去的，三王争夺不休的，"仁人"为之忧虑不已的，有责任感的精英们所操劳的，那个所谓的"天下"，相比于历史发展长河，也就是毫毛与马体啊！伯夷辞让天下是为了名，孔子喋喋不休地告诉人家治理天下的方法是为了显示自己的渊博。他们认为自己很厉害，不也就像从前你自认为黄河很浩大吗？

好不容易下定决心放弃铁饭碗出来打工的河伯，人生中头一次见到如此浩大的大海，回想自己的一亩三分地确实拿不出手，但好歹也从昆仑之巅奔腾万里来到这里，怎么都得给自己留点面子吧：

我承认天地确实够大，那"毫末"总够小了吧？我说他们"小"总没事吧？

北海若说：不可以！

每一种事物，数量都是无穷的，在时间没有尽头、机会没有常态、开端与结局没有定式的情况下，会有无数的变化与可能。所以大智慧者不会静止地在某一个特定的时空点观察事物，而是习惯于把事物放在绵长的时空中去考量，如此就会发现，小的东西往往数量不少，大的东西往往数量不多，那么就应该明白所谓的"大与小"，还有一个数量上的无穷变化问题，小的东西数量多了，也有可能变成大的。

大智慧者考证了"过去"与"现在"的辩证关系，所以不会因为遥遥远去的而愤懑，近在眼前、触手可及的也不会踮起脚尖去争取，因为他们知道，现在终究会变成过去，时间是没有尽头的，消失的过去、眼前的利益同样都不重要。

大智慧者明察事物总有盈亏变化，所以得到时不会得意忘形，失去时也不会忧伤，因为他们知道机遇也是无常的。大智慧者明白人生应该怎样才算是坦途，生亦何欢，死亦何忧，因为他们知道开端与结局之间没有固定的途径。

一个人懂得的东西，肯定没有他不懂的东西多；一个人生活在世上的时间，肯定没有他不在这个世上的时间长，以他生存在世上的短短几十年时间，以他所懂得的那点小小的知识，想要去探究那最博大的宇宙万物，就会迷乱，就会失去自我。这样看来，又怎么能够知道，"毫末"可以界定为最小的边界，又怎么能够知道"天地"足以穷尽宇宙的博大！

北海若已经从"大小"的变化引申到了人生的意义，但河伯这一次没有马上拐过弯来，还在"大小"上纠结，所以接着又问：我这一路上碰到了许多爱辩论、爱唠叨的人，他们都说，"最小的东西是看不到形状的，最大的东西是无法衡量的"，这是真实的情况吗？

北海若也是一个爱辩论、爱唠叨的人，因为下面的这一段话，不是一般的唠叨：

从"小"东西的视角去看"大"家伙，是看不到头的；从"大"家伙的角度去看"小"东西，也是看不清楚的。"精"，是"小"中的"微"，"垺（fú，巨大的城郭）"，是"大"中的"盛"，它们之间的差别是很容易分别的，这是因为不同的形状、态势让它们具有了不同的特点。

但是，"精细"和"粗壮"只能用于区分"有形"的东西；"无形"的东西，是不能够用"数量"和"数字"来区分的；不能够衡量的东西，同样是因为不能够用"数字"来穷尽。可以用"语言"来论述的，都是事物表面粗浅的东西；只可意会不可言传的，是事物的"精妙"之处；语言不能表述的，意念不能够辨察到极致的，不止是"精妙"和"粗浅"啊。

所以"伟大的人"，他们的行为准则是：不能"害人"，但也不会时刻想着显示自己的"仁爱"和"恩惠"；有所动作、与人交往绝不是单纯为了利益，所以也不会看轻地位低下的人；不会削尖了脑袋去争夺财物，但该得的也不会过分谦让；所有的事情都靠自己，不会借助别人帮忙，但也不会凭借自己过人的力量多吃多占；明白了人性的本质，也就不会鄙视贪心和行为污浊的人。

他们的言行不同于俗世之人，但也不过多地表现出怪癖和标新立异；日常行为随和从众，同时也不鄙视奉迎拍马之徒。世上的官爵俸禄不足以打动他，刑罚鞭笞也不足以欺辱他。这是因为他们懂得"是非"之间本来就没有明确的分界，正如"大"和"小"之间本来就没有边际一样。

听人家说："真正得道之人不会名闻天下，真正品德高尚的人，他的行为也不一定符合'德'的要求，真正伟大的人，他的词典里就没有'自己'这个词。"其实，是因为他们明白了世上万物本没有明确的分野，只能"大略地区分"，这才是区分世间"大"和"小"的极致方法。

由于这一段话既有"大小"又有"人生"，河伯只觉得很有道理但又云里雾里，理了好久还不是很明白，所以又问：刚才你说的有些是具体事物的外现特征，有些又是抽象的"物"的内在特点（若物之外，若物之内）；那么，到底应该如何来区分贵贱和大小（恶至而倪贵贱，恶至而倪小大），能不能给个明确的标准？

北海若摇摇头：

从"道"的高度来看，事物本没有"大小""贵贱"之分。之所以会有"大小""贵贱"的概念，是因为我们都不自觉地把自己当成了一个具体的"物"，也就是从"物"的角度出发来看待世间万物。从这样的角度出发，最终还是受人性的左右，"自贵而相贱"，看重自己拥有的，贬视人家拥有的。而且对于世上的俗人来说，贵与贱的决定权并不握在自己手上，在他们的意识里世人认为高贵的，那就一定是高贵的，世人认为贫贱的，那就一定是贫贱的。

抱着"万物均有差别"的观点去看待世上万物，就会顺着事物表现出来某一"大"的方面而认定这个事物是"大"的，那么天下万物都有可能被你认为是"大"的；反过来，顺着事物某一"小"的方面看过去，就会认为这个事物是"小"的，那么任何一个事物也都有可能被你认为是"小"的。懂得在浩瀚的宇宙中，天地只不过是颗米粒，而"毫末"又可能成为丘山，正是因为懂得可以用不同的标准去看待事物。

以内心的功利目的看待事物，就会顺着事物"有用"的一面来肯定它，那么世上的万物都是有用的，我都要想办法拥有；那如果顺着事物"无用"的一面来否定它，世上又有什么是值得拥有的呢？所以正确的态度应该是：懂得万物都像"东"和"西"一样，尽管方向相反，却是相互依存的，没有"东"哪来的"西"。那么，区分"有用"与"无用"的标准也应该明确了；同样，区分"贵贱""大小"的标准也应该明确了。

从你自己的志趣出发看待事物，就会顺事物"正确"的一方面去肯定事物，那么天下万物都有可能在你心中是"正确"的，顺着事物"错误"的一方面去否定事物，那么天下万物都可能被你界定为"错误"的。要知道尧和桀都认为自己是对的，对方是错的，因为他们都是从自己的志趣和情操出发来看待问题的。

从前尧、舜以禅让的形式来巩固帝位，燕王哙也学了一把，将王位让给了宰相子之，结果燕国差点被齐国灭了。商汤和周武王以"争战"的方式称王，楚国的白公芈（mǐ）胜也学着争了一把，结果被叶公（就是叶公好龙的那个叶公）逼得自缢。这样看来，禅让和争战这两种政权转移的形式，尧和桀两位帝王的行为，在不同的历史时期，在不同人的心中，都有不同的"贵贱"评价，本来就没有统一的标准。

大木头可以用来撞开城门，但是不能用来堵塞小孔穴，因为器具的功用是不一样的；良马一日千里，但是抓老鼠还不如野猫和黄鼠狼，因为技术是有专长的；猫头鹰晚上能抓住跳蚤、看清很小的东西，白天出来瞪着个大眼睛也看不见山丘，因为每一种事物的特性都是有差别的。所以说，难道跟了对的人就不会做错事，照搬"大治"的方法就不会搅乱天下了吗？这种观点根本就没有明白自然、天下、万物运行的客观规律啊！

这就像以"天"为师就没有了"地"，以"阴"为师就没有了"阳"，这种做法行不通是很明显的啊！自己都没搞明白，还要在那里喋喋不休说个不停，不是愚蠢就是骗人！帝王的传承不一定要禅让，三代更替的形式也不尽相同。选择了错误的时机，违背了世俗观念的，就叫做"篡位"；选择了适当的时机，顺应了民心的，就叫做"大义"。

闭嘴吧，河伯，你哪里懂得"贵贱"和"大小"的区别！

这一段文字，不是一般的绕，表达的无非是一个意思：不同的标准，就会有不同的"大小""贵贱"之分，并且两者可以互相转化，因时而异、因人而异。同时还不忘捅儒家一刀——"然且语而不舍"，不懂还要叽叽歪歪，"非愚则诬也"。不过，以《庄子》的行文风格，道家似乎比儒家更爱说教。

被绕晕了的河伯可怜兮兮地问：那么我该做什么呢？不该做什么呢？我到底该安静地走开，还是勇敢地留下来？我是该拒绝，还是该接受？我到底该如何取舍？我的人生，最终应该怎样？

北海若给出的答案同样很灵动：

空间是无穷的，时间是不断流逝的，事物是不断变化的，彼此消长是常态，万物的发展会有快慢之分，大小贵贱也是变化的、互相转换的，所以不能企求有什么固定方法，否则就违背了"道"的要求。万物都有生死，不变的只有"道"。在"道"的面前，万物都是一样的，没有大小贵贱之分。所以我们要以博大的胸怀，一切按照客观规律，也就是"道"的要求行事处世。为什么要纠结什么是可做的，什么又是不可做的？等待万物"自然而然地演化"不就行了？

这下河伯终于明白了，原来要我学"道"，那么"道"的可贵到底在哪里呢？北海若说：

懂得"道"的人，必然通达事理，通晓事理的人必然懂得权衡与取舍。懂得取舍，就不会被外物伤害到自己。所以完全按照"道"的要求行事处世的人，火烫不到他，水溺不到他，寒冷酷热同样伤不到他，甚至于禽兽也伤不到他。不是说他迫近它们而不会受到伤害，而是因为他能够明察安危，在不断转化的祸福之间求得安宁，很谨慎地决定进退去留，所以没有什么能够损害到他。所以说，自然规律是内在的决定因素，"人"只是次要的外部因素，而所谓的"德"，就是按照客观规律来办事。懂得"自然与人"之间的关系，一切从客观规律出发，始终以"得（同'德'）"为立足点，这样就会很谨慎地对待进退问题。不管事情如何复杂，都能够透过表面的现象，回到本质，抓住要领，指出发展变化的终极结果。

没有受过现代哲学启蒙教育的河伯当然不能明白所谓的"天"，就是指自然规律，于是又问，什么是天？什么是人？

北海若举了一个很生动的例子：

牛马都有四条腿，这就是"天"；在马头上加个辔头，在牛鼻子上穿根绳子，硬要去驯服它们，这就是"人"。所以说，不能让"人"灭了"天"（其实也灭不了）；不能让过去的、固有的做法灭了一个新生事物应有的"命运"，不要让"得（顺应规律办事）"为"名"殉葬。谨守"道"和"德（得）"，不轻易丢弃"道"和"德（得）"，这才叫抓住本质、回到正确的道路。

应该说，这么一路下来，尽管有点磨叨，但《秋水》全文的"中心思想"已经很明确，即阐述"事物是发展变化的""矛盾双方是相互转化的"这两个基本的哲学观点，并在这两者的基础之上，提出了"顺其自然、顺应客观规律"的处世方法。正如黄河尽管九曲连环，最终还是一路向东奔流入海，不管你如何费尽心机，这世界还是按照原有的规律一路前行。

作为一篇议论文，论述很充分，结构也很完整，似乎应该就此打住了。

可是后面竟然还有六则"寓言"：

第一则，一条腿的夔（kuí）羡慕百足的蚿（xián），百足的蚿又羡慕没有腿的蛇，蛇又羡慕风，风又羡慕眼睛，眼睛又羡慕心。夔羡慕蚿，是因为觉得自己一条腿还不如没有，同时很好奇蚿的一百条腿怎么使得过来。蚿说自己也弄不明白，反正就是天生的呗。蚿问蛇为什么我有一百条腿却跑不过你这个没有腿的家伙？蛇说这是老天赋予我的本能，是不可改变的事实，我根本用不到腿啊。蛇又问风，我扭动身躯前进，虽然没有腿，但和有腿的其实没什么区别，而你"呼"地一下就从北海吹到南海，但是抓一把又什么也没有，这是为什么？你是靠什么行动的？风说，我一下子从北海刮到南海，跑得确实很快，但随便竖起点什么东西就挡住了我，随便找个什么东西也能关住我。尽管这样，吹断大树，掀掉大房子，还是只有我办得到。所以干不过众多小东西的，往往能取得大胜利，而"大胜"

只有圣人才做得到。

这一则的主题有点不明确，前半部分好像是"天生我材"和"顺其自然"的意思，这与正文的主题是相呼应的。但后面"风"的一段论述又扯到了**"以众小不胜为大胜也"**，不求"小胜"只求"大胜"，与正文就不大扯得上边了。而且为什么风要羡慕眼睛，眼睛为什么又去羡慕心，没有明说，如果联想一下，这则寓言的主题可能还是"顺其自然"。

第二则，就是多次提到过的孔子"削迹于卫"。说孔子到了卫国"匡"这个地方，被一群卫国人围了里三圈外三圈，但是孔子很镇定，既弹又唱。子路沉不住气，问孔子：很开心吗？孔子说：出来这么久了，我始终不能避免走投无路，很想闻达于诸侯而不得，这一切都是"命"，是"时势使然"，每一个人都有他固有的命运，我的命运也早有安排，该来的就让他来吧。不一会儿，这一伙人的头头走了进来，说认错人了，以为是大反派阳虎，现在发现不是，道个歉回去了。这里的叙述还是没有说清楚"削迹"是怎么回事，但主题还是比较清楚的，是借孔子的口讽刺儒家的"兼济天下"：一切自有定数，不用尔等费心。

第三则，借魏牟的嘴，用大海与井蛙的比喻，狠狠地捧了一下庄子，棒打了以公孙龙为代表的"名家"，并警告"名家"们不要"邯郸学步"，道家的高深不是你们学得来的，小心丢了自己的那点雕虫小技。这一则除了捧与打的过程中提到了"大海"与"井蛙"，和正文的行文特点有点相似之外，与主题并无多少关联。

第四则，写庄子在濮水之上钓鱼，楚王派了两个使者，要请庄子来管理国家。庄子说，听说楚国有只已经死了三千年的神龟，尸骨被楚王装在盒子里、放在神庙中。请问你们觉得这只神龟是希望自己死了，骨头被放在神庙中呢，还是希望自己活着，拖着尾巴在烂泥里爬来爬去呢？两个笨蛋使者掉进了庄子挖的坑里：当然希望活着啦，好死不如赖活啊！于是庄子说，你们回去吧，我还是拖着尾巴在烂泥里爬吧。

第五则，就是被选入中学语文教材中的《惠子相梁》，庄子把自己比作鹓鶵（yuānchú），把惠子比作猫头鹰，你的梁国在我的眼里不过是只死老鼠，你当宝，我才不稀罕，不要"吓"我。这两则，主要是论证不同的人有不同的追求，"大小贵贱"的标准是不一样的，与正文主旨是一致的。

最后一则，就是同样被选入中学语文教材之中，非常著名的"子非鱼"，但我总觉得放在这里有点莫名其妙：

庄子与惠子一同在濠水的桥上游玩。庄子说，这条白鱼游得如此从容，可见它很快乐。惠子说，你又不是鱼，你哪里懂得鱼的快乐？庄子说，你又不是我，你怎么知道我不懂鱼的快乐？

惠子说，我承认，因为我不是你，所以我不懂你的快乐；同理可证，因为你不是鱼，所以你也不懂鱼的快乐，这不就全了？

庄子说，乱了乱了，让我们重新捋一捋。刚才你问的是"你哪里懂得鱼的快乐"，你问的是"哪里"，也就是"where"，说明你已经知道我懂得鱼的快乐，然后才问我在"哪里"懂得鱼的快乐的，可以告诉你，我就是刚刚在濠水的桥上懂得了鱼的快乐。

惠子和公孙龙子是诸子百家中"名家"的代表，"名"家玩的是"名辩"，也就是在"名称"和概念的内涵与外延上做文章，基本上都是偷换概念的高手，最典型的就是公孙龙的"白马非马"。这里庄子是把表否定的副词"哪里"偷换成了表处所的疑问代词"哪里"，属于典型的"名辩"，这是名家的活。当然，也可以说是庄子"以其人之道还治其人之身"，不过总觉得是理屈词穷之后的耍无赖，有伤一派宗师的大家风范。再者，这一则的亮点也就是这个概念的偷换，从内容上来看，与正文的主旨关系并不大，如果硬要扯上"每一个人的内心别人都不懂"，再与正文挂起钩来，也脱不了牵强。

所以，我认为《秋水》的原作，只是河伯与北海若的对话。后面这几则寓言，尽管流传甚广，看上去也很有趣，但是显然不是正文一路，割裂明显，基本可以认定不是庄子的原作，后人硬塞进来的可能性很大。

这一章东拉西扯地说了那么多，是因为有人说，读《庄子》，《秋水》一篇就够了，所以就很认真的面面俱到了。从内容来看，确实足够丰富，而且文采也确实飞扬。但读懂《秋水》，不是一般的费劲，要弄清楚河伯与北海若在说些什么已经很费劲了，还要弄些个寓言来搅局。这几则寓言转移了阅读的重心，大家似乎都更喜欢短小而又生动有趣的寓言，很少去探究长篇大论的正文。可惜，似是而非之下，望穿《秋水》就更困难了。

原文选注

野语有之曰[①]，"闻道百，以为莫己若者[②]"，我之谓也[③]。且夫我尝闻少仲尼之闻而轻伯夷之义者[④]，始吾弗信，今吾睹子之难穷也[⑤]，吾非至于子之门则殆矣，吾长见笑于大方之家[⑥]。

① **野语**：俗话。　② **莫己若**：即"莫若己"，没有比得上自己的。若，同，相当。　③ **我之谓**：即"谓我"，说的就是我。"之"是宾语"我"提前的标志。　④ **少**：形容词意动用法，以……为少。**轻**：形容词意动用法，以……为轻。　⑤ **难穷**：难以穷尽，没有边际。　⑥ **长**：一直。**见**：被。

天下之水，莫大于海。万川归之，不知何时止而不盈[①]；尾闾泄之[②]，不知何时已而不虚[③]。春秋不变，水旱不知。此其过江河之流，不可为量数[④]。而吾未尝以此自多者，自以比形于天地[⑤]，而受气于阴阳⑥，吾在天地之间，犹小石小木之在大山也。方存乎见少⑦，又奚以自多⑧！

①盈：满。　②尾闾：传说中泄海水之处。　③虚：与"盈"相对，空。④量数：数清数量。量，名词，数量。数，动词，数数。　⑤比形：依托（天地）形成自己的形体。比，并列、依托。　⑥受气于阴阳：此处用了拟人手法，把北海当成了有生命的活体，所以需要"气"。这个"气"来源于阴阳变化，其实就是指气候阴晴变化带来的充沛降水是大海的源头。　⑦方存：表示时间，"方"是"正"，"存"是"在"，相当于"正在"。见：被。少：形容词意动用法，认为……是少的。　⑧奚：疑问代词，哪。以：句中语气助词，补充音节。

计四海之在天地之间也①，不似礨空之在大泽乎②？计中国之在海内，不似稊米之在大仓乎③？号物之数谓之万④，人处一焉；人卒九州⑤，谷食之所生，舟车之所通，人处一焉。此其比万物也⑥，不似豪末之在于马体乎？五帝之所连⑦，三王之所争，仁人之所忧，任士之所劳⑧，尽此矣！伯夷辞之以为名⑨，仲尼语之以为博⑩，此其自多也，不似尔向之自多于水乎⑪？

①计：计算，核算。　②礨（lěi）空：蚁穴。一说是小洞。　③稊（tí）：稗子一类的草，子实像糜子。　④号：动词，计量。　⑤卒：通"萃"，汇集。　⑥比：比较。　⑦连：指禅让这种政权更替的方式。　⑧任士：有才能、负责任的精英。　⑨辞：指辞让。之：代词，指天下。　⑩语（yù）：动词，告诉，使知道。　⑪向：以前，过去。

夫物，量无穷，时无止，分无常①，终始无故②。是故大知观于远近③，故小而不寡，大而不多，知量无穷；证向今故④，故遥而不闷⑤，掇而不跂⑥，知时无止；察乎盈虚⑦，故得而不喜，失而不忧，知分之无常也；明乎坦涂⑧，故生而不说⑨，死而不祸⑩，知终始之不可故也。计人之所知，不若其所不知；其生之时，不若未生之时；以其至小，求穷其至大之域⑪，是故迷乱而不能自得也⑫。由此观之，又何以知毫末之足以定至细之倪⑬，又何以知天地之足以穷至大之域！

①分（fèn）：缘分，命运，机遇。　②故：同"固"，固定。　③大知：指真正的聪明人，大智慧者。观于远近：指在一个比较长的时间内，以发展的目光去观察事物。　④证：验证，证实。向今：过去和现在。故：指过去和现在的辩证关系。　⑤遥：远去的。闷：指烦闷，愤懑。　⑥掇（duō）：拾取、摘取。跂（qǐ）：抬起脚后跟站着，这里指向往。　⑦盈虚：盈满或虚空，有余或不足，指对立双方的发展变化。　⑧明：懂得，了解。涂：同"途"。　⑨说（yuè）：同"悦"，欣喜。　⑩祸：形容词意动用法，以……为祸。　⑪穷：动词，穷尽。　⑫不能自得：字面上的意思就是得不到自己，意为丢了自我、没了主见。　⑬倪：涯际，边际。

夫自细视大者不尽①，自大视细者不明②。夫精，小之微也；垺③，大之殷也④。故异便⑤，此势之有也⑥。夫精粗者，期于有形者也⑦；无形者，数之所不能分也；不可围者⑧，数之所不能穷也。可以言论者，物之粗也；可以意致者⑨，物之精也；言之所不能论，意之所不能察致者⑩，不期精粗焉。是故大人之行，不出乎害人，不多仁恩；动不为利，不贱门隶；货财弗争，不多辞让；事焉不借人⑪，不多食乎力⑫，不贱贪污⑬。行殊乎俗⑭，不多辟异⑮；为在从众⑯，不贱佞谄⑰。世之爵禄不足以为劝⑱，戮耻不足以为辱⑲；知是非之不可为分，细大之不可为倪⑳。闻曰："道人不闻㉑，至德不得㉒，大人无己。"约分之至也㉓。

①尽：穷尽，指完整地看清。　②明：清楚。　③垺（fú）：同"郛"，外城，指城圈外围的大城。　④殷：大。　⑤异：差别。便：通"辨"，分辨，辨别。　⑥势：形状，样式，架势。　⑦期：限，限于。　⑧围：量词用作动词，丈量。　⑨意致：用心感受到。　⑩察致：觉察到。　⑪借：依靠。　⑫食：靠着吃饭，赖以为生。引申为依赖、依靠。　⑬贪：贪婪，多欲而不知满足。污：社会风气、个人道德等恶劣、败坏的。　⑭殊：差异，不同。　⑮辟异：乖僻怪异。辟，同"僻"。　⑯为：指行为。　⑰佞谄：

尽管有九曲连环，最终还是一路向东

谄媚奉承。　⑱劝：劝勉，激励。　⑲戮（lù）：刑戮。　⑳倪：边际。　㉑闻：出名，闻达。　㉒至德：最高的行为规范。得：按照"德（行为规范）"的要求处世行事。　㉓约分：大略区分。至：顶点，极点。

以道观之①，物无贵贱；以物观之，自贵而相贱②；以俗观之，贵贱不在己。以差观之③，因其所大而大之④，则万物莫不大；因其所小而小之，则万物莫不小。知天地之为稊米也，知毫末之为丘山也，则差数睹矣⑤。以功观之⑥，因其所有而有之，则万物莫不有；因其所无而无之，则万物莫不无。知东西之相反而不可以相无⑦，则功分定矣⑧。以趣观之⑨，因其所然而然之，则万物莫不然；因其所非而非之，则万物莫不非。知尧、桀之自然而相非⑩，则趣操睹矣⑪。

①之：代词，指万物。　②自贵：即"贵自"，看重自己。相贱：互相轻视。　③以差观之：抱着万物均有差异的观点去看待万物。差，区别。　④因：就着，顺着。　⑤差数：不同的标准。差，不同。数，标准。睹：看待。　⑥功：功用，功利。　⑦不可以相无：指相互依存，缺一不可，没有了东，也就没有了西。相无，相互缺少，没有了一个，另一个也就没有了。　⑧功分：以功用、功利（的标准和方法）区分事物。　⑨趣：志趣，好尚。　⑩自然：认为自己是对的。然，表肯定。相非：相互否定。　⑪趣操：志趣和情操。

昔者尧、舜让而帝，之、哙让而绝；汤、武争而王，白公争而灭。由此观之，争让之礼①，尧、桀之行②，贵贱有时，未可以为常也③。梁丽可以冲城④，而不可以窒穴⑤，言殊器也；骐骥骅骝，一日而驰千里，捕鼠不如狸狌⑥，言殊技也；鸱鸺夜撮蚤⑦，察毫末⑧，昼出瞋目而不见丘山，言殊性也⑨。故曰：盖师是而无非⑩，师治而无乱乎⑪？是未明天地之理，万物之情也⑫。是犹师天而无地，师阴而无阳，其不可行明矣！然且语而不舍，非愚则诬也⑬！帝王殊禅，三代殊继。差其时、逆其俗者⑭，谓之篡夫⑮；当其时、顺其俗者，谓之义之徒⑯。默默乎河伯，女恶知贵贱之门⑰，小大之家！

①礼：礼法；等级社会的典章制度，规定社会行为的规范、传统习惯。　②行：

指（管理天下的）行为。　③**常**：固定的规则。　④**梁丽**：指可以做栋梁的大木头。丽,通"捆",屋梁。**冲城**:攻城时用木头撞击城门。　⑤**窒**:堵塞。　⑥**狸**:野猫。**狌**(shēng):黄鼠狼。　⑦**撮**(cuō):抓取。　⑧**察**:看清楚。　⑨**性**:特性。　⑩**师**:名词意动用法,以……为师。　⑪**治**:指天下和平,社会和谐。**乱**:与"治"相对。　⑫**理、情**:指规律。　⑬**诬**:欺骗。　⑭**差**:错过。**逆**:违背。**俗**:即现代法律意义上所谓的公序良俗。　⑮**篡夫**:篡国者,篡夺天下的人。　⑯**义之徒**:代表正义的人。　⑰**女**:通"汝",你。**恶**(wū)**知**:哪里懂得。恶,疑问代词。

知道者必达于理①,达于理者必明于权②,明于权者不以物害己③。至德者④,火弗能热,水弗能溺,寒暑弗能害,禽兽弗能贼⑤。非谓其薄也⑥,言察乎安危,宁于祸福⑦,谨于去就⑧,莫之能害也。故曰:"天在内,人在外,德在乎天。"知天人之行⑨,本乎天⑩,位乎得⑪,踯躅而屈伸⑫,反要而语极⑬。

①**达**:通达,明了。　②**明**:明辨。**权**:这里指权衡轻重以做出取舍。　③**以**:因为。　④**至德者**:行为规范最合乎客观规律的人。　⑤**贼**:残害,伤害。　⑥**薄**:迫近,触犯。　⑦**宁**:动词,求得安宁。　⑧**去就**:去留。　⑨**天人之行**:自然与人的关系。　⑩**本乎天**:以自然规律为本。天,即天道。　⑪**位乎得**:以"得"为立足点。得,同"德",指按照客观规律行事。　⑫**踯躅**(zhízhú)**而屈伸**:指在进退问题上因谨慎而表现得很犹豫。踯躅,徘徊不进的样子。屈伸,指进退。　⑬**反**:回到。**要**:精要,本质。**语**:说出,指出。**极**:终极,最终结果。

牛马四足,是谓天;落马首①,穿牛鼻,是谓人。故曰:"无以人灭天,无以故灭命②,无以得殉名。谨守而勿失,是谓反其真③。"

①**落**:通"络"。　②**故**:同"固",指固有的行事方法。**命**:命运、命数,发展的机遇。　③**真**:本来的,固有的。

第十八章

没有极至的快乐，并不代表没有快乐

——读《至乐》

本章从上一章结尾的"鱼之乐"接下来，讨论到底有没有"至乐"。"至"用于形容事物的尽善尽美，既然是"极至的快乐"，至少也应该是"最大的快乐、真正的快乐、永恒的快乐"，那么：

天下有至乐无有哉?

天底下到底有没有"至乐"这玩意儿? 仔细看一下这个句式，如果是一般的文言疑问句，"天下有至乐乎"就可以了，答案可以是"有"，也可以是"无"；如果是"天下有至乐哉"，那就是表示否定的疑问句，答案一般来说都是"没有"。而这里的表述是"天下有至乐无有哉"? 句末用的是"哉"，且前面还用了"无有"，那么答案其实已经明确了：没有。

世人所看重的，是富有、高贵、长寿和好名声；所喜欢的，是安逸、美味、华服、美色和动听的音乐；所不乐意的，是贫穷、卑贱、短命和恶名；所苦恼的，是身体不得安逸，口里没有美味，身上没有漂亮的服饰，眼睛看不到绚丽的色彩，耳朵听不到悦耳的歌声；一旦得不到这些东西，就大为忧愁而且恐惧，这种对待人生的态度，实在是太愚蠢了！

富有之人，累得像条狗，积攒了许许多多财富，最后却是人在天堂、钱在银行，这种对待人生的态度，是太把身外之物当回事了。显贵之人，夜以继日地苦苦思虑仕途是否通达，这种对待人生的态度，也太不着边际了。人生在世，忧愁如影随形，长寿的人成天糊里糊涂，长久地处于忧患之中却死不了，这又是何苦呢！这样的人生，也太漫长了！刚烈之士，名声为天下人所称颂，却不能让自己活下去。我不知道一个被天下人都称赞的行为，真的是好事呢，还是不能算是好事呢？说它是个好事吧，却不能让自己活下去；说它不是好事吧，却能够让别人活下来。所以说："忠谏不被接受，那就退到一边，不要再争了。"伍子胥争了，结果就被杀了；但如果他不去争，又不会成名。那么，这世上到底还有没有值得去做的好事呢？

这个问题，道家没有正面回答。因为对于道家而言，这是一个两难选择。如果你回答还是要做的，那就违背道家"养生"的指导思想；但你如果真的回答不要做了，保全自己吧，好像又说不过去，所以这是道家的一个软肋。轮到儒家，态度就很明确："舍生而取义也！"并且豪气万丈地说："虽千万人，吾往矣！"

按照道家的这个思维一路下来，这世上还真的没有多少快乐可言。有钱的不快乐，没钱的也不快乐；有地位的不快乐，没地位的也不快乐；短命的不快乐，长命的也不快乐；名人不快乐，没出名的更不快乐。怪不得拿个话筒在大街上追着人问"你幸福吗"，会被群起攻之。

人生在世，快乐真不是件容易的事。

如今世人所做的，以及他们所认为的快乐，我不知道这种快乐真的是快乐呢，还是不快乐呢？世人所认为的快乐，有那么多人成群结队地去追逐，看这争先恐后的样子，不到手绝不会罢休。但是，人人都认为快乐的事，我并不认为这就是快乐，但是也不认为这就不是快乐。那么，这世上到底还有没有真正的快乐呢？

　　有句话说，分担痛苦，会减轻一半的痛苦；分享快乐，会获得双份的快乐。其实痛苦没人能替你分担，快乐也不好乱分享，你的快乐未必就是别人的快乐，正所谓"此之蜜糖，彼之砒霜"。

　　从前，有一只海鸟停息在鲁国都城外，鲁国国君亲自去把海鸟接到太庙里，请它喝酒，为它奏《九韶》之乐，准备了"太牢"请它吃。海鸟晕头转向、忧啼悲鸣，不吃一块肉，当然也喝不了一杯酒，三天后就死了。这是用供养自己的方法来供养鸟，不是按鸟的习性来养鸟。按鸟的习性来养鸟，应该让鸟栖息在深林之中，游戏于水中的小沙洲，浮游于江河湖泽，啄食泥鳅和小鱼，跟着鸟群的队伍，自由自在地飞行、栖息。它们最讨厌听到人的声音，为什么还要吵嚷不停呢？《咸池》《九韶》这样的乐曲，在广漠的原野演奏，鸟儿听了就飞走，野兽听了就逃遁，鱼儿听了潜入水底，只有人听见了，才会相约去围观。鱼儿在水里才能生存，人在水里就会死去，人和鱼肯定有不同之处，他们的好恶肯定也不一样。

　　上一章中，惠子质问庄子，"子非鱼，安知鱼之乐"？按这一章的说法，惠子是有道理的，不要说人不懂鱼的快乐，两条鱼的快乐也不一样，所以庄子只能是诡辩了事。我奇怪的是，《庄子》中经常会闹出这种"窝里反"的内容。就拿这一段来说，除了"鱼之乐"之外，第十四章《天运》中用了大量的笔墨来描写黄帝所奏的《咸池》是如何的惊心动魄、振聋发聩，听了就能让人悟道；这里又说它吓跑了飞鸟走兽，只供不明真相的群众围观而已。可见往《庄子》里加塞的大有人在，各执一词不说，互相拆台的也不少见。

回到快乐这个主题，鱼的快乐、鸟的快乐和每个人的快乐都是不一样的，你的快乐不一定就是我的快乐，推而广之，人世间的许多快乐，并不一定就是快乐，只不过大家都在人世之中，看不清楚而已。那么，跳出人世之外呢？

庄子到了楚国，看见一个空骷髅，模样很恐怖。庄子用马鞭敲了敲骷髅，很亲热地问道："先生是因为贪图享受、背离了养生之道才成了这个样子呢，还是因为国破家亡、被刀斧砍杀才成了这个样子？又或者是你干了坏事，怕给父母和妻子儿女带来耻辱而羞愧自杀，才成了这个样子？要不就是你遭受了寒冷与饥饿？又或者你已经享尽了天年？"说罢，拿过骷髅，枕在头下睡去。

半夜，骷髅给庄子托梦说："看你说话的样子像个辩士。看你所说的那些话，全都是活人才考虑的事，人死了就没有这些问题了。你愿意听一下人死后的快乐吗？"

庄子说："好。"

骷髅说："人死后，上没有国君的统治，下没有官吏的管辖；没有四季应时的工作需要操劳，从容自得，和天地一样长久地存在，即使南面为王的快乐也比不上。"

庄子不信，说："我让主管生命的神来重生你的形体，让你长出骨肉肌肤，回到你的父母、妻子儿女、邻里和朋友中去，你想这样吗？"骷髅皱着眉头和鼻梁（不知道骷髅怎么皱眉，而且还连鼻梁一起皱），说："我怎么可能抛弃南面称王都比不上的快乐，再去经历人世的愁苦呢？"

通过这则寓言，道家的态度已经很明确了：世人所谓的快乐，都不是真正的快乐。那么什么是真正的快乐呢？

我认为"无为"才是真正的快乐，但这恰恰是世俗的人最为痛苦和烦恼的。所以说："真正的快乐就是心中没有快乐这个概念，最大的荣誉也就是没有荣誉这个概念。"

读起来有点拗口，但意思还是明确的。无欲，然后无为，没有了快乐这个概念，就没有了快乐这个需求，这才是永恒的快乐。

唉，没有快乐就是快乐，这话很庄子，但是很不科学，逻辑上是个死循环。其实关于伍子胥到底该不该"死谏"，后面还是给出了答案的：

天下是非果未可定也。虽然，无为可以定是非。至乐活身，唯无为几存。

天底下是与非的标准本来就是不一定的（你认为正确的，别人不一定也就认为是对的）。但是，"无为"就可以不用去管到底什么是"是"、什么是"非"。既要"至乐"，又要"活身"，只有"无为"才能做得到。

这几句说得比较隐晦，直白一点说，如果伍子胥当年不去吴王手下当什么差，也就不会有后来要不要死谏这个问题，这就是道家给出的答案。

乍一看这个答案很高大上，甚至可能还有点豁然开朗的感觉，但是，你我皆凡人，真的什么都不在乎了，还有"人性"吗？道家不是很看重人性的吗？不是很宽容人性的丰富多彩吗？消灭了所有的人性，消灭了所有的情绪体验，岂不等同于行尸走肉？

快乐是种情绪体验，因各种各样的外界刺激所激发，很难说哪一个激发因素是"最高级"的，也没有哪一种诱因激发的情绪体验可以永远持续下去。所以，我认为，问题其实出在这个"至"字上，"至乐"是个伪命题，而"乐"并不是。

人类的生理学上似乎并没有关于"至乐"的设计，没有哪一个人永远处在快乐的状态，但是也没有人永远处在不快乐的状态。快乐与人生一样，是一个过程，不能因为没"至乐"就全盘否定了曾有的"快乐"，也许用顺其自然和发展的态度去看待，更符合道家的原则？

原文选注

　　夫天下之所尊者^①，富贵寿善也^②；所乐者，身安厚味美服好色音声也^③；所下者^④，贫贱夭恶也^⑤；所苦者，身不得安逸，口不得厚味，形不得美服，目不得好色，耳不得音声；若不得者，则大忧以惧^⑥，其为形也亦愚哉^⑦。

　①**尊**：尊崇、看重。　②**善**：善名，好名声。　③**厚**：丰厚。**音声**：好听的声音。音，合于音律、音调。　④**下**：意动用法，以……为下，厌恶。⑤**恶**：丑陋。　⑥**大忧以惧**：很忧伤、很恐惧。以，和，表示并列关系。⑦**为形**：保养身体。形，指身体。

　　夫富者，苦身疾作^①，多积财而不得尽用，其为形也亦外矣^②。夫贵者，夜以继日，思虑善否^③，其为形也亦疏矣^④。人之生也，与忧俱生^⑤，寿者惛惛^⑥，久忧不死，何苦也！其为形也亦远矣^⑦。烈士为天下见善矣^⑧，未足以活身^⑨。吾未知善之诚善邪，诚不善邪？若以为善矣，不足活身；以为不善矣，足以活人^⑩。故曰："忠谏不听，蹲循勿争^⑪。"故夫子胥争之^⑫，以残其形，不争，名亦不成。诚有善无有哉？

　①**苦身**：使身体劳苦。苦，使动用法。**疾作**：努力做事。疾，迅速、努力。②**其为形也亦外**：这种做法对于养身而言，也太注重外在的东西了。③**善否**（pǐ）：好坏、对错。　④**疏**：与下文的"远"同义，指有很大的差距。⑤**俱生**：一起出现、存在。　⑥**惛惛**（hūnhūn）：糊涂，神志不清。　⑦**远**：

差距很大。　⑧**烈士**：壮烈之士。**见善**：被天下人赞颂。见，被。　⑨**活身**：使自己活下去。活，使动用法。身，自己。　⑩**活人**：与"活身"相对，使别人活下去。　⑪**蹲循**：逡巡，退让。　⑫**子胥**：伍员，字子胥，吴国大将，谏夫差不听被赐死。

　　今俗之所为与其所乐，吾又未知乐之果乐邪，果不乐邪？吾观夫俗之所乐，举群趣者[1]，诓诓然如将不得已[2]，而皆曰乐者[3]，吾未之乐也[4]，亦未之不乐也[5]。果有乐无有哉？

　　①**举群**：所有的人群。举，全。**趣**：趋，指竞相追逐。　②**诓**（kēng）**诓然**：奔走竞争的样子。**已**：停止。　③**皆**：都。　④**未之乐**：没有从中感受到快乐，不认为是快乐。　⑤**未之不乐**：不认为就不是快乐。

　　吾以无为诚乐矣[1]，又俗之所大苦也[2]。故曰："至乐无乐[3]，至誉无誉[4]。"

　　①**诚乐**：真正的快乐。诚，真正。　②**大苦**：最大的痛苦。　③**至乐无乐**：真正的快乐就是心中没有快乐（这个概念）。　④**至誉无誉**：最大的荣誉就是没有荣誉（这个概念）。

　　庄子之楚[1]，见空髑髅[2]，髐然有形[3]，撽以马捶[4]，因而问之[5]，曰："夫子贪生失理[6]，而为此乎？将子有亡国之事[7]，斧钺之诛[8]，而为此乎？将子有不善之行，愧遗父母妻子之丑[9]，而为此乎？将子有冻馁之患[10]，而为此乎？将子之春秋故及此乎[11]？"于是语卒[12]，援髑髅[13]，枕而卧。

　　①**之**：至，到。　②**髑髅**（dúlóu）：死人的头骨。　③**髐**（xiāo）**然有形**：指形状很恐怖。髐，枯骨暴露。形，形状。　④**撽**（qiào）：敲打。**马捶**（chuí）：马鞭。　⑤**因**：亲，亲近。⑥**贪生失理**：贪图享乐，背弃养生之理。　⑦**将**：或，抑。**亡国之事**：国家破亡这样的大事。　⑧**斧钺之诛**：被刀斧诛杀。　⑨**愧遗父母妻子之丑**：因给父母妻子留下令他们蒙羞的丑行而羞愧（自杀）。愧，羞愧。遗，遗留，留下。丑，指丑行。　⑩**冻馁**（něi）：饥寒交迫。馁，饥饿。**患**：灾祸。　⑪**春秋**：年纪。**故**：衰老。　⑫**卒**：

终止，尽，完毕。 ⑬援：拉，引。

　　夜半，髑髅见梦曰①："子之谈者似辩士②。视子所言，皆生人之累也③，死则无此矣。子欲闻死之说乎④？"庄子曰："然。"髑髅曰："死，无君于上，无臣于下；亦无四时之事，从然以天地为春秋⑤，虽南面王乐⑥，不能过也。"庄子不信，曰："吾使司命复生子形⑦，为子骨肉肌肤，反子父母妻子闾里知识⑧，子欲之乎？"髑髅深矉蹙頞曰⑨："吾安能弃南面王乐而复为人间之劳乎！"

　　①见："现"的古字，出现。 ②谈者：说话的样子。辩士：善辩之人。 ③累：牵累，负担。 ④说：同"悦"，愉悦、快乐。 ⑤从然：自由自在，放纵无拘束。以天地为春秋：拥有的时间与天地一样恒久。春秋，指时间。 ⑥王（wàng）：动词，称王。 ⑦司命：主管人生死之神。司，掌握。复生子形：重生你的身体。复，重新。形，身体。 ⑧反：同"返"，返还。知识：故交，朋友。 ⑨矉（pín）：同"颦"，皱眉头。蹙（cù）：皱。頞（è）：鼻梁。

　　昔者海鸟止于鲁郊①，鲁侯御而觞之于庙②，奏《九韶》以为乐③，具太牢以为膳。鸟乃眩视忧悲④，不敢食一脔⑤，不敢饮一杯，三日而死。此以己养养鸟也⑥，非以鸟养养鸟也。夫以鸟养养鸟者，宜栖之深林，游之坛陆⑦，浮之江湖，食之鳅鲦⑧，随行列而止⑨，委蛇而处⑩。彼唯人言之恶闻⑪，奚以夫诏诏为乎⑫！《咸池》《九韶》之乐⑬，张之洞庭之野⑭，鸟闻之而飞，兽闻之而走，鱼闻之而下入，人卒闻之⑮，相与还而观之⑯。鱼处水而生，人处水而死，彼必相与异⑰，其好恶故异也⑱。

　　①海鸟：据说这只海鸟叫"爱居"。《国语·鲁语上》："海鸟曰爱居，止于鲁东门外三日，臧文仲使国人祭之。"鲁郊：鲁国都城外。 ②御：驾临。觞（shāng）：动词，宴请。庙：太庙。 ③《九韶》：舜时乐曲名，共有九章，故称《九韶》，《韶乐》被孔子称为尽善尽美之音乐。 ④眩视：头晕眼花。 ⑤脔（luán）：切成块的肉。 ⑥己养：即"养己"，

没有极至的快乐，并不代表没有快乐

供养自己的方法。　　⑦ **坛陆**：指水中荒岛、沙洲。　　⑧ **鳅**（qiū）：泥鳅。**鲦**（tiáo）：白条鱼。　　⑨ **随行列而止**：指跟随着鸟群止息。行列，鸟飞行时所排的行列。　　⑩ **委蛇**（wēiyí）：即"逶迤"，舒展自如的样子。　　⑪ **人言**：人的声音。**恶闻**：讨厌听到。　　⑫ **诺**（náo）**诺**：喧嚣。　　⑬ **《咸池》**：黄帝时乐曲名。　　⑭ **张**：陈列。**洞庭**：广阔的庭院。　　⑮ **人卒**：众人。　　⑯ **还**：环绕、围绕。　　⑰ **彼**：他们，指人和鱼。**必**：肯定。**相与**：相互。**异**：不同。　　⑱ **故**：因此。

第十九章

人生的真谛，在于"形神兼备"

——读《达生》

"达"是通达、懂得，"生"是人生、生命，"达生"同样只是篇章开头的两个字，语意不全。完整的句子是"达生之情"，"情"是情形、实情。"达生之情"，文艺一点的翻译，就是"懂得生命的真谛"。

许多人认为，本章和《养生主》差不多，主要论述养生的关键是"全神"，因为形体转瞬即灭，精神却可以超然于形体之外，与天地比寿；并且"神全"则无隙可乘，生命也就不会为外物所伤。

本章的寓言比较多，有几则确实是在强调"精神"的巨大作用，最典型的就是"齐桓公见鬼"：

齐桓公在沼泽中打猎，管仲为他驾车，桓公突然之间就见到了鬼。

桓公一把拉住管仲的手："仲父，你看到什么了吗？"管仲回答："我什么也没看到啊。"桓公回来后，长吁短叹，病得不轻，好几天不出门。

齐国有个士人，名叫皇子告敖，他对桓公说："你这是自己吓自己！鬼怎么可能伤害你！"

于是吧啦吧啦……说了一堆关于中医的理论。

桓公说："你只要告诉我，这世上到底有没有鬼？"

皇子告敖回答："有。水下的污泥里有个鬼叫做'履'，灶台里有个鬼叫做'髻（jì）'，甚至家里的垃圾堆里也住着名叫'雷霆'的鬼。东北方的墙根里，有两个名叫'倍阿'和'鲑蠪（lóng）'的鬼，状如小儿，长一尺四寸，黑衣服、红头巾，戴着大帽子，带剑持戟，在那边跳跃；西北方的墙根下，有一个豹头马尾的鬼，名叫'泆（yì）阳'。水里的水鬼叫'罔象'，丘陵中的山鬼叫'峷（shēn）'，大山里的山鬼叫'夔（kuí）'，田野里有许多野鬼在彷徨，沼泽里还有一种名叫'委蛇'的鬼。"

桓公赶紧说："请问，委蛇长啥样？"

皇子告敖回答："委蛇，身躯像车轮那么大，像车辕那么长，穿紫衣戴红帽。他的特征是讨厌听到轰隆隆的车轮声，听见车轮声就两手捧着头站着。能够看见他的人，很快就会成为霸主。"

齐桓公开怀大笑："这就是我所见到的鬼。"于是整理好衣服和皇子告敖坐着聊天，不到一天时间，不知不觉病就好了。

这可能是最早的"精神疗法"了，齐桓公听说见到"委蛇"的人都会成为霸主，心想难怪只有我看见，管仲当然看不见啦，早就开心得不得了，哪里还会有什么病。

孔子到楚国去，从树林中出来后，看见一个驼背的老人，用竿子粘蝉很有技巧，就好像从地上捡一样方便。

孔子说："先生真是手巧啊！有什么窍门吗？"

驼背老人说："我是有办法的。练习五六个月后，在竿头上叠起两个泥丸不会坠落，失手的次数就已经很少了；叠起三个泥丸而不坠落，十次中失手不会超过一次；叠起五个丸子而不坠落，就像在地上捡一样容易了。我的身子站得像柴桩一样稳，我举竿的手臂就像树木的枯枝；虽然天地很大，万物繁杂于前，而我只注意蝉的翅膀，从不思前想后、左顾右盼，绝不因纷繁的万物而改变对蝉翼的注意，又怎么可能不成功！"

孔子转身对弟子们说："心志专一，聚精会神，恐怕说的就是这位驼背的老人吧！"

这则寓言中，不管是日常练习还是实际操作时，最要紧的都是心志专一、聚精会神。

纪渻(shěng)子替王驯养斗鸡。过了十天，王问："鸡驯好了吗？"纪渻子回答："没有，现在这些鸡还很虚浮骄躁，盛气凌人。"又过了十天，王再问好了没。回答说："不行，现在这鸡听见响声、看见影子还有反应。"十天后王又问，回答说："还是不行，现在这些鸡还是目光犀利、气势汹汹。"十天后再问，回答说："差不多了。现在即使别的鸡打鸣，这些鸡也不会有什么动静，看上去就像木鸡一样，它们在精神上完全准备好了，已经没有鸡敢于应战，看见它们只会掉头就跑。"

这就是"呆若木鸡"的由来。斗鸡靠的不是气势和气力，而靠发呆，虽然有点神神叨叨的，不过寓意还是清楚的，似乎金大侠的小说中也有许多这样的高手，如"扫地僧"就是一个。

除了这三则寓言外，还有好几个故事，讲的都是同一个道理。如赌博的人，用瓦片赌的时候心思很灵巧，用带钩赌就心生忌惮，换作黄金就晕头转向了。还有像木匠梓庆、工倕，干活前要先斋戒，忘掉赏赐、忘掉自己、忘掉旁人的评价，凝神屏气，才能创作出惊鬼神的作品。

这些寓言确实和《庖丁解牛》有点类似，所以得出"养生的关键在于全神"的观点也不奇怪。但还有几则寓言似乎就不是一回事了：

东野稷因为善于驾车，被鲁庄公召见。他驾车时能够做到进退都在同一条直线上，左右回旋像圆规画的圆一样完美，庄公认为画出来的花纹也比不上，于是就让他转一百个圈后再回去（比赛）。

颜阖恰好遇上了这件事，入内会见庄公时就说："东野稷的马一定会失败。"庄公一声不吭。过了一会儿，东野稷果然失败而回。庄公问颜阖："你怎么知道肯定会失败呢？"颜阖回答说："东野稷的马力气已经用尽，还要去求胜，必败无疑。"

东野稷不知道什么地方得罪了鲁庄公，庄公明显给他挖了个坑，没事让人转一百个圈干什么，分明就是想让他输。颜阖说东野稷必败时，庄公的态度是一声不吭，说明他心里是明白的，后面的提问只是假惺惺地做个样子罢了。但是这则寓言好像跟"全神"没什么关系，相反，好像是告诉我们，体力（身体）才是决定性的因素，相比于体力这个硬件，驾车技术这个软件并不起决定作用啊！

再看另外一则：

主持宗庙祭祀的官吏穿上黑色礼服来到猪圈边，对着栅栏里的猪说："你为什么要害怕死亡呢？我要好好喂养你三个月，然后为你上戒十天，作斋三天，再铺上漂亮白茅杀了你，把你的肩胛和臀部放在雕花的祭器上祭祀，你愿意这样吗？"

如果我们替猪着想，肯定是说还不如吃着谷糠和酒糟、关在猪圈里呢，好歹不用死。但我们谋划自己的生活时，却希望活着时吃好穿好，享尽富贵荣华，死后能装在雕花柩车里，被一群低头弯腰的人围着，如果有这样的机会肯定是要去争取的。替猪着想就说不要这样，为自己打算时又说要这样，那么，人和猪究竟有什么不同呢？难道人还不如猪吗？

活着时富贵荣华，死后装在绘花柩车和棺椁（guǒ）之中，很大程度上属于"精神"的范畴，与生命相比，好像确实是生命更重要。那么，问题来了，"养生"，或者说"生命的真谛（第三章说过"养生主"其实就是人生观）"到底在于"精神"还是"身体（形）"呢？有点闹不清楚了？

幸好还有另一则寓言：

田开之拜见周威公，威公说："我听说祝肾在学习养生，你跟祝肾一起游学，从他那儿也听到了些什么吧？"田开之说："我就拿着扫帚干些打扫卫生和侍应门庭的活，又能从先生那里听到什么呢！"

威公说："先生不要谦让，我希望听你说一下。"

田开之说："听先生说：'善于养生的人，就像牧羊人一样，看见掉到后面的羊就用鞭子赶它上前。'"

威公问："这话是什么意思呢？"

田开之说："鲁国有个叫单豹的人，住在岩穴里，喝着山泉水，不跟任何人争利，活到七十岁面容还和婴儿一样。不幸的是，他遇到了饿虎，被吃掉。另外有一个叫做张毅的，不管是高门甲第还是挂着草席当门的贫寒人家，无不前去拜望、结交，但他只活到四十岁便因患内热病死去了。单豹注重修养内心，可是老虎吞食了他的身体；张毅善于处理外部人际关系，但是疾病攻击了他的内心。这两个人，都不能像牧羊人一样，鞭策自己落后的那一方面。所以孔子说：'既不要躲进荒山野岭把自己藏起来，也不要突出到世俗之中让自己显露出来，而要像枯木一样站立在两者中间。倘若达到了第三种境界，必定能获得最高的名声。'"

这样看来，道家并不只注重"全神"，对"形"也同样看重，哪一方面落后都不行；而且"形"还不只指"形体、身体"，甚至还包括"人际关系"。真正的高手是"形全精复"，身体、外部关系与内在的精神同时处于完美的状态，才能"与天为一"。这其实也是本章开篇就明确表述的内容：

懂得生命真谛的人，不会去从事人生没必要做的事；懂得命运真谛的人，不会去从事个人智力和能力奈何不了的事情。养"形"必须得有一定的物质条件，但在物质条件富足的情况下，"形"不能养的情况也是有的。让生命延续下去离不开"形"，但是"形"还存在、生命却已经结束的情况也是有的。生命的来临无法拒绝，生命的离去也无法挽留（所以"形"也不是你想养就能养的）。

可悲的是，世人都认为养"形"就能够让生命延续下去。（他们会说，）如果养"形"并不足以让生命延续下去，那么，世间还有什么事情是值得去做的呢！可是，即使你认为世间的事情都不值得去做，却还是不得不去做，因为养"形"是人生不能避免的事。

这一段论述的恰恰是"身体、外部关系（形）"的重要性，当然，道家一直是反对"以身为形役"的，而避免"形体"过分劳顿的途径还是"全神"：

想要避免"形"过分劳顿，不得不一天到晚修修补补的，莫过于忘掉一些世俗之事。忘掉这些不相干的事，就不会那么累；没有了这些牵绊，内心也就中正平和；保持内心的中正平和，就会和造物者一起创造新的人生，最终会越来越接近人生的真谛。世事有什么值得放弃，人生又有什么值得割舍？（意为不用恋恋不舍。）放弃不必要的俗事，那么就不会"劳形"；放弃对人生意义的不正确认识，就不会"伤神"；"形全"且"精复（回归）"，就能"与天为一"。

所以，形全、神也全，才是"养生"的要旨，才是人生的真谛，哪一方面落后了都得拿鞭子抽打着赶上。有个朋友有句名言："养生是为了挥霍。"这话虽然看上去有点玩世的意味，但似乎也是试图在"形"与"神"之间辟出一条小路来，也许有一天稍微拓宽一下就成了大"道"。

达生之情者①，不务生之所无以为②；达命之情者③，不务知之所无奈何④。养形必先之以物⑤，物有余而形不养者有之矣；有生必先无离形⑥，形不离而生亡者有之矣。生之来不能却⑦，其去不能止。悲夫！世之人以为养形足以存生；而养形果不足以存生，则世奚足为哉⑧！虽不足为而不可不为者，其为不免矣⑨。

①达：通达。生：生命、人生。情：实情、实际。 ②务：致力，从事。无以为：不值得做（的事）。 ③达命之情：与上文的"达生之情"互文，意为懂得人生与命运的真谛。 ④知：指智力。无奈何：奈何不了，无法解决。 ⑤养形：指养活形体（身体）。以：用、依靠。 ⑥有生：生命存在。有，存现动词，存在。离形：离开形体（身体）。 ⑦却：拒绝。 ⑧奚足为：何足为，有什么是值得做的。 ⑨其为不免：指养"形"也是人生不能避免的事，否则生命就难以维持下去。

夫欲免为形者①，莫如弃世②。弃世则无累，无累则正平③，正平则与彼更生④，更生则几矣⑤。事奚足弃则生奚足遗⑥？弃世则形不劳，遗生则精不亏。夫形全精复⑦，与天为一⑧。

①免为形：避免为了形体而操劳。 ②弃世：忘掉人世之事。③正平：内心中正平和。 ④彼：指造物者。更生：创造新的人生。更，更新、改变。 ⑤几：差不多，指差不多达到了理想的境界。 ⑥奚：疑问代词，什么。足：值得。遗：舍弃。 ⑦形：外在的形体。全：完整、完备。精：内在的精神。复：回归，还原。 ⑧一：统一，指因符合自然规律而与天同寿。

仲尼适楚①，出于林中，见痀偻者承蜩②，犹掇之也③。

①适：往，到。 ②痀偻（gōulóu）：驼背。承蜩（tiáo）：在竹竿顶部涂上黏胶粘蝉。承，粘。蜩，蝉。 ③掇：拾，捡。

仲尼曰："子巧乎！有道邪①？"曰："我有道也。五六月累丸二而不坠②，则失者锱铢③；累三而不坠，则失者十一④；累五而不坠，犹掇之也。吾处身也⑤，若厥株拘⑥；吾执臂也⑦，若槁木之枝；虽天地之大，万物之多，而唯蜩翼之知⑧。吾不反不侧⑨，不以万物易蜩之翼⑩，何为而不得！"

① 道：技巧，方法。　② 累：垒，叠。　③ 锱铢：古代重量单位，六铢为一锱，四锱为一两。这里形容很少。　④ 十一：十次中失手一次。⑤ 处身：立定身体。　⑥ 厥：通"橛"，竖。株：树桩。拘：通"枸"，树根。⑦ 执臂：举起手臂。　⑧ 唯蜩翼之知：即"唯知蜩翼"，只关注蝉的翅膀。　⑨ 不反不侧：形容专心致志，心无杂念。反侧，指翻来覆去，转动身体。　⑩ 易：交换、转移。指不因为别的东西而转移对蝉的注意力。

孔子顾谓弟子曰："用志不分①，乃凝于神②，其痀偻丈人之谓乎③！"

① 用志：即用心，集中注意力。　② 乃：于是，就。凝于神：精神高度集中。凝，聚集，集中。　③ 丈人：对老人的尊称。

田开之见周威公①。威公曰："吾闻祝肾学生②，吾子与祝肾游，亦何闻焉？"田开之曰："开之操拔篲以侍门庭③，亦何闻于夫子！"威公曰："田子无让④，寡人愿闻之。"开之曰："闻之夫子曰：'善养生者，若牧羊然，视其后者而鞭之⑤。'"

① 田开之：姓田，名开之。具体不详。　② 祝肾：人名。学：学习，修炼。生：养生。　③ 拔篲（huì）：扫帚。侍：侍应。　④ 让：推辞、谦让。　⑤ 后者：落在后面的羊。下文指落后的某一方面，相当于"短板"。

威公曰："何谓也？"田开之曰："鲁有单豹者①，岩居而水饮，不与民共利②，行年七十而犹有婴儿之色；不幸遇饿虎，饿虎杀而食之。有张毅者③，高门县薄④，无不走也⑤，行年四十而有内热之病以死。豹养其内而虎食其外⑥，毅养其外而病攻其内⑦，此二子者，皆不鞭其后者也。仲尼曰：'无入而藏⑧，无出而阳⑨，柴立其中央⑩。三者若得⑪，其名必极。'"

① **单豹**：人名，鲁国隐者。　② **共利**：共享利益，指争利。　③ **张毅**：人名，鲁人。　④ **高门**：富贵之家。**县薄**：挂着草席当门，指贫寒之家。县，同"悬"。薄，草席。　⑤ **走**：奔走，指结交。　⑥ **养其内**：修养其内在的精神。　⑦ **养其外**：结合文意，应该是指致力于处理外部关系。　⑧ **入而藏**：进入深山之中深藏起来，指隐居。　⑨ **出**：出世。**阳**：显露、张扬。⑩ **柴立**：像枯木一般站着。柴，枯木。　⑪ **三者**：上述的第三种情况。

祝宗人玄端以临牢策①，说彘曰②："汝奚恶死？吾将三月豢汝③，十日戒，三日齐④，藉白茅⑤，加汝肩尻乎雕俎之上⑥，则汝为之乎？"为彘谋⑦，曰不如食以糠糟而错之牢策之中⑧，自为谋，则苟生有轩冕之尊⑨，死得于腞楯之上、聚偻之中则为之⑩。为彘谋则去之，自为谋则取之，所异彘者何也？

① **祝宗人**：掌管祭祀祝祷的官员。**玄端**：祭祀穿的祭服。玄，黑色。**牢策**：猪栏，猪圈。　② **说**：劝说。**彘**（zhì）：猪。　③ **豢**（huàn）：饲养。　④ **齐**：通"斋"。　⑤ **藉白茅**：铺上白茅草。藉，通"席"。　⑥ **肩**：前腿。**尻**（kāo）：臀部。**雕俎**（zǔ）：雕花的俎。俎，祭祀时盛肉的礼器。　⑦ **谋**：考虑。⑧ **错**：通"措"，置身。　⑨ **苟**：如果。　⑩ **腞楯**（zhuànshǔn）：有画饰的殡车。**聚偻**：一群人弯腰围着。偻，弯腰。

桓公田于泽①，管仲御②，见鬼焉。公抚管仲之手曰："仲父何见③？"对曰："臣无所见。"公反，诶诒为病④，数日不出。齐士有皇子告敖者曰⑤："公则自伤，鬼恶能伤公！"

① **田**：田猎，围猎。**泽**：沼泽。　② **御**：驾车。　③ **仲父**：齐桓公对管仲的尊称。　④ **诶诒**（xīyí）：神魂不宁而呓语，自言自语。　⑤ **皇子告敖**：复姓皇子，字告敖，齐之贤士。

桓公曰："然则有鬼乎①？"曰："有。沈有履②，灶有髻③，户内之烦壤④，雷霆处之。东北方之下者⑤，倍阿鲑蠪跃之；西北方之下者，则泆阳处之⑥。水有罔象⑦，丘有峷⑧，山有夔⑨，野有彷徨⑩，泽有委蛇。"公曰："请问委蛇之状何如？"皇子曰："委蛇，其大如毂⑪，其长如辕⑫，紫衣而朱冠。其为物也，恶闻雷车之声⑬，则捧其首而立。见之者殆乎霸⑭。"

① **然则**：既然这样，那么。 ② **沈**：污水聚积之处。**履**：同下面的髻（jì）、雷霆、倍阿、鲑蠪（guīlóng）都是鬼名。 ③ **灶**：灶堂。 ④ **烦壤**：打扫房间积下的灰尘垃圾等。 ⑤ **东北方之下**：住宅东北墙下。 ⑥ **泆（yì）阳**：神名，豹头马尾。 ⑦ **罔象**：又作无伤，水神名，状如小儿，黑色、赤衣、大耳、长臂。 ⑧ **峷（shēn）**：怪兽，状如狗，有角，身上有五彩花纹。 ⑨ **夔（kuí）**：一足兽。 ⑩ **彷徨**：又作方皇，状如蛇，两头，身有五彩花纹。 ⑪ **毂（gǔ）**：车轮。 ⑫ **辕**：车辕。 ⑬ **恶（wū）闻**：讨厌听到。恶，讨厌。**雷车**：车轮响声如雷，故名雷车。 ⑭ **殆**：表推测，相当于"大概""几乎"。**霸**：动词，称霸。

桓公觥然而笑曰①："此寡人之所见者也。"于是正衣冠与之坐，不终日而不知病之去也。

① **觥（zhěn）然**：欢笑的样子。

纪渻子为王养斗鸡①。十日而问："鸡已乎②？"曰："未也。方虚憍而恃气③。"十日又问，曰："未也。犹应向景④。"十日又问，曰："未也。犹疾视而盛气⑤。"十日又问，曰："几矣⑥。鸡虽有鸣者，已无变矣⑦，望之似木鸡矣，其德全矣⑧，异鸡无敢应者⑨，反走矣⑩。"

① **纪渻（shěng）子**：姓纪，名渻子。**王**：应为齐王。纪国为齐所灭，纪渻子有可能在齐国供职，斗鸡在齐国最为盛行。 ② **已**：完成，完毕。 ③ **方**：正在。**虚憍**：狂妄骄纵。憍，通"骄"。**恃气**：凭意气。 ④ **犹**：还。**应**：反应。**向**：通"响"。**景**：影子。 ⑤ **疾视**：目光敏锐。**盛气**：气势高昂。 ⑥ **几矣**：差不多。 ⑦ **无变**：神态没有改变，指没有反应。 ⑧ **德全**：精神上完全准备好了。 ⑨ **异鸡**：其他的鸡。**应**：应战，对敌。 ⑩ **反走**：掉头就跑。反，同"返"。

东野稷以御见庄公①，进退中绳②，左右旋中规③。庄公以为文弗过也④，使之钩百而反⑤。颜阖遇之⑥，入见曰："稷之马将败。"

公密而不应 ⑦。少焉，果败而反。公曰："子何以知之？"曰："其马力竭矣，而犹求焉 ⑧，故曰败。"

①**东野稷**：复姓东野，名稷，善于驾车。**以**：因为。**御**：驾车。 ②**中**(zhòng)：合乎。**绳**：墨斗线。 ③**旋**：旋转。**规**：圆规。 ④**文**：墨斗和圆规画出来的花纹。 ⑤**钩百**：让东野稷驾车兜一百个圈。**反**：回去。联系下文，应该是回到赛场上。 ⑥**颜阖**：鲁之贤人。 ⑦**密**：紧闭着嘴巴。 ⑧**求**：求胜。

第二十章

用燕子的大智慧，去战胜残酷的丛林法则

——读《山木》

　　庄子在雕陵的边缘游玩，看见一只奇怪的鸟从南方飞来，展翅七尺、目大盈寸，擦着庄子的额头飞过，停歇在栗树林里。庄子说："这是什么鸟呀？翅膀那么大却飞不远，眼睛那么大却看不见人。"于是撩起衣裳跃步上前，紧握弹弓留心寻找下手的机会。这时只见有一只蝉，刚找到一处浓密的树荫休息，却忘了隐藏自己的身体；于是就有一只螳螂躲在角落中准备来捕蝉，眼看着就要得手，一得意也忘了隐藏自己的形体；那只怪鸟就紧随着准备坐收渔翁之利。只看到眼前利益的怪鸟，同样忘记了自己所处的真实环境。

　　庄子吓了一跳："啊，真是太可怕了！世上的事物原本就是这样互相牵累，两种事物之间，总是因为利益关系而互相招致攻讦。"

　　惊出了一身冷汗的庄子赶紧扔掉弹弓掉头就跑。可是已经晚了，看守栗园的人发现了这个正在逃跑的闯入者，一边拼命追赶，一边

破口大骂。

这就是著名的"螳螂捕蝉、黄雀在后"的故事。不只黄雀，后面还有弹弓，拿弹弓的人又被管园子的人追得落荒而逃。这就是所谓的"丛林法则"，自然界中物竞天择、适者生存、优胜劣汰、弱肉强食的规律。生存资源的有限性，决定了生存和繁衍必须建立在你死我活的竞争之上，实力不够的只好被淘汰，成为上一级生物的口中餐。想要在这个竞争激烈的世界生存下来，可不是一件容易的事。

最好能够找到一处合适的藏身之地：

魏王（梁惠王）你难道唯独没有见过那跳跃的猿猴吗？当它生活在楠、梓、豫章这样高大的树林里时，可以抓住藤蔓和树枝自由来往，因而能够在大森林里称王称霸，即使是羿和逢蒙这样的神射手也不敢小看它们。等到它们生活在柘树、荆棘、枳枸这样的灌木刺蓬中时，就会战战兢兢、东张西望，因为恐惧而震颤发抖。这不是因为它们的筋骨紧张僵硬不再灵活，而是因为所处的环境很不适宜，有本事也施展不出来。如今处于昏君乱臣的时代，要想不身心俱惫，怎么可能啊？

不幸的是，我们很少有机会能够生活在一个美好的世界里，一般都需要在丛林之中小心翼翼、苦苦挣扎。而这个时候，你所拥有的"才能"，不仅不能保护你，反而可能会招致杀身之祸：

肥胖的狐狸和漂亮的豹子，栖息在深山老林之中，潜伏于岩穴山洞，很沉得住气，耐得住寂寞，这是心静；昼伏夜出，很小心、很谨慎，这是警惕；即使饥渴难耐，瘦成一把骨头了，还是很小心地浪迹在江湖之上找点吃的，这是坚定。即使这样，还是不能免于掉入罗网和机关。他们有什么过错呢？还不是因为漂亮的皮毛带来了灾祸。

所谓"匹夫无罪，怀玉其罪"，虽然是在深山老林之中，因为拥有一身漂亮皮毛，即使非常小心谨慎，也难免落入人家精心埋设的罗网之中。看来在山林之中生存，最好能有个伪装色，实在没有，也不要长一身丰厚的毛皮，免得因为对人"有用"而时刻被惦记着。

那么，"无用"是不是就安全了呢？

庄子行于山中，见大木，枝叶盛茂，伐木者止其旁而不取（砍伐）也。问其故，曰："无所可用。"庄子曰："此木以不材得终其天年。"夫子出于山，舍于故人之家。故人喜，命竖子（孩子）杀雁（鹅）而烹之。竖子请曰："其一能鸣，其一不能鸣，请奚杀？"主人曰："杀不能鸣者。"

大树因为"无用"保全了自己，而鹅却因为"无用"被杀了，为什么会这样呢？因为许多时候评判"外物"的标准是主观的，从不同的需要出发，不同的人会有不同的标准，不同的时候也会有不同的标准：

大木不材

阳子之宋，宿于逆旅。逆旅人有妾二人，其一人美，其一人恶（wù，丑陋），恶者贵（地位高）而美者贱。阳子问其故，逆旅小子对曰："其美者自美，吾不知其美也；其恶者自恶，吾不知其恶也。"

按照一般人的标准，长得漂亮的应该会更受待见，但在旅店的经营者眼里，手脚勤快、心思精明要比漂亮重要得多，漂亮的只负责貌美如花，丑陋的却能赚钱养家，你说谁更重要，谁更"有用"？

所以"有用无用"本来就是一个很不确定的标准，单纯的"无用"也不一定就能在这个世界上生存下来。

生存还是毁灭，古今中外都是一个问题，套用一个常用的表达句式，"哈姆雷特比庄子晚了2000年"。

许多人认为庄子给出了处于"有用"与"无用"之间的答案，但其实庄子的原话是这样子的：

庄子笑曰："周将处乎材与不材之间。材与不材之间，似之而非也，故未免乎累，若夫乘道德而浮游则不然。"

庄子确实说了"将处乎材与不材之间"，但同时也说了，"材与不材之间"看上去似乎可以解决生存还是死亡这个问题，其实不是的，因为不管是"有用"还是"无用"，都不免会被这个"有用或无用"牵累。

正确的答案是紧接下去的那句话："乘道德而浮游。"

那如果凭借"道德"浮游在这个世界上，就不一样了。这样固然不会有赞誉，但也没有了毁谤；有时如龙腾飞于天，有时如蛇蛰伏于地，随时间和外部世界一起变化，从不只盯着一个方向不肯改变。有时进取、有时退让，以适中、恰到好处为标准。既不沉入水中，又不离开水面，这种"浮游"的状态，是万物的自然状态、初始状态。把外物都当作物，让其为自己所用；但绝对不让外物把自己当成了"物"（指受到外物的拘束）。如此，又怎么会因为外物而累成狗呢？这就是神农、黄帝的处世法则。

如果你以万物挣扎于世、人与人口口相传的所谓"情理"为准则，那就和上面说的不一样了。正如有合必有分，成功了必会招致毁谤，方正耿介必会招致打击，地位尊显必会有人说好有人说坏；有所作为就会有所亏欠，有财就会招来算计，无能就会受到欺侮，怎么可以死心眼执着于任何一个方向呢！人生在世是很可悲的！弟子们，记住了，只有向着"道德"前进这一条路啊！

"乘道德而浮游"，是一个很抽象的概念，很难理解。不过其实也不麻烦，"乘"是个动词，"道德"就相当于一艘船，"乘"着这艘船浮游在人世间，那只要弄明白"道德"是怎样的一艘船就行了。

到底是怎样一艘船呢？仔细找一找，文中也有说明：

好多船挤在一起渡河，有一只空无一人的船漂过来碰到了自己的船，这时，哪怕是心胸再狭窄的人，也不会生气；但如果有一个人站在漂过来的船上，那就不一样了，就会大呼小叫的让他缩回去，叫一次听不见，叫两次还听不见，第三次叫的时候，肯定就是恶语相向了。为什么前面不生气现在却生气了？因为前面船上没人，现在有人了啊。所以如果一个人能够清空自己的欲望，像一条空船浮游在这个世界上，谁又能加害于他！

联系这一段文字，"乘道德而浮游"的意思就很明白了：虚己，清空自己的欲望，也就是"纯纯"；一切按照客观规律来，也就是"常常"。

这一篇的主旨基本就是如此，不过这一篇最出名的，似乎还是"庄周的燕子"：

孔子被围困在陈国和蔡国之间，已经七天没能吃上热饭了。太公任（后文说此人以大钩巨纶钓于东海）去慰问孔子："你快要饿死了吧？"孔子说："是的。"太公任又问："你讨厌死吗？"孔子回答："是的。"

太公任说："我曾经说过不死的方法。东海有一种鸟，它的名字叫意怠（燕子）。意怠这种鸟啊，慢条斯理的好像没什么本领；三五成群地结伴而飞，肩并肩挤在一起栖于树枝；前进时不敢飞在最前面，后退时不敢落在最后面；吃东西时不敢先动嘴，总是吃别人剩下的，所以在群体中不会受排斥，外人也终究无法加害于他，因此能够免于祸患。笔直的树木因为有用而先被砍伐，甘甜的井水因为好喝而先被淘竭。你出来游历列国的本意就是粉饰自己的才智，让普通人惊讶于你的博学；以自身高洁的修养展现别人的浊秽，大模大样地炫耀自己，好像带着日月的光辉行游于世，所以总不能免于灾祸。看看，这不是被围在这里挨饿了吗？

"我从前听真正品德高尚的人说过，自我夸耀的人无法成就功业；功成名就的人一不小心就会被败坏、受损害。谁能够舍弃功名，回到普通人的道路上？高尚的品德流被于世，却从不赤裸裸地表现出高傲的样子；高尚的德行值得所有人效仿，却从不想着如何获得一个好名声。由于他坚定地保持心志单纯、坚持举止合乎规则，许多时候甚至是被当成'癫狂'来看待的。尽量减少自己留存于世上的痕迹，抹掉曾经被人熟知的形貌，从不以功名为念，这样就不会去苛责他人，别人也不会苛责于他。真正品行高洁的人从不求闻名于世，你为什么偏偏喜欢四处乱窜，专业说教，试图博取盛名呢？难怪你会沦落到这个份上啊！"

孔子说："好啊好啊！"于是辞别朋友，遣散弟子，逃到山泽之中，穿兽皮麻布，吃野果松子，这样进入兽群不会引起混乱，进入鸟群不会引起慌张。既然鸟兽都不讨厌他，更何况是人呢！

庄子与孔子定是前世的冤家，在阐述燕子为什么能够战胜丛林法则、优游于这个世界时，还要腾出手来讥讽孔子游历诸国只不过是为了博取盛名。这则寓言的结尾也很有趣，居然不惜让孔子成为"野人"来印证自己的主张。

孔子被围于陈蔡之间"七日不火食"这件糗事，一有机会就被拿出来念叨。本篇更过分，居然在另一则寓言中又渲染了一次，内容大同小异，不过对话的双方换成了孔子和颜回，关于燕子的智慧也由孔子自己来表述了：

鸟莫知于鹢鸸（燕子），目之所不宜处，不给视，虽落其实，弃之而走。其畏人也，而袭（飞来飞去）诸人间，社稷（指赖以生存和种族延续的鸟巢）存焉尔。

不该看的东西坚决不看，嘴里掉下来的食物也坚决不回去捡，燕子其实是怕人的，却在人间飞来飞去，还把自己的鸟巢筑在了屋檐下。

世界是被"丛林法则"控制的，所以鸟兽都怕人，都巢居深山、高树以免被伤害。但从前面的叙述中，可以看出，不管是"有用"还是"无用"，哪怕是躲在深山中也不免被拉出来示众。但是燕子很特殊，它就住在人家的屋檐下，却没人去害它。有一句话是这么说的："天上飞的只有飞机不吃。"其实，还有燕子也是不吃的。燕子的叫声也很好听，却没有被关到笼子里，相反在某种程度上还是一种神化了的动物。燕子在丛林世界中能够独善其身，算得上是"乘道德而浮游"的典范了，这确实是很不容易的。有人据此总结出燕子有处世的大智慧，并且对文中没有表述清楚的"大智慧"进行了概括总结：

第一是于人无害。燕子不像老鹰一样伤害小鸡，也不像麻雀一样啄食园子里的菜、田里的谷子。自私是人的本性，所以对来自外部的伤害很抵触。麻雀老是偷吃，因此被大量捕杀，当年的"麻雀战"，差点搞得种族灭绝。后来尽管多次平反昭雪，但要登堂入室，还是一个不可能完成的任务，其实这还是麻雀自己给害的。

第二是充分信任。人往往多疑，不善于信任别人，正因为如此，人又特别需要别人的信任。燕子和麻雀都将自己最脆弱的那一环——巢及蛋放到了人居住的屋檐下，麻雀的巢就被捣毁，蛋被顽童掏吃，而燕子却不会遭受如此的厄运，这是因为燕子对人的信任是一种彻底的信任。麻雀进进出出表现得很小心，鬼鬼祟祟，骨子里表现出一种不信任，这种做法容易激怒人。燕子掠过柳枝、登堂入室的时候总是很从容，没有任何一种鸟敢于这样信任人类。于是人被感动，像从人海中找到一个相知的朋友一样对待燕子，就差不能同燕子握手拥抱。

第三是把握距离。这是燕子的核心智慧。人类是一种你不能离他太远、又不能离他太近的动物。比如珍禽猛兽害怕人，躲得远远的，人便结伙去深山猎捕它们，这是因为离人类太远。狗对人很忠诚，但它拼命摇尾巴还是讨不了好，这是因为离人类太近，近得没有了自己的家园。燕子知道，在人类的私生活领域求生存，在信任人的同时，要能够智慧地拉开同人类的距离。人能容忍它把巢建在屋檐下，却未必容得了它在人类生活空间里长时间的没大没小。因此它绝不嬉皮笑脸地落到人家的饭桌上、手上、肩上做亲昵状，它也能够在同人类的亲密接触中抽身出来，落到人类够不到的树枝上，保持自己的独立。它绝不惹人厌烦，刚刚有些厌烦燕子在堂屋里飞进飞出、小乳燕求食时叽叽喳喳，正考虑要不要借题发挥，燕子却在此时搬走了。于是人的所有怒火平息了，又怀想起燕子的种种好处来。过了几个月，人已经开始思念燕子了，燕子也就在这个时候又回来了。燕子巧妙地循着人类情绪的起落安排自己生活的节律。只有燕子看懂了人类，摸透了人类的脾气，既亲近人又不受人控制，保持自己精神的独立，于是人便像敬神一样敬燕子。

归根到底，其实是通过燕子的生存哲学剖析了人性的弱点，而燕子的生活习性恰恰符合了人性的需要。这样看来，要在这个丛林世界里生存下来，关键还是对人性要有清醒、清楚的认识。

　　若夫乘道德而浮游则不然^①，无誉无訾^②，一龙一蛇，与时俱化^③，而无肯专为^④；一上一下，以和为量^⑤，浮游乎万物之祖，物物而不物于物^⑥，则胡可得而累邪^⑦！此神农、黄帝之法则也。若夫万物之情、人伦之传则不然^⑧。合则离，成则毁^⑨；廉则挫^⑩，尊则议^⑪，有为则亏，贤则谋^⑫，不肖则欺^⑬，胡可得而必乎哉^⑭！悲夫！弟子志之^⑮，其唯道德之乡乎^⑯！"

　　①乘：凭持，倚仗。浮游：漫游。然：代词，这样。　②訾（zǐ）：毁谤，非议。　③与时俱化：和时间、客观世界一起发展变化。　④专为：固执于同一件事。　⑤以和为量：以适中、恰到好处为标准。和，恰到好处。量，度量，标准。　⑥物物：意思就是"把物当作物"。前一个是名词的意动用法，意为"以……为物"；后一个是名词。不物于物：不被"物"把自己当成了"物"。　⑦胡：疑问代词，什么。累：牵累、拖累。　⑧情：（万物生存的）情理。人伦：人世间的伦理、规则。传：传袭，传习。　⑨成：完成，成功。　⑩廉：棱角分明，喻品行端方，有气节。挫：同"锉"。　⑪议：评议是非。　⑫贤：多财。　⑬不肖：不成材，不正派。　⑭得：（按一定的标准）做事。必：一定，坚持于某一件事。　⑮志：记住。　⑯乡：通"向"。

　　夫丰狐文豹^①，栖于山林，伏于岩穴，静也^②；夜行昼居，戒也^③；虽饥渴隐约^④，犹且胥疏于江湖之上而求食焉^⑤，定也^⑥；然且不免于罔罗机辟之患^⑦。是何罪之有哉？其皮为之灾也^⑧。

　　①丰：丰满、肥胖。文："纹"的本字，指皮毛花纹漂亮。　②静：安静，冷静。　③戒：警戒，戒备。　④隐约：这里指消瘦。　⑤胥（xū）疏：远离人群。　⑥定：内心坚定。　⑦罔（wǎng）：古同"网"，罗网。机辟（pì）：亦作"机臂"，捕捉鸟兽的工具。　⑧灾：伤害，使受灾害。

　　方舟而济于河^①，有虚船来触舟^②，虽有惼心之人不怒^③，有一人在其上，则呼张歙之④，一呼而不闻，再呼而不闻，于是三呼邪，则必以恶声随之。向也不怒而今也怒⑤，向也虚而今也实。人能虚己以游世⑥，其孰能害之！

①方：并排。济：渡河。　②虚：空。　③偏（biǎn）：同"褊"，心胸狭隘。　④呼张：大呼小叫。歙（xī）：通"翕"，指让船退回去。　⑤向：过去，往昔，刚才。　⑥虚己：清空自己的欲望。

孔子围于陈蔡之间，七日不火食①。

①火食：与"寒食"相对，热的食物。

大公任往吊之曰①："子几死乎？"曰："然"。"子恶死乎？"曰："然。"

①大公任：似乎就是后面《外物》篇中的任公子。吊：慰问。

任曰："予尝言不死之道。东海有鸟焉，其名曰意怠①。其为鸟也，翂翂翐翐②，而似无能；引援而飞③，迫胁而栖④，进不敢为前，退不敢为后；食不敢先尝，必取其绪⑤。是故其行列不斥⑥，而外人卒不得害⑦，是以免于患。直木先伐，甘井先竭。子其意者⑧，饰知以惊愚⑨，修身以明污⑩，昭昭乎若揭日月而行⑪，故不免也。昔吾闻之大成之人曰⑫：'自伐者无功⑬；功成者堕⑭，名成者亏⑮。'孰能去功与名而还与众人⑯！道流而不明居⑰，得行而不名处⑱；纯纯常常⑲，乃比于狂⑳；削迹捐势㉑，不为功名。是故无责于人㉒，人亦无责焉。至人不闻㉓，子何喜哉？"

①意怠（dài）：燕子的别名，也称"意而（ér）"。　②翂翂翐翐（fēnfēnzhìzhì）：形容鸟群舒缓地循序而飞。　③引援：谓援引伴侣，即和许多鸟一起飞。　④迫胁：胁下紧靠在一起，意为挤在一起。　⑤绪：余留的，遗留下来的。　⑥斥：排挤。　⑦卒：终究，终于。　⑧子其意者：你内心的真实愿望。者，表示判断。　⑨饰知：粉饰、表现自己的智慧。惊愚：使一般的百姓震惊。惊，使动用法，使震惊。　⑩明污：明示、反衬别人

用燕子的大智慧，去战胜残酷的丛林法则

的污浊。污,使动用法,使别人的污浊显露出来。 ⑪揭:高举。 ⑫大成:大的成就,指道德高尚。 ⑬自伐:自夸。 ⑭堕:损毁,败坏。 ⑮亏:损耗,损害。 ⑯还与:回到。 ⑰流:流传,意为因高明而成为榜样。居:通"倨",傲慢。 ⑱得行:指按照客观规律行事。得,同"德"。名处:即"处名",获得好名声。 ⑲纯纯:意为"以纯为纯",指把内心的纯粹作为处世的唯一标准。前一个"纯"是形容词意动用法。常常:意为"以常为常",即把客观规律作为行事的唯一标准。前一个"常"是名词的意动用法,后一个"常"是名词,指规则、规律。 ⑳比:等同。 ㉑削:去掉。迹:痕迹。捐:舍弃。势:自然界或物体的形貌。 ㉒责于人:苛责他人,与下文"人亦无责"相对。 ㉓闻:指闻名、闻达。

　　孔子曰:"善哉!"辞其交游,去其弟子,逃于大泽;衣裘褐①,食杼栗②;入兽不乱群,入鸟不乱行。鸟兽不恶,而况人乎!

　　①裘褐:粗布衣服。裘,皮衣。褐,麻布。 ②杼(zhù)栗:栎属的子实。

　　王独不见夫腾猿乎①?其得柟、梓、豫章也②,揽蔓其枝而王长其间③,虽羿、蓬蒙不能眄睨也④。及其得柘棘枳枸之间也⑤,危行侧视⑥,振动悼栗⑦,此筋骨非有加急而不柔也⑧,处势不便,未足以逞其能也⑨。今处昏上乱相之间⑩,而欲无惫⑪,奚可得邪?

　　①腾:跳跃。 ②柟:同"楠"。梓:梓树。豫章:古书上记载的一种树名,也有人说就是樟树。 ③王(wàng)长:"王""长"都是名词作动词,意为"称王称霸"。 ④羿:传说是夏代有穷国的君主,善于射箭,亦称"后羿""夷羿"。蓬蒙(pángméng):同"逢蒙"。逢蒙学射于羿,尽羿之道,思天下唯羿胜己,于是杀羿。眄睨(miǎnnì):斜着眼睛看,表示轻视。 ⑤柘(zhè):落叶灌木,可以养蚕。棘:荆棘。枳枸(zhǐgǒu):即"枳橘",长刺的像橘子的小树。 ⑥危行:小心翼翼地行走,类似于"危坐"。侧视:不敢正眼看人,意为胆小。 ⑦振动:同"震动",指内心惶恐。悼:恐惧。栗:战栗。 ⑧加:通"僵"。急:紧,紧缩。 ⑨逞其能:充分发挥才能。 ⑩上:指君主。相:国相,指臣子。 ⑪惫:疲乏,困顿。

　　庄周游于雕陵之樊①,睹一异鹊自南方来者,翼广七尺,目大运寸②，感周之颡而集于栗林③。庄周曰："此何鸟哉，翼殷不逝④，目大不睹？"蹇裳躩步⑤，执弹而留之⑥。睹一蝉，方得美荫而忘其身，螳蜋执翳而搏之⑦，见得而忘其形；异鹊从而利之⑧，见利而忘其真⑨。庄周怵然曰⑩："噫！物固相累⑪，二类相召也⑫！"捐弹而反走⑬，虞人逐而谇之⑭。

①樊：这里指边界。　②运：通"逾"，超过。　③感（hàn）：通"撼"，指翅膀碰到、掠过。颡（sǎng）：额头。　④殷：大。逝：远去。　⑤蹇（jiǎn）裳：提起衣裳。躩（jué）：跳跃。　⑥留：留意，留心。　⑦螳蜋（tángláng）：就是螳螂。翳（yì）：名词，起障蔽作用的东西。　⑧利：动词，侵占、谋利。　⑨真：一般认为与前面的"身、形"同义，指"身体"，似乎理解为"当时所处的真实环境"更恰当。　⑩怵（chù）然：惊惧的样子。　⑪累：忧患，祸害。　⑫召：招致。　⑬捐：舍弃。　⑭虞人：古代掌山泽苑囿之官。谇（suì）：责骂。

用燕子的大智慧，去战胜残酷的丛林法则

第二十一章

无奈世事几度秋凉，至少可以
坚守初心依旧

——读《田子方》

田子方，名无择，字子方，一个讲故事的魏国人。

田子方陪魏文侯坐而论道，多次称赞了豁工。魏文侯说："豁工是你的老师吗？"田子方说："不是，他是我的乡里人。他的行为符合'道'的要求，处事方法恰当，所以我要称赞他。"

文侯说："那你没有老师吗？"

子方说："有啊。"

"你的老师是谁呢？"

田子方说："我的老师姓东郭，名叫顺子。"

文侯说："那么你为什么从不曾称赞他呢？"

田子方说："我的老师为人纯真，相貌和平常人一样，心胸却像天空一般宽广，一切顺其自然，追求保持心境的纯真；内心明澈，能够容纳万物。外物的发生和发展看上去不符合'道'的时候，不会少见多怪，而是很认真地去感悟，想明白为什么会这样。尤其重要的是，他从不会试图让别人怎样怎样，也没有'改变别人'的心思。我有什么资格称赞他！"

田子方出去后，魏文侯怅然若失，整天不说话。最后叫过站在面前的臣子说："我们和德行完备的君子差距太大了！之前我总认为圣智之言、仁义之行是最高境界，听了田子方老师的为人处事之后，我全身松劲，什么都不想做，紧闭嘴巴，什么也不想说。原来我一直努力学习的榜样，只不过是些泥塑的菩萨而已！想想魏国也真是我的累赘啊！"

再来看另外一个故事：

楚国有一个复姓温伯、名叫雪子的要到齐国去，中途在鲁国歇宿。有个鲁国人请求拜见，温伯雪子说："不见。我听说中原所谓的君子，只在礼义上下功夫，却不懂人性，我不想见他们。"

温伯雪子从齐国返回的途中又在鲁国寄宿，这个人又来请见。温伯雪子说："去的时候要见我，现在回来又要见我，看来这个人一定是有些特别的东西足以提升我的境界。"于是出去见客，回来后感叹不已。

第二天温伯雪子再次会见了这个人，回来后还是感叹不已。仆人问道："每次见这个人，回来后就感叹，为什么呢？"温伯雪子说："先前我告诉你，'中原所谓的君子，只在礼义上下功夫，却不懂人性'。可我刚才见的这个人，举止进退都自成规矩，仪态从容却又龙盘虎踞，劝告我的时候像儿子那么诚恳，开导我的时候像父亲那么慈祥，因此才感叹不已。"

孔子见到温伯雪子后，一言不发。子路问："先生想会见温伯雪

无奈世事几度秋凉，至少可以坚守初心依旧

子已经很久了，现在见到了却不说话，为什么呢？"

孔子说："像这样的人，看一眼就知道是得道之人，也就不再需要言辞了。"

这两则故事，属于人物描写的典范，很有"庄子风"，对后世的影响很大，可以看出司马相如及汉赋都受了它的影响。

前一则故事，男主是东郭顺子，后一则干脆连名字也没有，只说是某一个"鲁人"。尽管正面描写主角的语句很少，却成功塑造了两个让人十分"神往"的人物形象，原因是因为采用了"侧面描写"的方法。通过描绘配角的言语行动，达到突出主要人物的目的，这就叫做"侧面描写"。侧面描写在很多时候比正面描写更让人信服，也更有感染力。《庄子》的特色则是"铺张的侧面描写"，通过调动大量的笔墨描写孔子与魏文侯、温伯雪子与�工这一大堆重量级配角的感受和感叹，来凸显主要人物。这种浓墨重彩的烘云托月延续下来，到了汉朝，就成了"大赋"的基本表现手法。

如果只看翻译，可能会感觉到语句有点拖沓，但是细读原文，却并没有什么多余的文字，只感觉一气呵成、气势不凡，不能不说文言确实有白话无法企及的高度。

本章共有十一个故事，主题基本一致，先来看一个比较简单的：

列御寇为伯昏无人表演射箭，只见他拉弓如满月，放杯水于手肘之上，发出的箭，前一支刚中靶，后一支又到了，前一支刚射出，后一支又搭上了弓弦。这个时候，列御寇就像木偶似的泰然不动。

伯昏无人说："你这是'射之射'，不是'不射之射'。如果我们一起登上高山，站在危崖之上，面对万丈深渊，你还能射箭吗？"

于是伯昏无人登上高山，站在危崖之上，临万丈深渊，然后背转身从容后退，直到一半脚掌悬空在悬崖之外，拱手请列御寇往前来。列御寇吓得匍伏在地，汗水直流到脚后跟。伯昏无人说："真正的高人，向上能到青天，向下能入黄泉，驰骋于宇宙八方，神情始终不变。现在你吓成这个样子，眼神和神志都不清楚了，你再想射中就太难了吧！"

所谓"射之射"，是指"为了射箭而射箭、运用技巧的射箭"。"为了射箭而射箭"当然要追求命中率和速度，提高命中率和速度的技巧则是"不动如山"，这方面列御寇已经超出常人很远了。但伯昏无人却提出"不射之射"，即"不是为了射箭的射箭、不依赖技巧的射箭"。真正的高手，不管外部环境如何变化，内心依然坚定如初；相比于身体，内心的"不动如山"才是最要紧的，直接被吓趴下了，再牛的技巧也是白搭。想当年荆轲刺秦的副手秦舞阳，十二岁就会杀人，在秦庭之上却吓得脸色煞白，帮不上一点忙。

再看这一则：

宋元公打算将宋国的山川地形画成图。国中的画师都赶来了，接受宋元公的敬礼之后，都很恭敬地站着还礼，有一半人接受任务之后，忙着舔笔调墨，且在门外探头探脑打探消息。有一位画师来晚了，还慢条斯理的，走快一点也不愿意。宋元公敬礼之后也不还礼，立刻就回到馆舍去了。派人去看，已经解开了衣襟、大咧咧地坐着（解衣盘礴）。宋元公说："行了，这是个真正画画的人。"

"盘礴"，意为叉开腿坐着，像个畚箕。"解衣盘礴"，后来成为中国画的一个术语，指画的意境豪放、不拘形迹，出典就在此处。但文中的原意和画风并无关系，而是用此人的"解衣盘礴"与其他画师的小心翼翼形成鲜明的对比，雇主的地位、任务的重大都不是什么事，和前面的故事一样，还是在于强调内心的沉静与坚定。

如果说前面这两则故事还不是十分直白，接下来的这个就更明确了：

楚文王与凡国国君坐在一起，不一会儿工夫，楚王的左右就说了很多次凡国灭亡的事。凡国国君说："凡国灭亡了，并不能让我心中的凡国也随之消失。既然凡国的灭亡不足以消灭凡国在我心中的存在，那么楚国的存在，也不足以保证它在人们心中的存在。这样看来，凡国永远不会灭亡，相反楚国可能从来就没有存在过。"

灭国容易，"诛心"太难。你可灭掉我的国，但你无法灭掉我的心。我们无法改变世事几度秋凉，但是可以坚守人生初心依旧，看上去似乎是"唯心主义"的无奈，但又何尝不是"沧海一声笑"的洒脱。

内心的坚定足以笑对世事的沧海桑田，所有的是非纷争都无法撼动。相比之下，许多的形式都只是一种"主义"的象征：

庄子拜见鲁哀公。哀公说："鲁国多儒士，很少有学习先生道学的。"庄子说："鲁国没几个儒士。"哀公说："整个鲁国的人都穿着儒士的服装，怎么能说少呢？"

庄子说："我听说，儒士戴圆帽，代表知晓天时；穿方鞋子，代表懂得地理；用五色丝带系玉玦，代表遇事决断。君子身怀如此学问，不一定要穿儒士的服装；穿着儒士服装的，不一定真的具有如此学问。你如果一定要认为不是这样，何不号令全国：'没有儒士的学问和本事，却穿着儒服的人，其罪当死！'"

于是哀公号令五天，鲁国没人敢再穿儒士服装，只有一个男子还穿着儒服站在哀公的朝门之外。鲁哀公立即召见并问以国事，无论问题怎样千转万变都能应对不穷。

庄子说："这么大的鲁国，只有一个儒者，能说多吗？"

服装，向来有表演的成分，峨冠博带尤甚。你看现在从"大师"到"养生"的，有谁不弄件对襟的麻绸大褂来披着？茶道美女不都爱穿个"青花瓷"？

这一章还有几则故事，说的都是同一个问题：

颜回跟在孔子后面亦步亦趋，却始终无法达到孔子的境界，是因为不明白形体是次要的，死亡也是次要的，最要紧的还是要"走心"。

"哀莫大于心死"，在这里也有一个"非典型"的解释。孔子见老子，老子也教育他不要关注外表与外物，而要"游心于物之初"。

"游心于物之初"，《华严经》中的说法是"三世一切诸如来，靡不护念初发心"；到了纳兰性德的诗里就是"人生若只如初见"；据说乔布斯帮主也说过"不改初心，方得始终（原文是 Stay hungry, stay foolish）"。最近微信鸡汤里的"愿你出走多年，归来还是少年"其实也就是这个意思。

不管世事如何变幻，都要保持初心，愿你归来还是少年。

原文选注

田子方侍坐于魏文侯①，数称谿工②。文侯曰："谿工，子之师耶？"子方曰："非也，无择之里人也③。称道数当④，故无择称之。"文侯曰："然则子无师邪？"子方曰："有。"曰："子之师谁邪？"子方曰："东郭顺子⑤。"文侯曰："然则夫子何故未尝称之？"子方曰："其为人也真，人貌而天虚⑥，缘而葆真⑦，清而容物⑧。物无道⑨，正容以悟之⑩，使人之意也消⑪。无择何足以称之？"

① **田子方**：姓田，名无择，字子方，魏文侯之师。**魏文侯**：名斯，战国初年魏国君主。　② **数**：多次。**称**：称赞。**谿工**：人名，魏的贤人。　③ **里人**：邻里、同乡之人。　④ **称**：符合，相当。**数**：道理，方法。**当**：恰当，合理。　⑤ **东郭顺子**：复姓东郭，名顺子，也有可能是名顺，子为尊称。　⑥ **天虚**：心胸像天空一样博大。　⑦ **缘**：沿着、顺着。**葆真**：保持心境的纯真。　⑧ **清**：内心明澈。**容物**：心胸宽广，容纳万物。　⑨ **物无道**：事物的发展不符合规律。　⑩ **正容**：容貌端正，比喻态度认真。**悟之**：领悟它（指"物无道"的原因）。　⑪ **使**：使唤，役使，支使。**意**：思想，心思。**消**：消除。

无奈世事几度秋凉，至少可以坚守初心依旧

子方出，文侯傥然①，终日不言，召前立臣而语之曰："远矣②，全德之君子③！始吾以圣知之言、仁义之行为至矣④，吾闻子方之师，吾形解而不欲动⑤，口钳而不欲言。吾所学者直土梗耳⑥，夫魏真为我累耳⑦！"

①傥（tǎng）然：恍惚的样子，若有所失的样子。　②远：差距大。③全德：德行完备。　④至：最好、最高、最大。　⑤形解：身体松弛。⑥直：只是。土梗：泥塑偶像，比喻轻贱无用。　⑦累：累赘。

温伯雪子适齐①，舍于鲁②。鲁人有请见之者，温伯雪子曰："不可。吾闻中国之君子，明乎礼义而陋于知人心③，吾不欲见也。"

①温伯雪子：人名，据说是楚国的得道者。适：去，往，到。　②舍：居住，休息。　③陋：知识浅薄。

至于齐，反舍于鲁，是人也又请见①。温伯雪子曰："往也蕲见我②，今也又蕲见我，是必有以振我也③。"出而见客，入而叹。明日见客，又入而叹。其仆曰："每见之客也④，必入而叹，何耶？"曰："吾固告子矣⑤：'中国之民，明乎礼义而陋乎知人心。'昔之见我者，进退一成规一成矩，从容一若龙一若虎⑥，其谏我也似子⑦，其道我也似父⑧，是以叹也。"

①是：代词，这。　②蕲（qí）：通"祈"，请求。　③振：启发，助长。　④之：代词，这。　⑤固：本来，原来。　⑥一成规一成矩、一若龙一若虎：互文，即"一成规矩"和"一若龙虎"。一，副词，都，一概。　⑦谏：劝谏。⑧道：同"导"，开导，教导。

仲尼见之而不言①。子路曰："吾子欲见温伯雪子久矣，见之而不言，何邪？"仲尼曰："若夫人者②，目击而道存矣③，亦不可以容声矣④。"

①之：代词，指伯温雪子。　②夫：代词，这，这个，这些。　③目击：一眼看上去。道存："道"存在于此人身上，意为得"道"之人。　④亦：也，

也就。**容声**：使用言语；说话。

庄子见鲁哀公[1]。哀公曰："鲁多儒士，少为先生方者[2]。"庄子曰："鲁少儒。"哀公曰："举鲁国而儒服[3]，何谓少乎？"

[1] **鲁哀公**：哀公为春秋末期人，庄子为战国中期人，相距一百多年。 [2] **方**：方术，指道家理论。 [3] **举**：全。

庄子曰："周闻之，儒者冠圜冠者[1]，知天时；履句屦者[2]，知地形[3]；缓佩玦者[4]，事至而断[5]。君子有其道者，未必为其服也；为其服者，未必知其道也。公固以为不然[6]，何不号于国中曰[7]：'无此道而为此服者，其罪死！'"

[1] **冠**：动词，戴。**圜冠**：圆形的帽子，也叫鹬（yù）冠。 [2] **履**：动词，穿。**句**（jǔ）：通"矩"，方形。**屦**（jù）：葛、麻制成的单底鞋，泛指鞋子。 [3] **地形**：地理。 [4] **缓**：用五色丝带穿系。**佩玦**（jué）：环状带有缺口的玉饰品，玦，与"决"同音，寓有能决断之义。 [5] **断**：决断。 [6] **固**：一定。 [7] **号**：号令。

于是哀公号之五日，而鲁国无敢儒服者，独有一丈夫儒服而立乎公门。公即召而问以国事，千转万变而不穷[1]。庄子曰："以鲁国而儒者一人耳，可谓多乎？"

[1] **不穷**：应对自如、应对不穷。

宋元君将画图[1]，众史皆至[2]，受揖而立；舐笔和墨，在外者半[3]。有一史后至者，儃儃然不趋[4]，受揖不立，因之舍[5]。公使人视之，则解衣盘礴[6]，赢[7]。君曰："可矣，是真画者也。"

[1] **宋元君**：即宋元公，名佐，春秋末期宋国国君。**图**：指全国的地形图。 [2] **史**：这里指画师。 [3] **在外者**：指在门外打探消息的。 [4] **儃**（tǎn）**儃**：从容。**趋**：小步疾行，表示尊敬。 [5] **因之舍**：跟着他到了馆舍。因，顺着。 [6] **盘礴**：盘腿而坐。 [7] **赢**（luǒ）：同"裸"，赤身裸体。

无奈世事几度秋凉，至少可以坚守初心依旧

列御寇为伯昏无人射①，引之盈贯②，措杯水其肘上③，发之，适矢复沓④，方矢复寓⑤。当是时，犹象人也⑥。伯昏无人曰："是射之射⑦，非不射之射也⑧。尝与汝登高山，履危石，临百仞之渊，若能射乎？"

① 列御寇：即列子。**伯昏无人**：《德充符》中出现过。**射**：射箭。
② **引之**：拉弓弦。**盈贯**：弓拉满，使弓背与弓弦之间的距离与箭同长。 ③ **措**：放置。 ④ **适矢**：发出去的箭。**复沓**：复至沓来，一支接一支。 ⑤ **方**：才，刚刚。**复**：又。**寓**：原指寄递、投寄，引申为"到了"。 ⑥ **象人**：木偶人，泥偶。 ⑦ **是**：代词，这。**射之射**：指为了射箭而射箭、运用技巧的射箭。
⑧ **不射之射**：即不是为了射箭的射箭、不依赖技巧的射箭。

于是无人遂登高山，履危石，临百仞之渊，背逡巡①，足二分垂在外②，揖御寇而进之③。御寇伏地，汗流至踵④。伯昏无人曰："夫至人者，上窥青天，下潜黄泉，挥斥八极⑤，神气不变。今汝怵然有恂目之志⑥，尔于中也殆矣夫⑦！"

① **背逡巡**(qūnxún)：背对深渊倒退。**逡巡**，倒退。 ② **二分**：二分之一，一半。 ③ **揖**：作揖，表示邀请。**进**：过来。**之**：句末语气助词。 ④ **踵**（zhǒng）：脚后跟。 ⑤ **挥斥**：奔放。**八极**：八方。 ⑥ **怵然**：惊恐的样子。**恂**（xún）**目**：眩目。**志**：心态。 ⑦ **于**：对于。**中**：射中目标。**殆**：危险。**矣夫**：语气助词。

楚王与凡君坐①，少焉②，楚王左右曰凡亡者三③。凡君曰："凡之亡也，不足以丧吾存④。夫'凡之亡不足以丧吾存'，则楚之存不足以存存⑤。由是观之，则凡未始亡而楚未始存也。"

① **凡君**：凡，国名，周公之后。《春秋》隐公七年："王使凡伯来聘。"说明当时凡国尚存，后来被灭。其故址在今河南辉县西南。凡亡后，凡君流亡至楚，作寓公。 ② **少焉**：不一会儿。 ③ **三**：虚数，指多次。 ④ **丧**：使动用法，使……消失。**吾存**：凡国在我心中的存在。 ⑤ **不足以存存**：不足以保证楚国在人们心中的存在。

第二十二章

不要企求领悟大道，用心干好自己的事就行了

——读《知北游》

　　"知"，人名。在中国，每个人的名字都有一个涵义，古汉语中"知"与"智"是同一个字，大致就是指"聪明"，按现代人的取名习惯，大约就叫"李聪聪"。这个"知"，在前面第十二章《天地》里出现过，似乎是黄帝的手下。在那一章里，"知"第一个被黄帝派去寻找丢失的"玄珠"，但是聪明的"知"却没能找到，相反，名叫"象罔（相当于傻蛋）"的却找到了。寓意为，治国之道，"仁义礼智信"不一定行。

　　知北游，是开头的三个字，就是"李聪聪"到北方去游学。

　　为什么要点明是去北方？

　　中国的传统文化中，四个方向都有象征意义。日出东方，象征着生机，所以叫"东方红"；西，其实是"栖"，太阳落下的地方，

一般和"归西"联在一起；南面就不得了了，称王称霸的豪杰们的专利，黄帝丢失"玄珠"就是在"登乎昆仑之丘而南望"的路上；北方，古代又叫做"玄方"，"玄"本义是幽暗，引申义是"深远"，北方因为路途遥远而人迹罕至，直至不久前还被称为"北大荒"。"知"向北方游学，寓意即为寻找道家深奥、不可知的治国之道和哲学思想。

知北游，基本上也就是本章的主题："道"，深奥而不可知。

知北游，来到元水岸边，登上名叫隐弅（fèn）的山丘，恰好碰到了无为谓。知对无为谓说："我有一些问题想要问你：如何思考才能够弄明白'道'是什么？怎样行事处世才符合'道'的要求？跟着谁、通过什么样的方法才能'得道'？"问了好几次，无为谓都不回答，不是不回答，而是不知道人家问你问题还要回答。

"元"，意为"元始"，也可以通"玄"，"元水"即"玄水"；"弅"，隆起的样子，突出于地面的山丘却名叫"隐弅"，与"元水"一样，都有深意。"无为谓"，即"没什么好说的"，类似于《倚天屠龙记》里明教五散人之一的"布袋和尚"名叫"说不得"。

知得不到答案，就返回到白水的南岸，登上名叫狐阕的山丘，看到了狂屈。知又拿前面的几个问题请教狂屈。狂屈说："唉，我知道这些问题的答案，我想要告诉你，但是心里刚想说，又忘了想要说的话。"

"白水"，即清水，什么也没有；"狐"，机智的象征，"阕"通"缺"。狂屈这个人名很可能出自成语"庄狂屈狷"，"庄"当然是庄子，"屈"是屈原，庄子和屈原基本是同时代的人（庄子大约死于屈原投江前八年）。《论语·子路》：狂者进取，狷者有所不为也。但这里的"狂"不应该是进取，而是指"狂放、狂傲"。

知从狂屈那里也没有得到答案，于是回到黄帝的宫中，见到黄帝时又问了同样的问题。黄帝说："不思考才能够懂得什么是'道'，没有行动方才符合'道'的要求,谁都不跟、什么方法都没有才能'得道'。"

有人说这就是"不可知论"。

不可知论,最初由英国生物学家 T.H. 赫胥黎于 1869 年提出,主要观点是人无法认识世界,人的能力超不出感觉经验或现象的范围,不能认识事物的本质及发展规律。从不可知论出发,最终会否定真理的客观性,也就是说,"不可知论"是不承认世上有"真理"这回事的。

如果仔细分析一下,道家和"不可知论"还是不一样的。

先来看下一则故事:

东郭子(就是上一章的东郭顺子)向庄子请教说:"所谓的道,到底在哪里呢?"庄子说:"无所不在。"东郭子说:"得说出具体的地方才行。"庄子说:"在蝼蚁之中。"东郭子说:"怎么是在这样低下卑微的地方?"庄子说:"在田间的野草里。"东郭子说:"怎么越发低下了呢?"庄子说:"在瓦块砖头中。"东郭子说:"怎么越来越低下呢?"庄子说:"在大小便里。"东郭子不再吭声。

庄子说:"先生的问题,本来就没有触及道的本质。管理饮食的官员问管理市场的官员,你用脚去踢猪干什么?答案是可以检验猪的肥瘦,并且因为猪的小腿和蹄子不容易长肉,越往下踢越准确(每下愈况)。(同理,越低下卑微的东西,越能反映'道'的无处不在。你想想,这么卑微低贱、看上去没有价值的东西,它们能够在世上存在,难道不是'道'的作用?)你却一定要我说哪里有哪里没有,事实上是没有任何事物能够逃离'道'的掌握。"

这一段里有一个成语叫"每下愈况",现在的人基本上都当作"每况愈下",认为是"越来越差"的意思。其实"每下愈况"是指在检查猪的肥瘦时,沿着猪脚越往下越准确。

不要企求领悟大道,用心干好自己的事就行了这则故事中，庄子认为"道"是无处不在的。回到上面的"不可知论"，仔细看一下"知"提出的三个问题：

（1）怎样才能懂得"道（真理）"？

（2）怎么做才符合"道"的要求？

（3）跟随什么样的人、经过什么样的途径才能"得道"？

这三个问题有一个大前提："道"是存在的，如果不承认世上有"道"这个玩意儿，也就没有这三个问题了。所以说，道家和"不可知论"还是有区别的，道家承认"真理的客观性"，需要解决的问题是如何认识真理、运用真理。

但是关于如何认识真理、运用真理，道家的答案就很"玄"了。在他们的眼里，真理是看不见、摸不着、学不来的，甚至于，"道"一经嘴巴说出来，就不是"道"了。

如此，这里就有一个好玩的悖论，《庄子》本来就是"论道"的，既然说出来就已经不是"道"，你还要写成文字让人家看？你说的和写的到底还是不是"道"呢？

庄子自有高明之处：

知对黄帝说："我问无为谓，无为谓不回答我，不是不回答我，是不知道要回答。我问狂屈，狂屈心里是想告诉我，但是最终没有告诉我；不是不告诉我，是正想告诉我的时候又忘掉了该说什么。现在我问了你，你知道如何回答我的问题，但为什么又说我们永远不可能接近'道'呢？"黄帝说："无为谓是真正懂得'道'的，因为他什么也不知道；狂屈是接近'道'的，因为他忘了；我和你终究不能接近于'道'，因为我们什么都知道。"

狂屈听说这件事后，认为黄帝的这番话还算是明白话。

庄子设计了无为谓和狂屈两个人物，一个一声不吭，一个欲辩已忘言，这两人才是'道'的化身；最后出来评判黄帝的，也只有狂屈，因为无为谓是不能够开口的；至于喋喋不休的黄帝，离"道"还远着呢。这样的安排，既维持了"道"的神秘，又把想说的都说了，自成方圆。不过，既然说出来的就不是"道"，那么黄帝那一大段关于"道"的论述，也就不必翻译了。

为了强调"道"的玄虚，接下来还有总结性的陈词：

于是泰清（四字人名）问无穷："你懂得'道'吗？"

无穷回答："我不懂。"

于是泰清又问无为，无为回答说："我懂的。"

"你所知道的'道'，有规律可循吗？"无为说："有。"

"是什么样的规律呢？"无为说："我知道，'道'可以存在于尊贵之中，也存在于卑贱之中，可以聚集在一起，也可以离散于四方。这就是我所了解的道的规律。"

于是泰清又用无为的话去请教无始："像他俩这样，无穷说不懂，无为说懂，到底谁对谁错呢？"无始说："说自己不懂的，其实懂得'道'的深奥；说自己懂的，无非是知道一些浅薄的东西；说自己不懂的，其实就在'道'的里面；说自己懂的，早就跑到'道'的外面去了。"

于是泰清打心里佩服，叹息道："不懂的才是真正的懂得的，懂得的其实不懂，有谁能明白不懂才是真懂的道理呢？"

无始说："'道'是听不到的，能听到的就不是'道'；'道'是看不见的，看见了就不是'道'；'道'不可以言传，能传授的就不是'道'。要明白让世上万物具备了形体的'道'，本身是无形的，所以'道'本来就不应该被讨论，不应该用语言文字来固定。"

无始又说："有人问'道'，张口回答的，就是不懂'道'；即使是问'道'的人，也没有听说过'道'。'道'本来就不应该问，问了也不能回答。不能问却一定要问，这是走进了'问'的死胡同；不能回答而去回答，说明心里其实不懂'道'。内心不明白，却去回

不要企求领悟大道，用心干好自己的事就行了

答死胡同里的问题，这种人，外不了解广阔的宇宙，内不懂得思想的本质，所以不能越过高山，也不能遨游于太空。"

无穷、无为、无始，这几个人名起得一点也不含蓄，其实就是"道"的几个特征。几个人的对话，绕口令般地一路绕下来，"道"的"不可知"是板上钉钉了。回想起半夜和几个朋友在大排档里酒酣耳热的时候，有人问我："你读《庄子》，看你的吃相，成仙是不可能了。那庄子有没有告诉你，究竟要怎样才能得道？"

按照本章的说法，要"得道"，似乎只有"顿悟"一条路，不知能否有一天突然间福至心灵、醍醐灌顶、脑瓜开窍？

仔细翻检这一章，似乎还留着一条小缝隙：

替大司马锻打兵器的人，虽然已经年过八十，却不会出现一点失误。大司马说："你是天生灵巧呢，还是有什么特别的门道呢？"

老人说："我有自己的坚持。我二十岁时就喜欢锻制兵器，其他的身外之物我什么也看不见，不是兵器就不会引起我的关注。像我这样的人，是属于很用心于一件事的人。即使是雇佣不用心的人，也会因为雇佣的时间久了，多少能发挥一点作用；更何况像我这样无时无刻不在用心的人，有什么东西不能够成为我赖以成功的条件呢？"

看到这一段文字，感觉满眼空蒙虚幻之中透进了一线光明：你我皆凡人，本不用追求什么"得道"，用心干好自己该干的事就行了。

原文选注

知北游于元水之上①，登隐弅之丘②，而适遭无为谓焉③。知谓无为谓曰："予欲有问乎若：何思何虑则知道④？何处何服则安道⑤？何从何道则得道⑥？"三问而无为谓不答也，非不答，不知答也。

知不得问，反于白水之南⑦，登狐阕之上⑧，而睹狂屈焉⑨。知以之言也问乎狂屈。狂屈曰："唉！予知之，将语若⑩。"中欲言而忘其所欲言⑪。知不得问，反于帝宫，见黄帝而问焉。黄帝曰："无思无虑始知道，无处无服始安道，无从无道始得道。"

①知：虚拟人名，寓意为聪明。元水：虚拟河流名。元，意为初始，又通"玄"，意为高深。　②隐弅（fèn）：虚拟的丘名。弅，高起，隆起。　③适遭：恰好遇到。无为谓：虚拟的人名，意为没有什么要说的。　④何思何虑：如何思考。知道：懂得"道"。　⑤处：处事。服：行事。安：符合。　⑥从：跟从，途径。道：道路、方法。　⑦白水：传说中的河流名，与元水类似。　⑧狐阕：虚拟的丘名。　⑨睹：看见。狂屈：虚拟人名。　⑩语（yù）：动词，告诉。　⑪中：心中。欲言：想要说。

知谓黄帝曰："吾问无为谓，无为谓不我应①。非不我应，不知应我也。吾问狂屈，狂屈中欲告我而不我告，非不我告，中欲告而忘之也。今予问乎若，若知之，奚故不近②？"黄帝曰："彼其真是也③，以其不知也④；此其似之也⑤，以其忘之也⑥；予与若终不近也，以其知之也。"狂屈闻之，以黄帝为知言⑦。

①不我应：即"不应我"。　②奚：什么。故：缘故。近：接近大道。　③彼：指无为谓。其：句中助词。真是：真正的知道（大道）。　④以：因为。不知：不懂。　⑤此：指狂屈。似：类似、差不多，与"大道"相似。　⑥忘之：指忘了要说什么。　⑦知言：真正懂得（大道）的言论。

东郭子问于庄子曰①："所谓道，恶乎在②？"庄子曰："无所不在。"东郭子曰："期而后可③。"庄子曰："在蝼蚁。"曰："何其下邪④？"曰："在稊稗⑤。"曰："何其愈下邪？"曰："在瓦甓⑥。"曰："何其愈甚邪？"曰："在屎溺⑦。"东郭子不应。

①东郭子：即前面出现过的东郭顺子。　②恶（wū）乎在：在哪里。恶，疑问词，哪，何。　③期而后可：一定要说出具体的所在才可以。期，本义与时间有关，这里指具体的时间、地点。　④下：地位、等级低下，与"上"

不要企求领悟大道，用心干好自己的事就行了

相对。　⑤稊稗（tíbài）：一种形似稻子的野草。　⑥瓦甓（pì）：泛称砖瓦。　⑦屎溺：大小便。

庄子曰："夫子之问也，固不及质①。正获之问于监市履狶也②，每下愈况③。汝唯莫必，无乎逃物④。至道若是，大言亦然。"

①固：本来。不及质：没有触及道的本质。　②正获：管理饮食的官员。之：句中助词，补全音节。监市：监管市场的官员。履：踩、踢。狶（xī）：大猪。　③每下愈况：这个成语的意思是越往下，更加（清楚）。况，副词，更加。　④汝唯莫必，无乎逃物：按现代汉语的语序是"汝莫必唯，物无逃乎"。全句的意思是"你没必要非要弄清楚道在哪个具体的地方，因为没有任何事物游离于道之外"。唯，表示肯定。

于是泰清问乎无穷曰①："子知道乎？"无穷曰："吾不知。"又问乎无为②。无为曰："吾知道。"曰："子之知道，亦有数乎③？"曰："有。"曰："其数若何？"无为曰："吾知道之可以贵，可以贱，可以约④，可以散⑤。此吾所以知道之数也。"

①泰清、无穷：人名。　②无为：人名。　③数：规律，必然性。④约：收敛。　⑤散：分散。

泰清以之言也问乎无始曰①："若是，则无穷之弗知与无为之知，孰是而孰非乎？"无始曰："不知深矣②，知之浅矣；弗知内矣③，知之外矣。"于是泰清中而叹曰④："弗知乃知乎！知乃不知乎！孰知不知之知⑤？"

①无始：人名。　②不知深：（说自己）不知道的，其实是很懂的。深，与"浅"相对，意为对"道"的理解很深刻。　③弗知内：（说自己）不知道的，其实已经在"道"的里面了。内，与"外"相对。意为已经在"道"的里面。　④中：同"衷"，由衷。　⑤不知之知："不懂才是真懂"的道理。

无始曰："道不可闻，闻而非也；道不可见，见而非也；道不可言，言而非也。知形形之不形乎①！道不当名②。"

① **知形形之不形**：要明白让世上万物具备了形体的"道"，本身是无形的。知，懂得。第一个"形"是使动用法，意为使……具备形体；第二个、第三个"形"都是名词，意为形体。　② **道不当名**：道是无形的，不应该用语言文字、概念来固定。名，概念。

无始曰："有问道而应之者，不知道也。虽问道者[①]，亦未闻道。道无问[②]，问无应[③]。无问问之，是问穷也[④]；无应应之，是无内也[⑤]。以无内待问穷，若是者，外不观乎宇宙，内不知乎大初[⑥]，是以不过乎昆仑[⑦]，不游乎太虚[⑧]。"

① **虽**：即使。　② **无问**：不应该问。　③ **无应**：不应该回答。
④ **问穷**："问"的穷途末路、死胡同。穷，路不通。　⑤ **无内**：内心不懂得"道"。没有在"道"的里面（指按照"道"的要求处事）。　⑥ **大初**：道的起源、思想的本质。大，同"太"。　⑦ **过乎昆仑**：越过高山。
⑧ **游乎太虚**：遨游于太空。

大马之捶钩者[①]，年八十矣，而不失豪芒[②]。大马曰："子巧与[③]？有道与[④]？"曰："臣有守也[⑤]。臣之年二十而好捶钩，于物无视也[⑥]，非钩无察也[⑦]。是用之者[⑧]，假不用者也以长得其用[⑨]，而况乎无不用者乎[⑩]！物孰不资焉[⑪]！"

① **大马**：官名，指楚国之大司马。**捶钩**：指打造兵器。捶，捶打，锻造。钩，泛指兵器。　② **豪**：同"毫"。**芒**：麦芒，比喻细小的东西。　③ **与**：同"欤"，表疑问。　④ **道**：这里指方法、窍门、理论。　⑤ **守**：坚守，坚持。　⑥ **于物**：对于（别的）事物。**无视**：无动于衷，不看一眼。
⑦ **无察**：不注意，不研究。　⑧ **是用之者**：这是很用心的人。用，用心。
⑨ **假**：租赁、雇佣。**不用者**：不用心的人。**以**：因为。**长**：长久。**得其用**：得到、发挥他的作用。　⑩ **况**：何况。**无不用者**：（像我这样）无时无刻不用心的人。　⑪ **物孰不资焉**：有什么东西不能够成为我赖以成功的条件呢？资，资助，凭藉。

不要企求领悟大道，用心干好自己的事就行了

杂　篇

第二十三章

你的眉宇之间，锁着太多的牵绊

——读《庚桑楚》

　　唐天宝元年（742），唐玄宗册封通玄真人（文子，姓辛名钘）、冲虚真人（列子，列御寇）、南华真人（庄子）、洞灵真人（亢仓子）为"四大真人"。这四大真人据说都是老子的弟子，其中洞灵真人亢仓子，又称亢桑子、庚桑子，姓庚桑，名楚。相传为他所著的《亢仓子》也同时被封为《洞灵真经》。《亢仓子》的主要思想是清静无为、超脱一切荣辱得失，基本与《老子》相似。

　　《历世真仙体道通鉴》中说："庚桑子，陈人，得老君之道，能以耳视而目听。居畏垒之山，其臣去之，其妾远之，居三年，畏垒大穰（ráng，丰收）。后游吴，隐毗陵盂峰，道成仙去。"上述内容基本上出自这一章：

　　老聃有个很出色的弟子叫庚桑楚，习得老聃之道后，居住在畏垒山。手下的男男女女中，刻意表现出才智和仁义的，都让他们离开了，只留下朴实和勤劳的人。三年后，畏垒山一带大丰收。民间传言："庚桑楚刚来的时候，我们都因为他奇怪的举止而讥笑他。现在我们每天的收成似乎不够吃穿，但一年下来却还有余。像他这样的应该就是圣人了吧！大家为什么不设个牌位来供奉他，像对待国君一样地敬重他？"

庚桑楚听到这些言论后，朝南而坐，久久不能释怀，弟子们很奇怪。庚桑楚说："你们为什么要奇怪呢？春天气候宜人百草生长，秋天万物成熟果实累累，春天与秋天，难道无缘无故就能这样？这是自然规律运行的结果。我听说真正有修养的人，很安静地生活在四面环墙的斗室内，而百姓们却终日劳碌奔忙又漫无头绪，不知道到底该做些什么。现在畏垒山的小百姓们，很热心地想把我当作'贤人'供奉起来，你们看我像是'偶像'的样子吗？看来老聃的教诲，我并没有做到，因此我很不开心。"

弟子们说："不是这样的。寻常的小水沟，大鱼没办法转身，小泥鳅成了主宰；几步就能登上的小山丘，大野兽没法藏身，妖狐却可以成精作怪。况且尊重贤才、把天下授于能人，把好处与利益放在前头，尧舜以来，自古如此，何况畏垒这些小百姓呢！先生你还是听大家的吧！"

庚桑楚说："小子你过来！一口吞下车子的巨兽，孤零零地离开山林，不免于罗网之灾；一口吞下大船的大鱼，被荡出了水流，小蚂蚁也能让它苦不堪言。所以鸟兽不厌山高，鱼鳖不厌水深，善于保全形体与生命的人，为了把自己藏起来，是不会嫌山太深、路太远的。至于尧和舜那两个人，又有什么值得称赞的呢！他俩硬要把世人分出善恶贤愚，就像悍然凿倒围墙种上蓬蒿，挑捡头发梳辫子，点数米粒煮稀饭，（不仅大方向错误，）而且心怀私利、斤斤计较，怎么能够济世利民！所谓的举贤任能，只会让百姓你争我夺，互相倾

你的眉宇之间，锁着太多的牵绊

大鱼失水

轧、诡计百出。这些个做法，是不会给百姓带来好处的。百姓追求私利的愿望向来迫切，为了利益，有子杀父的，有臣杀君的；朗朗乾坤里抢劫，光天化日下凿洞。我跟你说：天下大乱的根源，正是尧舜之时种下的，而流毒将直至千年之后。千年之后，必定会出现人的吃人惨象！"

看来，老百姓对"圣人"的要求其实并不高，"日不足而年有余"就行了，离"小康"还有一段距离。庚桑子留下来的弟子也真的都是些实诚人，不怎么会说话，搞不清到底是在夸老师还是恶心老师。

庚桑子的主要观点有这么几条：

（1）万物生长，作物丰收，不是无缘无故的，但也和"圣人"没什么关系，那是自然规律运行的结果。

（2）圣人追求的是安静地居于斗室之中，而不是被当作偶像供奉起来，也就是"清静无为，超越一切荣辱得失"。为了达成这个目标，隐藏得越深越好。

（3）求名逐利，是普通人的本性，尧和舜（其实是儒家）倡导的仁义礼智信，不仅加剧了人与人之间的相互倾轧，还会让百姓变得更加狡诈，势必要流毒千年。

这就是庚桑子关于"道"的基本思想，接下来应该论述如何才能"得道"了：

南荣趎（chú）恭敬而端正地坐直身子，说："像我这样已经这么大年纪的人，要通过什么样的途径，才能达到你所说的那种境界呢？"庚桑楚说："保全你的身体，坚守你的本性，不要让自己心思烦虑、劳力奔走。如此三年，就可以达到我所说的那种境界了。"南荣趎说："眼睛有一定的形状，但是单从形状分辨不出有什么差异，而盲人的眼睛却看不见；单从耳朵的外形，也看不出有什么不同，而聋子的耳朵却听不见；单从人心的外形，看不出有什么不一样，而癫狂的人却不能按照规律来办事。人的感官应该长成什么样子，上天是有规定的，（虽然我的感官和常人长得差不多，）但是，是因为有什么东西夹杂在了中间吗？为什么我本该感知到的东西却领会不了？如今先生对我说'保全你的身体，坚守你的本性，不要让自己心思烦虑、劳力奔走'，我只不过勉强听到耳里（但却领会不了）！"

庚桑楚说："我的话已经说尽了。小土蜂不能孵化出豆叶里的大青虫，越国的鸡不能孵化白鹤的蛋，而鲁国的鸡却能够做到。鸡和鸡，它们的行为并没有什么不同，有的可以，有的不可以，是因为它们的本领生来就有大小。现在我的才干很小，不足以感化你，你何不到南方去拜见老子？"

南荣趎担着干粮，走了七日七夜，来到老子的住所。老子说："你是从庚桑楚那儿来的吧？"南荣趎说："嗯。"

老子说："怎么跟你一起来的人那么多呢？"

南荣趎惊恐地回头看着自己的身后。老子说："你不懂我的意思吗？"南荣趎羞愧地低下头，然后仰面叹息："现在我已忘了我应该怎样回答，也忘掉了我想问什么。"

老子说："你想问的是什么呢？"

你的眉宇之间，锁着太多的牵绊

南荣趎说："如果我不智慧，人们会说我太笨了，如果我太聪明了，反过来又会给自己带来太多的烦恼；如果没有仁爱之心，就有可能伤害他人，如果具备了仁爱之心，又会给自己带来危难；如果不讲信义，会伤害他人，和人家讲信义吧，自己的人生就会很惨淡。这三个矛盾，是我想不明白的，所以希望通过庚桑楚的引介，获得您的赐教。"

老子说："刚才我看你的眉宇之间，就知道你在想什么，现在你的话更证明了我想的没错。看你失魂落魄的样子，好像是失去了父母，又好像是拿着竹竿想要探测深广的大海。你这个丢了本性的人啊，看上去是那么迷惘！你一心想找回你的本性，却不得其门而入，真是可怜啊！"

老子想用佛教禅宗"当头棒喝"的办法让南荣趎"顿悟"，可惜南荣趎悟性太低，根本不明白老子所谓的"身后跟着那么多的人"，是指他心中牵绊太多、放不下的太多，因此这一棒就打在棉花上了。接下来南荣趎提的问题，却又是针对儒家的仁义开涮，看上去是提问，其实是阐述观点，所以也就不会有答案，只是很艺术地描绘了一下南荣趎忧心忡忡的样子作为陪衬。

南荣趎确实没有什么慧根，回到寓所冥思苦想了十天，再去见老子，还是被认定不可能"得道"了，因为他从内到外，牵绊太多、束缚太多。

于是南荣趎只好退而求其次，请教老子"卫生"之道。

"卫生"，这个词似乎是近代化的产物，比如我就在兄弟的收藏中看到过写着"卫生酱油"的民国匾额，我一直以为它和"进化、经济"一样是从日本进口的，没成想竟然是战国时的古董！

不过，细细领会一下，此"卫生"和彼"卫生"还是不一样的。这里的"卫生"，如果用今天的词语来表述，可能还是"养生"更贴切。

前面说过，《庄子》中的"养生"是指正确地认识人生，称之为"养心"更恰当；今天许多人所谓的"养生"，其实更应该称之为"养身"，也就是这里的"卫生"。

如何"养身"，老子给出的答案是"回复到初生婴儿的状态"，婴儿可以整天握着小手不松劲，整天瞪着小眼睛眨也不眨，整天啼哭喉咙却不会嘶哑，是因为他们处于最自然、最平和的状态。至于如何回到这种初始状态，又不是"生理"而是一个"心理"问题了：不受外物影响，不图谋名利，不参与世俗的事务，随波逐流，听其自然。

这一部分基本是对《道德经·德经》第十八章的解读，但是描述得有点过，比如这样形容婴儿的纯真：

动不知所为，行不知所之，身若槁木而心若死灰。

拜托，人家是初生的婴儿哎，能不能说点好听的？

再如：

介者扮（chǐ）画，外非誉也；胥靡登高而不惧，遗死生也。夫复谓（xí）不馈而忘人；忘人，因以为天人矣。

一条腿的人会放弃修饰容貌，因为他们不再在乎别人的非议和赞誉；判处重刑的人不惧怕登高，因为他们已经不在乎生死。反复被人恐吓而不回应的，是因为他们忘了平常的"人"（都有的心理与性格特征）。"忘掉自己是个人"，这样就会成为一个了不起的"天人"。

唉，我承认"忘掉生死"确实是最高的境界，但是也用不着举这么恶狠狠的例子吧？难道为了"得道"，还得先砍掉自己的一条腿？

和其他章节一样，除了开头庚桑楚和老子比较完整的论述之外，后面按惯例有一些寓言和小块的论述，但似乎是为了强调本章是《杂篇》的第一篇，所以从主题到内容以及文风，都变得有点杂七杂八。如：

蹍（niǎn）市人之足，则辞以放骜，兄则以妪，大亲则已矣。故曰，至礼有不人，至义不物，至知不谋，至仁无亲，至信辟金。

在集市上踩了旁人的脚，要赶紧道歉，是我不小心跑太快了；踩了兄长的脚，就会说是一个妈生的，不用计较吧；踩了父母的脚，就当没这回事。所以说，最高的"礼"是不把别人当外人，最高的"义"是不在乎身外之物，最高的"智"是不去精心谋划，最高的"仁"是没有亲疏之分，最高的"信"是不需要什么金啊玉啊的作为凭证。

这一段的本义是抨击儒家的"爱有差等"，所以提出"至仁无亲"。以一般人的惯常做法为例，是为了说明分出亲疏远近的"仁"，不是真正的"仁"。但由于缺少必要的过渡，让人一时之间有点摸不着头脑。再者，就用这么一个简单的例子，把"仁义礼智信"全部捋了一遍，感觉也很牵强。

再如：

一雀适羿，羿必得之，威也；以天下为之笼，则雀无所逃。是故汤以庖人笼伊尹，秦穆公以五羊之皮笼百里奚。是故非以其所好笼之而可得者，无有也。

一只小麻雀不幸碰到了羿，羿一定会把它射下来，这是羿作为神射手的威严；但是，如果把天下当作鸟笼，哪一只鸟能够逃脱？

前半部分很有"道"的磅礴气势，把所有的鸟都关在"天下"这个大笼子里为我所用，还有必要射下来吗？但是接下来的几句又有点奇怪：

因此商汤用厨子"笼"住了伊尹，秦穆公用五张羊皮"笼"住了百里奚。所以说，不根据实际情况、选取最合适的方法来"笼"人而可以成功的，从不曾有过。

"以其所好笼之"，一般都认为是"投其所好"而笼络人心，让其为自己所用。如果按这种理解，就是商汤用厨子的职位笼络了伊尹，也有可能伊尹真的非常喜欢做菜？还有的注解说百里奚非常喜欢用五色的羊皮做皮衣，所以秦穆公投其所好，送"五色羊皮"给百里奚。但是世人称百里奚为"五羖（gǔ）大夫"，是因为秦穆公想把百里奚从楚国捞回来，特意去赎又怕楚国人看出百里奚的价值，故意只开出五张羊皮的赎金。"羖"是"黑色的公羊"，和"五色"扯不上边。同样，伊尹本是有莘王的奴隶，有莘王知道伊尹之才，商汤只好曲线救国，娶有莘王的女儿为妃，伊尹便以陪嫁奴隶的身份来到商汤身边。所以我认为"以其所好笼之"，是指"根据实际情况、选取最合适的方法"，把笼子做得大一点，看似不经意之间，把真正的目标"笼"了进来。

但是，道家几时开始教人"笼人"了？这种绞尽脑汁的谋略，是纵横家、兵家、阴谋家乃至"阳谋家"们的专利，道家向来是不屑一顾的啊！

原文选注

老聃之役有庚桑楚者①，偏得老聃之道②，以北居畏垒之山③。其臣之画然知者去之④，其妾之挈然仁者远之⑤；拥肿之与居⑥，鞅掌之为使⑦。居三年，畏垒大壤⑧。畏垒之民相与言曰："庚桑子之始来，吾洒然异之⑨。今吾日计之而不足，岁计之而有余。庶几其圣人乎⑩！子胡不相与尸而祝之⑪，社而稷之乎⑫？"

①**役**：门徒，弟子。古代弟子也同时做一些打扫侍应的杂活，所以也称之为"役者"。**庚桑楚**：人名，老聃弟子。　②**偏得**：独得。　③**畏垒**：危垒，高峻不平的山；也有说是山名。　④**画然**：善于谋略的样子。画，计策，计谋。　⑤**挈然**：高举的样子，引申为标榜。挈，通"揭"，举起。　⑥**拥肿**：

即"臃肿"，这里指淳朴的样子。　⑦ **鞅掌**：代指如牛马般辛勤干活的人。鞅，套在马颈或马腹上的皮带。掌，马蹄上钉的铁掌。　⑧ **大壤**：丰收。壤，通"穰"。　⑨ **洒**（shěn）：通"哂"，讥笑。　⑩ **庶几**：或许，也许。　⑪ **尸**：动词，意为为他塑造神像。**祝**：祷告，向鬼神求福。　⑫ **社**：土地神。**稷**：谷神。"社"与"稷"在这里都作动词，意为当作土地神和谷神。

　　庚桑子闻之，南面而不释然[1]。弟子异之。庚桑子曰："弟子何异于予？夫春气发而百草生[2]，正得秋而万宝成[3]。夫春与秋，岂无得而然哉？天道已行矣[4]。吾闻至人[5]，尸居环堵之室[6]，而百姓猖狂不知所如往[7]。今以畏垒之细民而窃窃焉欲俎豆予于贤人之间[8]，我其杓之人邪[9]！吾是以不释于老聃之言。"

　　① **南面**：即面南，面朝南，朝着老子居住的方向。**释然**：开心的样子。② **春气**：春天的气息。**发**：萌发，显现。　③ **正**：端正。**得秋**：指顺应秋天的规律。得，通"德"，指天地化育万物的功能。**万宝**：万物的果实、收成。**成**：长成、收成。　④ **天道**：指自然规律。**行**：运行，施行。　⑤ **至人**：指真正有修养的人。至，最高、最大。　⑥ **尸居**：安静地生活，静静地呆着。尸，立神像或神主。**环**：围住。**堵**：墙壁。　⑦ **猖狂**：狂乱、迷乱的样子。**所如往**：想要去的地方，努力的方向。如，就是"往"。　⑧ **细民**：小民，人民。**窃**：私下。**俎豆**：古代祭祀、宴飨时盛食物用的两种礼器，泛指各种礼器。这里作动词，奉祀。　⑨ **杓**（biāo）**之人**：即"人之杓"，如北斗一样挂在天上供人瞻仰、为人指路的人。杓，斗杓，古代对北斗七星柄部的三颗星——玉衡、开阳和摇光的称呼。

　　弟子曰："不然。夫寻常之沟，巨鱼无所还其体[1]，而鲵鳅为之制[2]；步仞之丘陵[3]，巨兽无所隐其躯，而孽狐为之祥[4]。且夫尊贤授能，先善与利[5]，自古尧舜以然[6]，而况畏垒之民乎！夫子亦听矣[7]！"

　　① **还**（xuán）：回还，旋转。　② **鲵鳅**（níqiū）：指泥鳅之类的小鱼。**制**：动词作名词，主宰。　③ **步仞**：六尺为步，七尺或八尺为仞。　④ **孽狐**：妖狐。**祥**：吉凶的预兆。　⑤ **先**：形容词的意动用法，把……放在前

面。　⑥以：同"已"。然：这样。　⑦听：听任，听从。

庚桑子曰："小子来！夫函车之兽①，介而离山②，则不免于网罟之患③；吞舟之鱼，砀而失水④，则蚁能苦之。故鸟兽不厌高，鱼鳖不厌深。夫全其形生之人⑤，藏其身也，不厌深眇而已矣⑥。且夫二子者⑦，又何足以称扬哉！是其于辩也⑧，将妄凿垣墙而殖蓬蒿也⑨。简发而栉⑩，数米而炊，窃窃乎又何足以济世哉⑪！举贤则民相轧⑫，任知则民相盗⑬。之数物者⑭，不足以厚民⑮。民之于利甚勤，子有杀父，臣有杀君，正昼为盗，日中穴阫⑯。吾语女：大乱之本，必生于尧舜之间，其末存乎千世之后⑰。千世之后，其必有人与人相食者也！"

①函：通"含"，吞。　②介：孤独。　③罟（gǔ）：网的总名。④砀（dàng）：水摇荡而出。　⑤形：身体。生：生命。　⑥眇（miǎo）：远。　⑦二子：指尧、舜。　⑧辩：通"辨"，指分出好坏善恶。　⑨妄：悍然。殖：植。　⑩简：选择。栉（zhì）：名词作动词，梳。　⑪窃窃：偷偷摸摸。　⑫轧：倾轧。　⑬盗：欺骗。　⑭数物：指举贤、任知等事情。　⑮厚：使动用法，使民生丰厚。　⑯穴：名词作动词，打洞。阫（péi）：墙。　⑰末：这里意为延伸出来的祸患、流毒。

南荣趎蹴然正坐曰①："若趎之年者已长矣，将恶乎托业以及此言邪②？"庚桑子曰："全汝形③，抱汝生④，无使汝思虑营营⑤。若此三年，则可以及此言矣。"南荣趎曰："目之与形⑥，吾不知其异也，而盲者不能自见；耳之与形，吾不知其异也，而聋者不能自闻；心之与形，吾不知其异也，而狂者不能自得⑦。形之与形亦辟矣⑧，而物或间之邪⑨，欲相求而不能相得⑩？今谓趎曰：'全汝形，抱汝生，勿使汝思虑营营。'趎勉闻道达耳矣⑪！"庚桑子曰："辞尽矣。奔蜂不能化藿蠋⑫，越鸡不能伏鹄卵⑬，鲁鸡固能矣⑭。鸡之与鸡，其德非不同也⑮，有能与不能者，其才固有巨小也。今吾才小，不足以化子，子胡不南见老子⑯？"

你的眉宇之间，锁着太多的牵绊

① **南荣趎**（chú）：庚桑楚的弟子，姓南荣名趎。**蹴**（cù）**然**：不安的样子。　②**恶**：疑问代词，何。**托**：凭托，凭借。**业**：筑墙用的束版，指途径、方法。　③**全汝形**：保全你的身体。　④**抱汝生**：坚守你的生命。　⑤**营营**：劳而不知休息，忙碌。　⑥**目之与形**：省略句，完整的语义应为"目之与目，有固形"，眼睛作为眼睛，有一定的形态（状）。形，形态、形状。　⑦**得**：指按照规律做事。　⑧**形之与形亦辟矣**：指眼、耳等感官长成什么样子，是有规律的（但每个人的感官虽然长得差不多，能够领略的东西却不一样）。前一个"形"，指眼、耳等具体的"形体"，后一个"形"是指形状。辟，本义是规则。　⑨**物**：外物，东西。**间**：夹杂。　⑩**求**：感知到。**得**：领会。　⑪**达耳**：只听到耳朵里（却领会不了）。达，到。　⑫**奔蜂**：细腰土蜂，小蜂。**藿蠋**（huòzhú）：生长在豆叶上的大青虫。　⑬**伏**：通"孵"。**鹄**（hú）：天鹅。　⑭**固**：本来，天生。　⑮**德**：同"得"，行为，做事。　⑯**胡**：为什么。

　　南荣趎赢粮①，七日七夜至老子之所。老子曰："子自楚之所来乎②？"南荣趎曰："唯③"。老子曰："子何与人偕来之众也④？"南荣趎惧然顾其后⑤。老子曰："子不知吾所谓乎？"南荣趎俯而惭，仰而叹曰："今者吾忘吾答，因失吾问⑥。"老子曰："何谓也？"南荣趎曰："不知乎⑦？人谓我朱愚⑧。知乎？反愁我躯⑨。不仁则害人，仁则反愁我身；不义则伤彼，义则反愁我己。我安逃此而可⑩？此三言者，趎之所患也，愿因楚而问之⑪。"老子曰："向吾见若眉睫之间⑫，吾因以得汝矣⑬，今汝又言而信之⑭。若规规然若丧父母⑮，揭竿而求诸海也⑯。女亡人哉⑰，惘惘乎⑱！汝欲反汝情性而无由入，可怜哉！"

　　①**赢**（yíng）：担。　②**楚**：指庚桑楚。　③**唯**：表肯定，是的。　④**偕来**：一起来。　⑤**顾其后**：回过头来看后面。　⑥**因**：于是，就。　⑦**知**：同"智"。　⑧**朱愚**：犹专愚，无知。一说智术短小。　⑨**反愁我躯**：反过来又愁坏了自己的身体。　⑩**安逃此而可**：即"安可逃此"，如何才能避免这样的两头为难。　⑪**因楚**：通过庚桑楚。　⑫**向**：刚才。　⑬**因以得汝**：根据这个得出你……的结论。　⑭**信**：证明。　⑮**规规然**：惊恐的

样子。　⑯**揭竿**：举着竹竿。**求**：探索，测量。**诸**：兼词，"之于"。
⑰**亡人**：丢失了本性的人。亡，丢失。　⑱**惘惘**：迷惘的样子。

　　蹍市人之足^①，则辞以放骜^②，兄则以妪^③，大亲则已矣^④。故曰，至礼有不人^⑤，至义不物^⑥，至知不谋^⑦，至仁无亲^⑧，至信辟金^⑨。

　　①**蹍**（niǎn）：踩，踹，踏。**市人**：集市上的人，指旁人。　②**辞**：道歉。**放**：放纵。**骜**：傲慢，不驯顺。　③**妪**（yù）：母亲。　④**大亲**：父母。**已**：算了。　⑤**至礼有不人**：最高的"礼"是不把别人当外人。　⑥**至义不物**：最高的"义"是不在乎身外之物。　⑦**至知不谋**：最高的"智"是不去精心谋划。知，同"智"。不谋，无须谋虑。　⑧**至仁无亲**：最高的"仁"是没有亲疏之分的。　⑨**至信辟金**：最高的"信"是不需要金玉作为凭证的。辟，摒弃。

第二十四章

没有公瑾的雄姿英发，又何来孔明的羽扇纶巾

——读《徐无鬼》

徐无鬼是魏国的一个隐士，这一章的开头记叙了他和魏武侯见面时的场景：

徐无鬼在女商（人名）的引荐下拜见魏武侯。武侯慰问说："先生一定是累了！是苦于隐居山林的辛劳，所以才肯来见我？"

徐无鬼说："我是来慰问你的，你能拿什么来慰问我！你想要满足自己的嗜好和欲望，放纵个人好恶，那么'性命之情'就会被损害；你想要压抑自己的嗜好和欲望，控制个人好恶，那么感官享受就出问题了。我是来慰问你的，你有什么能慰问我的！"武侯怅然若失，无话可答。

过了一会儿，徐无鬼说："让我来跟你说一下，我是怎么相狗的。

下等品质的狗，以填饱肚子为目标，所以行为举止像野猫一样凶狠且狡诈；中等品质的狗，志向远大，所以总是一副抬头看天的神态；上等品质的狗，无欲无求，好像忘了自己本来是一条狗（指再也不会有狗的性格和行为特征）。我相狗，又不如我相马。我相马，（看马的形体）该直的地方像用墨斗画出来的，该弯的地方像用钩尺勾勒出来的，该方的地方合乎角尺，该圆的地方合乎圆规，具备如此形体的马，可以称之为'国马'，但还是比不上'天下马'。天下最好的马，有它特定的形态，好像有一点忧郁，又有一点迷失，最重要的还是好像忘了自己是一匹马。像这样的马，轻松超越马群，绝尘而去，一下子就不知所终。"魏武侯大悦而笑。

徐无鬼出了宫廷，女商说："先生是用什么独特的办法使国君开心的呢？我让国君高兴的办法，文韬则以《诗》《书》《礼》《乐》，武略则以太公兵法。我待奉国君，立过的大功不可胜数，但国君从不曾启齿微笑。现在先生你到底用什么办法取悦国君，让国君如此开心呢？"

徐无鬼说："我只是告诉他我如何相狗、相马而已。"女商说："只是这样吗？"徐无鬼说："你没有听说过流放越地的人的故事吗？离开国都几天，见到认识的人就很高兴；离开都城十天半月，见到曾在国都中见过的人就很开心；过了一年之后，见到有谁像某一个认识的人就很激动。这不就是因为离开故人越久、思念越深吗？逃往广漠原野的人，杂草丛生遮盖了黄鼠狼出没的小径，独自跌跌撞撞地生活在空旷寂寥之中，听到人的脚步声就欣喜若狂，更何况是兄弟亲朋的欢声笑语回荡在身边呢？没有人在国君身边谈论纯真的为人之道已经很久了啊！"

好玩的是，这段内容之后，立刻又描述了另一个徐无鬼见魏武侯的场景。从语句上看，两个场景似乎都是初次会面，并且双方的开场白十分相似。尽管《庄子》中重复的内容很多，但多在不同的章节出现，这么紧挨着的正面冲突，似乎有相互叫板的嫌疑，无疑是出自不同的作者。

徐无鬼拜见魏武侯。武侯说："先生久居山林，以橡子为食，有点葱韭之类改善一下口味就很满足了。先生不理寡人很久了啊，现在是因为老了呢，还是想感受一下酒肉的美味呢，还是寡人也有了造福社稷的福分（以至于先生你也愿意来教导我了呢）？"

徐无鬼说："无鬼生于贫贱，从来就没有想过要享用您的酒肉，我只是来慰问你的。"武侯说："为什么啊？你又如何慰问我呢？"徐无鬼说："我来慰问你的精神和形体。"武侯说："这是什么意思啊？"徐无鬼说："天地生养众生是平等的，登上高位的，不可以高高在上；居于下位的，不应该缺衣少用。你作为万乘之主，劳苦一国之民，以满足自己眼耳口鼻的感官享受。真正高明的人，从不为自己谋利；真正高明的人，喜欢与所有人和睦共处而厌恶巧取豪夺。窃夺百姓，是很严重的病，所以我要来慰问。问题是只有你得了这种病，这是为什么呀？"

武侯说："我想见先生很久了呢。我爱护人民，为了道义而停止争战，这样可以了吧？"徐无鬼说："不行，你所谓的仁义爱民，其实是祸害人民的开始；为了道义而停止争战，这种想法本身就是制造战争的祸根。

"你如果用仁义来治理国家，几乎可以肯定不会成功。因为凡是看起来能够成就美好名声的，其实都是作恶的工具；你表面上虽然在推行仁义，但你的仁义是何等的虚假！你追求个人形象，所以就处心积虑地制造自己的光辉形象；你想成就美名，主要还是为了用来自夸。

"国内有了变故，为了转移矛盾就会挑起战争。你不要把浩大的军阵排列在丽谯楼间，不要把如狼似虎的铁骑布置在锱坛宫中，不要用'德'来掩盖你的反动思想，不要希求用智巧去战胜别人、用计谋去打败别人、用战争去征服别人。杀死别人的臣民，兼并别人的土地，为了满足私欲而发动的战争，和以神圣的理由发动的战争，哪一个更好？（还不一样都是战争？）（战争只会带来伤害，）真正的胜利又在哪里？

"你还不如停止推行所谓的仁义，修养内心的自然之情，顺应自然规律而不是去扰乱天下。这样百姓摆脱了死亡的威胁，你也用不着以什么'道义'作为理由来说服自己停止争战。"

第一则的前半部分，主题是"无欲无求"，后半部分属于显摆，与主题没什么关系；第二则主要还是和儒家的"仁义"叫板，两者之间相对独立，没什么内在的联系。这一章共有十四则寓言、故事、评述，相互之间都没有多大的关联，所以这是公认比较"杂"的一篇。举两个浅显一点的例子：

管仲生了病，齐桓公问他说："仲父的病有点严重了啊，不能再因忌讳而不说了！如果到了大病不起的程度，我要把国事托付给谁才行呢？"管仲说："主公想托付给谁呢？"齐桓公说："鲍叔牙。"管仲说："不可。鲍叔牙为人清正廉洁，确实是个好人；但他对于和自己不同类的人，连站在一起也不肯；而且他只要听到别人的过错，就一辈子都记在心里。让他治理国家，对上肯定会掣肘国君，对下势必违背民意。他得罪国君，是用不了多少时间的！"

齐桓公说："那么谁可以呢？"管仲回答："实在不得已，那么隰（xí）朋还行。隰朋为人，在上，君主不记得他；在下，也不和老百姓打成一片。严于自律，以黄帝为榜样，每每自愧不如；宽以待人，对不如自己的人保持怜悯之心。用自身的品德去感化他人的，称之为圣人；把自己的财物分给他人的，称之为贤人。以贤人自居而凌

没有公瑾的雄姿英发，又何来孔明的羽扇纶巾

驾于他人之上，不可能得到众人拥戴；身为贤人却甘居人下，没有不得到众人拥戴的。隰朋对于国事有所不管，对于家庭也有所不顾。实在不得已，那么还是隰朋吧。"

这一则是对《道德经·德经》第二十一章"其政闷闷，其民屯屯；其政察察，其邦夬夬（guàiguài）"的例解。国家政治昏暗，老百姓的生活就会很艰难；但如果为政者真的"明察秋毫"，国家同样很危险。高明的治国者，在严以律己的同时，肯定是宽以待人；信奉"有所为、有所不为"，绝对不会"事事关心"。

吴王渡过长江，登上那猕猴聚集的山坡。众猴看见来了这么多人，惊恐之下纷纷逃避，躲进了荆棘深处。有一只猴子没有跑，它抓住树枝，穿过林木的缝隙荡过来荡过去，在吴王面前显示它的灵巧。吴王拿箭射它，猴子敏捷地接住飞速而来的利箭。吴王下令跟随的众人一起上前，追着猴子万箭齐飞，猴子躲避不及被钉死在树上。

吴王回头对朋友颜不疑说："这只猴子，自以为身形灵巧，仗着动作迅速，居然对我如此傲慢，因此才会有这样的死法！要引以为戒啊！唉，千万不要让你的神态中带上骄人的样子！"颜不疑回来后，以董梧为师，帮助自己改变举手投足间的气质，不再显示出无所顾忌的欢乐和傲气，三年后全国的人都称赞他。

所谓"木秀于林风必摧之，堆高于岸流必湍之"，可怜这不懂事的猴子。

这一章中有一个细节，需要注意：

庄子送葬，经过惠子的墓地，回头对跟随的人说："楚都郢城有个人，用白石灰涂在鼻尖上，石灰只有苍蝇的翅膀那样薄，再让名叫'石'的木匠拿斧子来砍。匠石的斧子舞得呼呼作响，闭着眼睛听任斧子砍过去，鼻尖上的白石灰一点不剩，鼻子也安然无恙。这个郢城人站在那里，没有一点失常的神态。宋元君听说后，叫来匠石说：'你也试试能不能和我一起干这事。'匠石说：'我确实曾经能够砍掉鼻尖上的石灰，但是，我砍东西的砧板已经死去很久了。'自从惠子死后，我也没有砧板了！我没有能够论辩的人了！"

庄子的对面，总是时时刻刻地站着一个叫惠子的人。惠子总是作为庄子讥讽与挖苦的对象出现，加上名家玩的"名辩"总是让人恨得牙痒痒却又找不到狠咬一口的地方，在这几个"总是"的引导之下，我们"总是"不自觉地把庄子与惠子对立起来，忘了惠子也是一派宗师，并且还是庄子敬重的对手。

"既生瑜，何生亮"，可是，没有公瑾的雄姿英发，又何来孔明的羽扇纶巾？

原文选注

徐无鬼因女商见魏武侯①，武侯劳之曰②："先生病矣③！苦于山林之劳④，故乃肯见于寡人？"徐无鬼曰："我则劳于君，君有何劳于我！君将盈者欲⑤，长好恶⑥，则性命之情病矣⑦；君将黜者欲⑧，擎好恶⑨，则耳目病矣。我将劳君，君有何劳于我！"武侯超然不对⑩。

①**徐无鬼**：姓徐名无鬼，缗山人，战国时魏国隐士。**因**：通过，意为引见。**女（rǔ）商**：魏国大臣，姓女，名商。春秋时期晋大夫女叔齐之后。**魏武侯**：名击，魏文侯的儿子。 ②**劳**：动词，慰劳。 ③**病**：疲累，倦困。 ④**劳**：名词，劳苦。 ⑤**盈**：充盈，满足。**者（shì）**：同"嗜"，爱好。**欲**：欲望。 ⑥**长**：增加。**好恶**：个人的爱憎。 ⑦**性命之情**：人的天性和情感。**病**：动词，受损害。 ⑧**黜（chù）**：废除，取消。 ⑨**擎（qiān）**：除去，抛弃。 ⑩**超**：怅恨，失意。

少焉①，徐无鬼曰："尝语君②，吾相狗也③。下之质执饱而止④，是狸德也⑤；中之质若视日⑥，上之质若亡其一⑦。吾相狗，又不若吾相马也。吾相马，直者中绳⑧，曲者中钩⑨，方者中矩⑩，圆者中规⑪，是国马也，而未若天下马也⑫。天下马有成材⑬，若恤若失⑭，若丧其一⑮，若是者⑯，超轶绝尘⑰，不知其所。"武侯大悦而笑。

①少焉：不一会儿。　②尝：尝试。语：动词，告诉。　③相（xiàng）：察看，考察。　④质：材质，质地。执：抓捕。止：满足。　⑤狸：山猫。德：兼有"得"与"德"的含义，指行为与秉性。　⑥视日：抬头看太阳，意为志存高远。　⑦亡：忘记，抛弃。一：名词，本义是初次，开始，引申为最初的形态，此指作为一只狗的最初的、最根本的特点。　⑧绳：墨斗线。　⑨钩：画弧的工具。　⑩矩：角尺。　⑪规：圆规。　⑫天下马：天下最好的马。　⑬成材：自然生成的材质。　⑭恤：忧虑。失：迷失。　⑮丧：失去。　⑯是：代词，这。　⑰超轶：超越，胜过。轶，同"逸"。绝尘：脚不沾尘土，形容奔驰神速。

徐无鬼出，女商曰："先生独何以说吾君乎①？吾所以说吾君者，横说之则以《诗》《书》《礼》《乐》②，从说之则以《金板》《六弢》③，奉事而大有功者不可为数④，而吾君未尝启齿⑤。今先生何以说吾君，使吾君说若此乎？"徐无鬼曰："吾直告之吾相狗马耳⑥。"女商曰："若是乎⑦？"曰："子不闻夫越之流人乎⑧？去国数日⑨，见其所知而喜⑩；去国旬月，见所尝见于国中者喜⑪；及期年也⑫，见似人者而喜矣⑬。不亦去人滋久⑭，思人滋深乎？夫逃虚空者⑮，藜藋柱乎鼪鼬之径⑯，踉位其空⑰，闻人足音跫然而喜矣⑱，又况乎昆弟亲戚之謦欬其侧者乎⑲！久矣夫，莫以真人之言謦欬吾君之侧乎！"

①独：独特。何以：即"以何"，用什么。说：同"悦"。　②横说：与下文的"从（纵）说"相对，从语意上看，是指"文说"，即"解说文韬"。　③从："纵"的古字，"纵说"指"解说武略"。《金板》《六弢（tāo）》：即太公兵法。　④奉事：接受命令干事。　⑤启齿：微笑。　⑥直：但，只不过。　⑦若是乎：只这样吗？　⑧流人：流放的人。　⑨去：离开。国：国都。

⑩ **知**:认识,指认识的人。　⑪ **尝见**:指曾经见过的人。　⑫ **期**(jī)**年**:周年。　⑬ **似人**:和自己认识的某一个人相似。　⑭ **滋**:副词,更加,愈益,表示程度。　⑮ **虚空**:空荡荡,没有人的地方。　⑯ **藋藋**(diào):灰菜,泛指杂草。**柱**:名词作状语,像柱子一样矗立。**鼪鼬**(shēngyòu):黄鼠狼。　⑰ **踉**:踉跄,跌跌撞撞的样子。**位**:位于,这里指生活在。**其**:句中助词,那。**空**:指上文的虚空,没有人的地方。　⑱ **足音**:走路的声音。**跫**(qióng):脚踏地的声音。　⑲ **昆**:哥哥。**謦欬**(qǐngkài):咳嗽声,引申为言笑。

徐无鬼见武侯,武侯曰:"先生居山林,食芧栗①,厌葱韭②,以宾寡人③,久矣夫。今老邪?其欲干酒肉之味邪④?其寡人亦有社稷之福邪⑤?"徐无鬼曰:"无鬼生于贫贱,未尝敢饮食君之酒肉,将来劳君也⑥。"君曰:"何哉⑦,奚劳寡人⑧?"曰:"劳君之神与形⑨。"武侯曰:"何谓邪?"徐无鬼曰:"天地之养也一⑩,登高不可以为长⑪,居下不可以为短⑫。君独为万乘之主⑬,以苦一国之民,以养耳目鼻口⑭,夫神者不自许也⑮。夫神者,好和而恶奸⑯;夫奸,病也,故劳之。唯君所病之⑰,何也?"

① **芧**(xù)**栗**:橡子。《齐物论》有"狙公赋芧",《山木》中"芧"作"杼"。② **厌**:满足。　③ **宾**:同"摈",摈弃。　④ **干**:求,求取。　⑤ **其**:副词,表反问,难道。**社稷之福**:社稷的福分。　⑥ **劳**:慰劳。　⑦ **何哉**:说什么呢。何,什么。　⑧ **奚劳寡人**:慰劳我什么。奚,什么。　⑨ **神**:精神,思想。**形**:身体。　⑩ **天地之养也一**:天地生养众生是一样的,指大自然是公平的,人是生而平等的。　⑪ **登高**:指处于高位。**长**:官长。指高高在上。　⑫ **居下**:居于卑贱的地位。**短**:少。指缺衣少食。　⑬ **独**:独自。　⑭ **以养耳目鼻口**:用来满足自己的各种欲望。　⑮ **自许**:这里指不为自己谋取利益。许,期望。　⑯ **和**:和睦相处。**奸**:作乱或窃夺。　⑰ **唯**:只有。**所**:用作宾语提前的标志,多与"唯"字配合使用,相当于"是"。**病**:动词,得病。**之**:代词,这。

武侯曰:"欲见先生久矣。吾欲爱民而为义偃兵①,其可乎?"

没有公瑾的雄姿英发,又何来孔明的羽扇纶巾徐无鬼曰："不可。爱民，害民之始也；为义偃兵，造兵之本也^②；君自此为之^③，则殆不成^④。凡成美^⑤，恶器也^⑥；君虽为仁义，几且伪哉^⑦！形固造形^⑧，成固有伐^⑨，变固外战^⑩。君亦必无盛鹤列于丽谯之间^⑪，无徒骥于锱坛之宫^⑫，无藏逆于得^⑬，无以巧胜人，无以谋胜人，无以战胜人。夫杀人之士民，兼人之土地，以养吾私与吾神者^⑭，其战不知孰善^⑮？胜之恶乎在^⑯？君若勿已矣^⑰，修胸中之诚^⑱，以应天地之情而勿撄^⑲。夫民死已脱矣^⑳，君将恶乎用夫偃兵哉^㉑！"

①**为义偃兵**：为了道义而停止战争。偃兵，放下兵器。　②**造**：制造。**兵**：战争。**本**：根本，最根本的原因。　③**自此为之**：指从爱民和道义出发，不再发动战争。自，从。此，这。为之，做这件事。　④**殆**：副词，表推测，相当于"大概""几乎"。　⑤**成美**：成就美名。　⑥**恶器**：作恶的工具。　⑦**几且**：几乎就是，基本就是。几，接近，达到。**伪**：假的。　⑧**形**：动词，追求光辉形象。**固**：当然。**造形**：创造形象。　⑨**成**：成就美名。**伐**：自夸。　⑩**变**：变乱。**外战**：发动对外战争。　⑪**盛**：众，多，极充足。**鹤列**：如鹤张开翅膀般左右排列军队。**丽谯**：亦作"丽樵"，华丽的高楼。　⑫**徒骥**：步骑兵。**锱**（zī）**坛**：宫名。　⑬**逆**：违背真理的思想，相当于今天说的"反动"。**得**：通"德"。　⑭**养吾私**：满足个人的私欲。**养吾神**：指实现个人的崇高理想。神，神圣的理想。　⑮**其战不知孰善**：以满足个人私欲为目的的战争与实现个人理想为目的的战争哪一个更好。　⑯**胜**：指真正的胜利。**恶乎**：哪里。　⑰**若勿已**：即"勿若已"，不如停止。　⑱**诚**：真诚，纯真的"性命之情"。　⑲**撄**（yīng）：扰乱。　⑳**脱**：远离，免除。　㉑**恶乎用**：哪里用得上（找理由）。

庄子送葬，过惠子之墓，顾谓从者曰："郢人垩慢其鼻端若蝇翼^①，使匠石斫之^②。匠石运斤成风^③，听而斫之^④，尽垩而鼻不伤，郢人立不失容。宋元君闻之^⑤，召匠石曰：'尝试为寡人为之。'匠石曰：'臣则尝能斫之。虽然，臣之质死久矣^⑥。'自夫子之死也^⑦，吾无以为质矣！吾无与言之矣^⑧。"

①郢（yǐng）：楚国的国都。垩（è）：白石灰。慢：通"墁"，涂抹。
②匠石：名叫"石"的木匠。斫（zhuó）：砍。 ③运：挥动。斤：斧。
④听而斫之：不用眼睛看，听声音砍过去。 ⑤宋元君：宋国的国君。
⑥质：本义是砧板，这里指搭档、对手。 ⑦夫子：指惠子。 ⑧与言之：
可以说得上话的人，论辩的对手。

管仲有病①，桓公问之②，曰："仲父之病病矣③，可不讳云④，
至于大病，则寡人恶乎属国而可⑤？"管仲曰："公谁欲与⑥？"公曰：
"鲍叔牙⑦。"曰："不可。其为人絜廉善士也⑧，其于不己若者不比之⑨，
又一闻人之过，终身不忘。使之治国，上且钩乎君⑩，下且逆乎民。
其得罪于君也，将弗久矣！"

①管仲：春秋时期齐国桓公的佐相，著名的政治家，法家学派的先驱者，
著有《管子》。下文"仲父"是桓公对管仲的尊称。 ②桓公：齐桓公，名小白，
春秋五霸之首。问：慰问。 ③病病：指病重。第一个病是名词，重病。第二
个病是形容词，严重，厉害。 ④不讳：不隐讳，此为死亡的委婉说法。
⑤属（zhǔ）：托付。 ⑥谁欲与：即"欲与谁"，疑问代词"谁"前置。
⑦鲍叔牙：齐国大夫。 ⑧絜（jié）廉：清白廉洁。絜，同"洁"。 ⑨不
己若：即"不若己"，不如自己。比：并肩而立。 ⑩钩：掣肘。

公曰："然则孰可？"对曰："勿已①，则隰朋可②。其为人也，
上忘而下畔③，愧不若黄帝而哀不己若者④。以德分人谓之圣⑤，以
财分人谓之贤。以贤临人⑥，未有得人者也；以贤下人⑦，未有不得
人者也。其于国有不闻也，其于家有不见也⑧。勿已，则隰朋可。"

①勿已：不得已。 ②隰（xí）朋：人名，齐国贤人。 ③上忘：在上
的君主记不得他。下畔：在下的老百姓也不紧跟着他。畔，离，离开。 ④哀：
同情。 ⑤以：用。分人：分给他人，意为影响他人。 ⑥临：由上往下看，
凌驾。 ⑦下：方位名词作动词，居于人下。 ⑧"其于国"二句：互文，
治理国家和家庭一样，都是有所为有所不为。"闻"与"见"，本义是听与看，
这里都是指管理。

没有公瑾的雄姿英发，又何来孔明的羽扇纶巾

吴王浮于江①，登乎狙之山②。众狙见之，恂然弃而走③，逃于深蓁④。有一狙焉，委蛇攫搔⑤，见巧乎王⑥。王射之，敏给搏捷矢⑦。王命相者趋射之⑧，狙执死⑨。

① 浮：浮舟，泛舟。　② 狙（jū）：猕猴。《齐物论》有"狙公赋芧"的故事。　③ 恂（xún）然：恐惧、害怕的样子。弃：离开。走：逃跑。④ 蓁（zhēn）：茂盛的草木。　⑤ 委蛇（yí）：即"逶迤"，这里是舒展自如的样子。攫（jué）搔：攀援抓取。　⑥ 见："现"的古字。乎：通"于"。⑦ 敏给：敏捷。搏：抓住。捷矢：迅捷的箭。　⑧ 相（xiàng）者：随从的人。趋：追赶。　⑨ 执：抱着。指猴子被箭钉在树上，抱着树死了。

王顾谓其友颜不疑曰①："之狙也②，伐其巧、恃其便以敖予③，以至此殛也④，戒之哉！嗟乎，无以汝色骄人哉⑤！"颜不疑归而师董梧以助其色⑥，去乐辞显⑦，三年而国人称之。

① 颜不疑：人名。　② 之：代词，这。　③ 伐：自夸。恃：仗恃。便：灵活，轻便。敖：同"傲"，傲慢，骄傲。予：我。　④ 殛（jí）：杀死。⑤ 色：神态、神情。　⑥ 董梧：人名，吴国的贤人，一说吴国的有道之士。助：通"锄"，除去。色：（骄傲的）神色。　⑦ 去：去掉。乐：这里指得意洋洋的样子。辞：抛弃。显：张扬。

第二十五章

蜗牛的两只触角，在浩瀚的时空里争斗不已

——读《则阳》

则阳，人名。姓彭，名阳，字则阳。据说是鲁国人，事迹不可考，不过没关系，此人在这里也就是一个引子而已。

则阳周游到了楚国，夷节向楚文王推荐了则阳，楚王没有接见，夷节只好回去了。则阳又去拜见王果，说："先生为什么不向楚王推荐一下我呢？"王果说："因为我不如公阅休啊。"

则阳问："公阅休是干什么的？"王果说："公阅休冬天到江河里刺鳖，夏天到山林里憩息。有人路过，问他为什么住在山林里，他说：'这就是我的住宅啊。'（向楚王引荐这事，）夷节尚且不行，何况是我呢？我又比不上夷节。夷节之为人，无德而多智，没有自我，以牺牲自尊的方法结交朋友，在富贵圈里上蹿下跳、意乱神迷，他

和这些富贵中人，不是为了相互促进，而是为了彼此的需要才聚集在一起。

"正如挨冻的人要在春寒料峭时借衣服，受热的人想回到冬天吹吹冷风（你寻求帮助，也要根据你的目标找合适的人）。（现在你是要找人去楚王那引荐自己，要知道）楚王的为人，既爱摆架子，又不宽容；对于有过错的人，像老虎一样从不会给予一点宽恕。要么就是善于花言巧语、阿谀奉承的人；要么就是品行绝对端正的人，除了这两种人，没有人能够让他动心。

"圣人，在他们不得志、不为治国者所用时，至少能让自己的家人忘却生活的清苦；在他们闻达于诸侯时，能让王公贵族忘记封爵与俸禄，致力于教化百姓。圣人对于外物，不管得失都能快乐地对待；圣人对于众人，其实也像是对待外物一样，不管贤愚都能开心地与之相处，但绝对地保持自己的纯真；有时候一言不发也能让人如饮甘饴，跟人并肩站在一起就能让人感化，感觉如父子般亲谊。如果圣人归隐，就会放下一切事情。圣人和平常人的心态、思想，差距就是这么大。所以说，你要找人引荐，还得等公阅休才行。"

则阳到楚国的目标很明确，是来做官的。找了夷节来做保荐人，不过夷节搞不定楚王，灰溜溜地回来了。则阳又去找王果，王果不乐意，理由是既然夷节都搞不定，自己更加摆不平。楚王不是个善茬，而且只听佞臣的，当然像公阅休这样的"圣人"，也有可能说服楚王，但他是不会去的。

看来则阳等不到公阅休替他引荐的这一天了，因为圣人们不会掺和俗人的追名逐利，宁愿悠闲于水泽与山林之间。和公阅休一样的还有熊宜僚：

孔子到楚国去，寄宿在蚁丘（山名）卖浆人家里。邻居家的夫妻奴仆全都登上屋顶看孔子，子路说："这么多吃瓜群众挤在一起干什么呢？"孔子说："这些都是圣人的仆从。这个圣哲之人故意隐于百姓之中、田园之间，他的名声从尘世间消失了，他的志向却很远大；他嘴里还说着话，他的心里已经没有言语了；品行端正且与世俗相违，打从内心里不屑与世俗为伍。这个隐士，恐怕就是熊宜僚吧？"

子路请孔子允许自己去请熊宜僚，孔子说："算了吧！他知道我对他十分了解，又知道我到了楚国，他肯定会认为我要让楚王召见他，而且他一直都把我当成花言巧语、阿谀奉承的佞人。像他这样的人，羞于听闻佞人的话语，更何况是看见佞人本人呢！你怎么会认为他还会留在那里呢？"

子路前往探看，果然熊宜僚的房子里已经空无一人了。

熊宜僚在上一章里出现过，因为原本住在市场的南边，又称"市南宜僚"。不过，上一章里他是在楚王的身边做官的。楚国白公胜与大夫子西两家争斗，都去请熊宜僚帮忙，熊宜僚躺在床上，手里不停地转着两个泥丸，暗示再这么争下去，迟早都会如泥丸一般破裂，于是双方解兵而归。

孔子去往楚国的目的和则阳一样，所以这两则故事的主题基本一致，圣人也罢、隐士也罢，红尘俗世向来与他们无关。

本章中故事很多，既然是《杂篇》，主题自然也很杂：

孔子向三个史官大弢、伯常骞、狶（shǐ）韦请教："卫灵公沉迷于饮酒作乐，不理国家政务，喜欢打猎射鸟，也不参与诸侯间的交际结盟，他死之后为什么还被追谥为'灵'呢？"大弢说："因为这样，所以这样啊。"伯常骞说："卫灵公有三个妻子，卫灵公竟然和她们同盆而浴；卫国的贤臣史鳅在灵公的寓所奉侍，灵公很恭敬地搀扶着史鳅的两臂。他的荒淫达到如此的程度，见到贤人又是如此的恭敬严肃，这就是他死后追谥为灵公的原因。"狶韦则说："当年灵公死后，占卜的说葬在原先选好的墓地并不吉利，葬在沙丘上则大吉。在沙丘上深掘数丈后，挖到一个石椁，洗掉泥土细看，石椁上刻着几句铭文：'不肖子孙靠不住啊，灵公将夺此地而居。'可见，灵公被叫做'灵公'是很久之前就注定的事，大弢和伯常骞他们两人怎么会懂得这个道理！"

《逸周书·谥法》：乱而不损曰灵。为人乱七八糟，但也没有造成多大的损害，谥为"灵"，基本上是贬义词。伯常骞的说法，似乎对得上号；大弢等于没说；狶韦则明显是虚构事实，按他的说法，一切都是上天早就注定了，与个人没什么关系。

"上天注定"的观点乍一看似乎和道家的主张有点类似，仔细分析则不然，因为道家主张的是客观规律决定一切，并不是什么前世注定之类的唯心论，这一则看来也是夹带的私货。

这一章中真正有意义的是下面这个：

魏惠王与田侯牟订立盟约，但田侯牟违背了盟约。魏惠王大怒，打算派人刺杀田侯牟。

犀首（官名）公孙衍听说后，认为暗杀行为是可耻的，说："您是大国的国君，却用匹夫的手段去报仇！请让我统率二十万大军，为您攻打齐国，俘其百姓、夺其牛马，让齐王心急如焚，内毒发于背心，然后灭了齐国。那时田忌肯定已经望风逃跑，我就用鞭子追着他打，看我不打断他的脊梁骨。"

魏惠王就是大名鼎鼎的梁惠王，田侯就是齐王，不过齐王中没有叫做牟的，应该是虚构。还有公孙衍这人，一看就不靠谱，竟然认为大军一出动，齐王就会吓得背上长毒疮，齐国就此败亡；而且还无厘头地认为名将田忌肯定会逃跑，自己可以像赶牲口一样追着他打。

季子听说之后，又认为公孙衍的做法是可耻的，说："修筑十仞高的城墙，现在城墙已经筑到十仞了，又把它推倒，这是老百姓最痛恨的事情。如今兵争不起已经七年，此乃是王业的基础。公孙衍这人，蓄意挑起祸乱，万万不可听他的。"

华子听说之后，很鄙视公孙衍和季子，说："擅言伐齐者，确实是唯恐天下不乱；擅言不可伐齐者，同样也是挑起祸乱之人；装模作样讨论打与不打来搅乱人心的，同样是祸乱之人。"

魏王说："这也不行那也不行，那到底该怎么办？"

华子说："你还是从'大道'上想想办法罢！"

季子说法是有道理的，而华子基本上就属于清谈误国了。不过华子也有自知之明，把自己这样的评论家，也归为"乱人之列"。最可怜的还是梁惠王，不停地被孟子讥讽，难得手下有人愿意出主意了，又弄出一堆的玄虚，搞得云里雾里的。

惠子听说后，引见了戴晋人。戴晋人对魏王说："有种叫做蜗牛的小动物，您知道吗？"

魏王说："知道。"

"蜗牛的左角有个国家，名叫触氏，右角也有个国家，名叫蛮氏。两国经常为了争夺土地发动战争，伏尸数万，追赶失败的一方，要十五天后才能返回。"

魏王说："呵呵，你说的不是真的吧？"

戴晋人说："请让我为您证明一下。您认为四方和上下有尽头吗？"魏王说："空间是没有止境的。"戴晋人说："那您有没有过这种感觉，当您的心遨游于无穷的时空之后，回过头来看一下自己生存的环境，即使是四通八达的地方，也好像变得很小，小到若有若无呢？"魏王说："确实有过这样的感觉。"戴晋人又说："在这四通八达的地方，有一个魏国，魏国中有一个梁城，梁城里有您这个魏王。大王您和那蛮氏相比，有什么区别吗？"魏王回答说："没有区别。"戴晋人出去后，魏王茫然若失。

惠子再见魏惠王，魏王说："戴晋人，是个大人物，圣人不足以和他相提并论。"惠子说："吹管状的乐器，就会有清亮的声音；吹剑首的环孔，只是些唏嘘声罢了。尧舜是人们称道的圣人，在戴晋人面前称赞尧舜，也就是些许唏嘘声罢了。"

戴晋人劝说魏王的方法，是让魏王认识到浩瀚而漫长的时空中，为了一点蝇头小利争执不休，就像蜗牛的两只触角打架一样，毫无意义。这应该也就是前面华子所说的"大道"。不过以梁惠王的一贯表现，让他若有所失，可能只是一厢情愿。在你死我活的战国时代，真的要劝人收手，还是墨家比较靠谱。墨子救宋时，理论只是道义上的辅助手段，真正奏效的是"公输盘九设攻城之机变，子墨子九距之"，不管怎样都讨不了便宜，并且"臣之弟子禽滑（gǔ）厘等三百人，已持臣守圉（yù）之器，在宋城上而待楚寇矣"，最终还得靠实力说话。

当年的语文课本中，《墨子救宋》的最后删掉了一句话：

子墨子归，过宋。天雨，庇其闾中，守闾者不内也。故曰："治于神者，众人不知其功；争于明者，众人知之。"

救了人家的国，却连躲个雨也不让，这岂不又成了"农夫与蛇"的故事，所以才毫不犹豫地删了。但这真的不关"守闾者"什么事，人家一来不知道有"救宋"这回事，二来也是职责所在。墨子很清楚地看到了这一点，也并没有埋怨的口气，反而很是自豪。所以其实不删这一句，更能凸显墨者的高大。

扯得有点远了，没办法，这一章的内容本来就很杂，没有什么很明确统一的主题。从丰满的程度来说，应该以魏惠王的故事为主体，不仅有比较完整的故事脉络，也有铺垫和烘托，说理也很直观、生动，属于很标准的"诸子政论文"，而"则阳"只是因为排在篇首，才作为篇名而已。

则阳游于楚①，夷节言之于王②，王未之见③，夷节归。彭阳见王果曰④："夫子何不谭我于王⑤？"王果曰："我不若公阅休⑥。"

①**则阳**：人名，姓彭，名阳，所以下文称他为彭阳。　②**夷节**：人名，楚国大臣。**言**：称说，推荐。　③**王未之见**：即"王未见之"。之，代词，代则阳。　④**王果**：人名，楚国大夫。　⑤**谭**：同"谈"，与上面的"言"同义，称说，推荐。　⑥**公阅休**：人名，姓公阅，名休，楚国的隐士。

彭阳曰："公阅休奚为者邪①？"曰："冬则擉鳖于江②，夏则休乎山樊③。有过而问者,曰:'此予宅也。'夫夷节已不能,而况我乎！吾又不若夷节。夫夷节之为人也，无德而有知④，不自许⑤，以之神其交⑥，固颠冥乎富贵之地⑦，非相助以德，相助消也⑧。夫冻者假衣于春⑨，暍者反冬乎冷风⑩。夫楚王之为人也，形尊而严⑪；其于罪也，无赦如虎；非夫佞人正德⑫，其孰能桡焉⑬！

①**奚为者**：干什么的。奚，什么。为，做。　②**擉**（chuò）：戮、刺。　③**山樊**：树木茂密的山脚。　④**德**：德行。**知**：同"智"。　⑤**自许**：自我认可，自尊。　⑥**之**：代词，代指上文的"不自许"。**神**：动词，这里的意思是为了维护、巩固而将之神圣化。　⑦**颠冥**：迷惑，沉湎。　⑧**消**：损毁。　⑨**假**：借。　⑩**暍**（yē）：暑热，热。**反**：同"返"。　⑪**形**：外貌，神态。**尊**：傲慢。**严**：严厉。　⑫**佞人**：小人。**正德**：品行端正、高尚的人。　⑬**桡**（náo）：通"挠"，扰动，搅乱。

"故圣人，其穷也使家人忘其贫①，其达也使王公忘爵禄而化卑②。其于物也③，与之为娱矣④；其于人也，乐物之通而保己焉⑤；故或不言而饮人以和⑥，与人并立而使人化父子之宜⑦。彼其乎归居⑧，而一闲其所施⑨。其于人心者若是其远也⑩，故曰待公阅休。"

①**穷**：不得志，与下文的"达"相对。　②**达**：闻达，与"穷"相对。**化**：

教化，感化。**卑**：形容词活用作名词，指地位低下的百姓。　③**于**：对于。**物**：外物。　④**与之为娱**：字面的意思是"和它一起嬉戏"，也可以解释为"以游戏的心态对待"。之，代词，代物。为娱，快乐地对待。娱，动词，游戏。　⑤**乐物之通**：（对人）也像对物一样，抱着宽容与快乐的心态。乐，快乐。物，外物。之，代词，这样的。通，沟通，这里指对待。**保己**：保持自己的纯真。　⑥**不言**：不用喋喋不休的教诲。言，动词。**饮**：使动用法，使……饮。意是让人感受到，与"如沐春风"的"沐"用法相同，意义类似。**和**：温和、温暖。　⑦**化**：感化。**父子之宜**：父子般的情谊。　⑧**归居**：归隐。　⑨**一**：所有，一切。**闲**：动词，放下，指清静无为。**施**：动词，作为。　⑩**若**：如此。**是**：代词，这。**远**：远离，差距大。

魏莹与田侯牟约①，田侯牟背之②。魏莹怒，将使人刺之③。犀首闻而耻之曰④："君为万乘之君也，而以匹夫从仇⑤！衍请受甲二十万⑥，为君攻之，虏其人民⑦，系其牛马⑧，使其君内热发于背⑨，然后拔其国⑩。忌也出走⑪，然后抶其背⑫，折其脊。"

①**魏莹**：魏惠王的名字。**田侯牟**：即齐王。**约**：动词，约盟。　②**背**：背约。　③**刺**：刺杀。　④**犀首**：武官名。公孙衍的官职。**耻**：意动用法，以……为耻。　⑤**以**：用。**匹夫**：平民。**从**：处置。**仇**：仇敌。　⑥**衍**：指公孙衍，战国时著名的政治家，张仪的对手。**甲**：盔甲，借代用法，代指士兵、军队。　⑦**虏**：俘虏，掠夺。　⑧**系**：拴，引申为抢夺。　⑨**内热发于背**：内心的焦虑从背部发出，指背部生毒疮。　⑩**拔**：攻克，消灭，吞并。　⑪**忌**：田忌，齐国的将军。　⑫**抶**（chì）：鞭打。

季子闻而耻之曰①："筑十仞之城，城者既十仞矣，则又坏之②，此胥靡之所苦也③。今兵不起七年矣，此王之基也④。衍乱人⑤，不可听也。"

①**季子**：魏国的某一个贤臣。　②**坏**：毁坏。　③**胥靡**：又称"缌縻"，古代的奴隶，用绳索系在一起。**苦**：意动用法，以……为苦。　④**王之基**：称王称霸的基业。　⑤**乱人**：扰乱天下的人。

华子闻而丑之曰①："善言伐齐者②，乱人也；善言勿伐者，亦乱人也；谓伐之与不伐乱人也者，又乱人也。"君曰："然则若何？"曰："君求其道而已矣③！"

①丑：意动用法，以……为丑。　②善：容易，轻易。　③求其道：依据"道"来寻求正确的解决方法。而已：语气词，罢了。

惠子闻之而见戴晋人①。戴晋人曰："有所谓蜗者②，君知之乎？"曰："然。""有国于蜗之左角者，曰触氏；有国于蜗之右角者，曰蛮氏。时相与争地而战③，伏尸数万，逐北旬有五日而后反④。"君曰："噫！其虚言与⑤？"曰："臣请为君实之⑥。君以意在四方上下有穷乎⑦？"君曰："无穷。"曰："知游心于无穷，而反在通达之国⑧，若存若亡乎⑨？"君曰："然。"曰："通达之中有魏，于魏中有梁⑩，于梁中有王。王与蛮氏有辩乎⑪？"君曰："无辩。"客出而君惝然若有亡也⑫。

①见：引见。戴晋人：魏国贤人。　②蜗：蜗牛。　③相与：互相。④逐北：追逐失败的一方。北，败北，败逃。反：同"返"。　⑤虚言：不真实的话语。　⑥实：动词，证实。　⑦意：思想。穷：尽头。　⑧通达之国：四通八达、疆域宽广的国度。　⑨若存若亡：若有若无。　⑩梁：大梁，魏国国都。　⑪辩：通"辨"，辨别，区别。　⑫惝：怅惘。若有亡：若有所失。

客出，惠子见。君曰："客，大人也①，圣人不足以当之②。"惠子曰："夫吹筦也③，犹有嗃也④；吹剑首者⑤，吷而已矣⑥。尧舜，人之所誉也。道尧、舜于戴晋人之前，譬犹一吷也。"

①大人：伟大的人物。　②当：相当，匹敌。　③筦：同"管"，管类的乐器。　④嗃（xiāo）：拟声词，吹竹管的声音。　⑤剑首：剑环上的小孔。　⑥吷（xuè）：以口吹物发出的小声。

孔子之楚①，舍于蚁丘之浆②。其邻有夫妻臣妾登极者③，子路曰："是稯稯何为者邪④？"仲尼曰："是圣人仆也。是自埋于民⑤，自藏于畔⑥。其声销⑦，其志无穷⑧，其口虽言，其心未尝言，方且

与世违 ⑨，而心不屑与之俱 ⑩。是陆沈者也 ⑪，是其市南宜僚邪 ⑫？"

①之：往，去。　②舍：名词作动词，住宿。**蚁丘**：山丘名。**浆**：指卖浆的人家。　③极：指屋顶。　④稯（zǒng）稯：聚集，挤在一起的样子。⑤埋：埋没，隐居。　⑥畔：这里指田亩之间。　⑦销：通"消"，消失。⑧无穷：远大。　⑨方且：犹"方将"，将会，将要。**与世违**：和世俗的人不一样。　⑩之：代词，代世人。俱：一起。　⑪**陆沈**：陆地无水而沉，比喻隐居。沈，同"沉"。　⑫**市南宜僚**：人名，姓熊，字宜僚，因居市南，故称市南宜僚，楚国的隐者。

子路请往召之 ①。孔子曰："已矣 ②！彼知丘之著于己也 ③，知丘之适楚也，以丘为必使楚王之召己也 ④，彼且以丘为佞人也。夫若然者 ⑤，其于佞人也羞闻其言，而况亲见其身乎！而何以为存 ⑥？"子路往视之，其室虚矣。

①召：召见。　②已：停止，算了。　③**著于己**：明了自己（指市南宜僚）的才能。著，显著，明了。　④使：让。**召己**：征召自己（指市南宜僚）。　⑤**若然者**：像这样的人。　⑥存：存在，留在。

仲尼问于大史大弢、伯常骞、狶韦曰 ①："夫卫灵公饮酒湛乐 ②，不听国家之政，田猎毕弋 ③，不应诸侯之际 ④。其所以为灵公者何邪？"大弢曰："是因是也 ⑤。"伯常骞曰："夫灵公有妻三人，同滥而浴 ⑥。史鳅奉御而进所 ⑦，搏币而扶翼 ⑧。其慢若彼之甚也 ⑨，见贤人若此其肃也 ⑩，是其所以为灵公也。"狶韦曰："夫灵公也死，卜葬于故墓不吉 ⑪，卜葬于沙丘而吉。掘之数仞 ⑫，得石椁焉，洗而视之，有铭焉，曰：'不冯其子 ⑬，灵公夺而里之 ⑭。'夫灵公之为灵也久矣 ⑮，之二人何足以识之 ⑯！"

①大（tài）史：官名，相当于以后的太史令。大，通"太"。**大弢、伯常骞**（qiān）、**狶**（shǐ）**韦**：人名，三人都是太史。　②湛（dān）：沉迷。③毕：网。弋：系绳的箭。　④际：交际。　⑤**是因是**：字面的意思是"这就是因为这"。　⑥滥：浴盆。　⑦**史鳅**：又称史鰌、史鱼，卫国的大夫。

奉御：侍奉帝王。**进所**：进到屋子里。　⑧**搏币**：即"搏弊"，谓人虽然疲困，仍坚持完成礼仪。币，通"弊"，疲困。**扶翼**：扶着两翼（两臂）。
⑨**慢**：通"漫"，散漫，放纵。　⑩**肃**：端庄，恭敬。　⑪**卜**：占卜。**故墓**：先前挖好的寿穴。　⑫**仞**：古代长度单位。　⑬**不冯（píng）其子**：即"其子不冯"，子孙靠不住。冯，通"凭"，依仗，倚托。　⑭**里**：动词，居。　⑮**灵公之为灵**：卫灵公之所以谥为"灵"。　⑯**识**：懂得。

蜗牛的两只触角，在浩瀚的时空里争斗不已

第二十六章

弱水三千，有个一升半斗很不错了

——读《外物》

这一章的主题就是第一句：

外物不可必。

先解释一下什么是"外物"。

根据这一章的内容，"外物"是一个很宽泛的概念，除了一个人的身体和思想之外的一切，都是"外物"，包括但不限于以下四方面的内容：

（1）具体的物质。最直接的当然是财富、俸禄什么的，简称为"利"。

（2）荣誉与名望。名和利从来都是密不可分的。

（3）人的具体行为。"名"与"利"不会从天上掉下来，得去钻营，这个过程也称之为"外物"。

（4）人与人之间的关系。这个看不见、摸不着的"关系"，其实是很重要的，很多时候起决定性作用。

再解释一下"必":

"必",会意字。从"八",也就是左右的那个两点;从"弋",也就是中间的那个玩意儿,"弋"同时还兼表字音。"八"表示"分","弋"即"杙(yì)",小木桩,两个合起来,是指用木桩插在地里,作为区分土地所有权的标记。所以"必"的本义是"区分的标准"。《说文》:"必,分极也。"

"外物",从来就不能用什么"好与坏""是与非""对与错""值不值得"等标准去区分,所以贤臣如关龙逄(páng)被斩首、比干被剖心、箕子被逼装疯,佞臣如恶来(人名)同样难逃一死,暴君夏桀和商纣同样身亡国灭。君主没有不希望臣子忠心的,但忠心的未必能够被信任,所以伍子胥飘尸江中,苌弘流死于蜀,藏其血三年后化作碧玉。父母没有不希望子女孝顺的,但孝顺的未必能够被慈爱,所以孝己(人名)忧苦而死,曾参悲伤一生。

木头相互摩擦会生出火来,金属遇到了火就会被熔化(木生火、火克金)。但阴阳五行也有错乱的时候,此时天地不宁,雷霆大作,水中竟然会有火(指暴雨中夹着闪电),回过头又烧毁了大槐树。(所以,阴阳五行一方面相生相克,循环往复,不能用简单的标准去评判谁是最厉害的;另一方面,五行也有错乱的时候,更增加了不确定性。所以,对错、好坏、是非乃至忠佞,不是那么容易区分和选择的,)许多时候都陷于两头为难、忧虑不堪却又无处可逃的境地。内心惊恐不安,想做的事一无所成,一颗扑通扑通的心像被孤悬于天地之间,怎一个愁字了得!"利"与"害"的顾虑不停地在脑子里回旋,压得人喘不过气来,就像已经生了一个大火堆,又围了一群人飞快地往里面添柴禾,而你就是那块被放在火上烤得嗞嗞作响的肥肉,只觉得内心崩溃、无路可走。

最后几句的原文是:

有甚忧两陷而无所逃, 螴蜳 (chéndūn, 惊恐不安的样子) 不得成, 心若县 (通 "悬") 于天地之间, 慰睯 (mín) 沈屯 (zhūn), 利害相摩, 生火甚多, 众人焚和, 月 (ròu, 同 "肉") 固不胜火, 于是乎有债 (tuí, 通 "隤", 败坏、崩坏) 然而道尽。

我看过许多注解, 基本都是不知所云。其实这是一个很形象的比喻, 用来描绘徘徊于 "利害" 之间的患得患失与痛苦万状。有个朋友说: 这几句话, 看着都焦虑, 做人真难。

是啊, 我们总是成天纠结于 "外物" 和 "利害", 但 "外物" 又是如此地翻手为云、覆手为雨, "利害" 又是如此不可捉摸, 人生何曾有过轻松愉快的日子? 放在火上烤的时候倒不少。

这一章大可以到此为止, 因为虽然是寥寥几句, 但主旨已经非常明确, 并且也触痛了灵魂, 似乎不必再展开。接下来的几则寓言, 极有可能是后人添足。不过这些寓言有趣且有哲理, 也是很耐看的:

庄周家贫, 于是去监河侯家借粮。监河侯说: "好的, 我马上就能拿到封邑的税金了, 到时候我借给你三百金, 行不行?"

庄周忿然作色, 说: "我昨天来的时候, 半路上有人叫我, 找了好久才发现车辙中有条鲫鱼。我问它: '鲫鱼啊, 你干嘛呢?' 鲫鱼回答: '我是东海的水族, 你有没有一升半斗的水让我活下来呢?' 我说: '好的, 我要去南方游说吴王和越王, 引西江之水来迎接你, 行不行?' 鲫鱼忿然作色, 说: '我失去了日常习惯了的生活环境, 没有安身之处。我只要一升半斗的水就能活下来, 现在你竟然说这样的话, 还不如早点到鱼干店里找我!'"

这则寓言, 乍一看是在讥讽地主老财的为富不仁、虚伪吝啬, 但既然放在这一章, 可能还是应该理解为人生在世, 满足生存需要的 "外物" 其实并不用太多, "弱水三千, 只取一瓢", 没必要追求许多不必要的名利。

任国公子做了个大鱼钩，系上巨大的黑绳，用五十头公牛做钓饵，蹲在会稽山上，将钓竿投进东海。每天这样钓鱼，等了一年也没钓到鱼。后来大鱼吃了鱼饵，牵着巨钩，一下子扯进水底，张开鱼鳍奋力疾驰，掀起白浪如山，海水震荡，声如鬼神，震惊千里之外。任公子钓到了这样的大鱼，剖制成鱼干，浙江以东、苍梧以北，没有谁不饱食这条鱼的。之后那些没见过世面的、喜欢评头品足的人，都惊奇地奔走相告。那些举着竹竿细绳，赶往山沟小渠，守候小鱼小虾的，想得到大鱼就难了。修饰浅薄的言辞以求得高名令闻，离通达"大道"也太远了，所以不曾领略过如任公子般远大情怀的，是不能够与之一起经世治国的，因为眼界与魄力都差得太远了。

前一则刚说"一升半斗"就够了，这一则马上又让人"志当存高远"，似乎有点矛盾。仔细想一下，还是很辩证的，前面说的是个人的"处世"，这里则是圣人的"治世"，性质不同、高度不同，自然不能一概而论。

儒生们操着《诗经》与《礼记》里的话语去盗墓。大儒在盗洞上方向下传话："东方的太阳就要升起来了，事情进展如何了？"小儒说："裙襦未解，口中有珠。"大儒说："《诗经》里本来就有这样的句子：'青青之麦，生于陵陂。生不布施，死何含珠为！'（既然古人的书上都这么说了，你们只管）揪住两鬓，按住胡须，轻轻地用锤子敲打下巴，慢慢地分开两颊，记得不要损坏了口中的珠子！"

这应该是最早的《盗墓笔记》了。《诗经》中是没有这几句的，有人认为可能早年的《诗经》中真的有，但这是不可能的。大儒顺口胡诌了几句，四字句式很有点《诗经》的味道，但"起兴"关系完全不搭调。人家"生不布施"也不能成为你拿珠子的理由，只是在为自己盗墓的行为找一个高尚的借口而已。可不是嘛，我们总会找到很有说服力的理由，让自己在贪婪"外物"时心安理得。不过生生把儒家黑成了盗墓贼，也有点不够厚道。

老莱子的弟子出去砍柴，遇到了孔子，回来后告诉老莱子，说："有个人在那边，上身长下身短，腿短又想走得快，因而步伐匆匆；驼背且两只耳朵长得比正常人靠后，好像是想听到人家在背后说的话，眼光中充满了经营天下的渴望，不知道他是谁。"老莱子说："是孔丘，叫他过来！"

孔丘到了，老莱子说："孔丘，收起你那付洋洋自得的举止和自作聪明的神态，这样你就能成为君子了！"孔丘变了脸色，作揖而退，局促不安地问道："我所从事的事业，还有发展的可能吗？"老莱子说："因为不愿忍受一世的痛苦却让万代的祸患在世上纵横，你是生来就孤陋浅薄呢，还是才略确实不够呢？给人好处和希望，以博取其欢心，以此显示自身的才华、保持内心的骄傲，这将是伴随你一生的丑行，是庸人的行为。你这样的人总是用所谓的名声来相互招引，以私利为目标相互勾结。（世上本没有一成不变的评判标准，）与其称赞唐尧非议夏桀，不如忘掉这两个人，也不要去评论谁好谁坏。（真正起决定作用的是客观规律，）违反客观规律无非是自身受到损害，轻举妄动无非是不断犯错。圣人总是考虑再三才去做必须做的事，所以每每都能成功。看上去似乎是你为天下人担负了许多，但最终目的还是为了自夸自擂，（你不招人待见，学术不行于天下，）这又有什么办法呢？"

还是和儒家、孔子过不去。孔子奔走天下、推行仁义的行为，在道家看来，也属于"外物"，并且最终目的还是为了"名"，为了自吹自擂，玩不转是正常的。

宋元君半夜里梦见有人披头散发在侧门外窥伺，见到宋元君就说："我来自名叫'宰路'的深渊，作为扬子江的使者出使河伯所在的黄河，一个名叫余且的渔夫抓住了我。"

宋元君醒来后，让人来占卜。卜者说："这是一只神龟。"宋元君问："有名叫余且的渔夫吗？"左右回答："有。"宋元君说："叫余且到朝廷上来见我。"

第二天，余且来朝。宋元君问："你打鱼得到了什么？"余且回答："我的网里捕到一只白龟，周长五尺。"宋元君说："献出你捕到的白龟。"

白龟送到后，宋元君在杀与养之间犹疑不定，又让人来占卜，卜者说："杀掉白龟用来占卜，大吉。"于是剖杀白龟，用龟板占卜了数十次，没有一点失误。

孔子说："神龟能显梦于宋元君，却不能避开余且的鱼网；才智能占卜数十次也没有一点失误，却不能让自己逃脱剖腹挖肠的灾祸。这就说明，才智有困窘的时候，思虑也有照应不到的地方。即使是最聪明的人，也抵不住万人谋算。鱼儿不畏惧鱼网却害怕鹈鹕，（不知道鱼网的祸害比鹈鹕大多了，）所以摒弃小聪明才是大智慧，摒弃自己'擅长'的才是真正的'擅长'。婴儿生下来，不用大师指教也能学会说话，只是因为跟会说话的人生活在一起。（有些东西不必强求，该有的自然会有。）"

这就是"外物不可必"。神龟施展神通从鱼网中跑了出来，一转眼又直接砸在了救命人的手里，人生就是如此不可测。孔子也一样，前一秒还被老莱子痛批，立刻又以智者的身份出现了。

惠子对庄子说："你说的话没有用处。"庄子说："懂得什么是无用，才可以与你讨论什么是真正的有用。大地不能不说是既广且大，但人所能用到的只是脚能踩到的一小块而已。既然这样，只留脚下的一小块，其余全都挖掉，一直挖到黄泉，脚下的那一块还有用吗？"惠子说："当然没用了。"庄子说："那么'无用'也是'有用'的，就很明白了啊。"

"有用"与"无用"，还真的不好说，眼光短浅，只盯着眼前的、脚下的，没有大局意识，肯定不行；而特定情形下拼命争取的，换个场景可能又一文不值：这就是"外物不可必"。

什么？你还问我正确的取舍标准是什么？不是告诉你没有标准了吗？至少这一章里没有。

原文选注

外物不可必①，故龙逢诛②，比干戮③，箕子狂④，恶来死⑤，桀纣亡⑥。人主莫不欲其臣之忠，而忠未必信⑦，故伍员流于江⑧，苌弘死于蜀⑨，藏其血三年而化为碧。人亲莫不欲其子之孝，而孝未必爱⑩，故孝己忧而曾参悲⑪。木与木相摩而然⑫，金与火相守则流⑬。阴阳错行⑭，则天地大绒⑮，于是乎有雷有霆，水中有火⑯，乃焚大槐。有甚忧两陷而无所逃⑰，螴蜳不得成⑱，心若县于天地之间⑲，慰暋沈屯⑳，利害相摩，生火甚多，众人焚和㉑，月固不胜火㉒，于是乎有僓然而道尽㉓。

①**外物**：身外之物。**必**：标准。　②**龙逢**（páng）：关龙逢，夏代的贤臣。　③**比干**：殷纣王的叔父，因忠谏而被挖心。　④**箕子**：殷纣王的庶叔，曾劝谏纣王，纣王不从，箕子因而佯狂。　⑤**恶来**：人名，殷纣王的媚臣。　⑥**桀**：夏代的最后一个暴君，名履癸，后为商汤所灭。**纣**：殷纣王，是商朝的最后一个暴君，被周武王打败而自焚。　⑦**信**：被信任。⑧**伍员**：即伍子胥，吴王夫差的大夫，后因劝谏夫差拒赵求和，停止伐齐，被夫差赐剑自刎，尸体被扔到江中。　⑨**苌弘**：周灵王的贤臣，被放归蜀，剖肠而死。苌弘后被作为屈死者的象征。"蜀"是当时周的一个地方，并不是指四川。　⑩**爱**：受疼爱。⑪**孝己**：殷高宗的儿子，受后母虐待，忧苦而死。**曾参**：字子舆，孔子弟子。曾参悲的出处不明。《二十四孝》中的"啮指痛心"和主题并不怎么相符。⑫**然**："燃"的古字。⑬**金与火相守则流**：

金与火在一起,会熔化而流动。 ⑭**阴阳错行**:阴阳五行会错乱。 ⑮**绞(hài)**:通"骇",惊骇。 ⑯**水中有火**:指暴雨中有闪电。 ⑰**甚**:很,过分。**忧**:忧伤。**两陷**:陷于两头为难。**无所逃**:无可避免。 ⑱**螴蜳(chéndūn)**:惊恐不安的样子。**不得成**:一事无成。 ⑲**县**:通"悬"。 ⑳**慰**:通"蔚",生病。**瞀(mín)**:郁闷。**沈屯(zhūn)**:沉闷。 ㉑**焚和**:指(众人)添柴扇火让火烧得更旺。焚,焚烧。和,掺和。 ㉒**月(ròu)不胜火**:肉在火上烤焦了。月,同"肉",凡与"肉"有关的字基本都是"月"字旁。 ㉓**㥦(tuí)**:通"隤",败坏、崩坏。**道尽**:无路可走。道,道路。

庄周家贫,故往贷粟于监河侯①。监河侯曰:"诺。我将得邑金②,将贷子三百金,可乎?"庄周忿然作色曰:"周昨来,有中道而呼者③。周顾视车辙中④,有鲋鱼焉⑤。周问之曰:'鲋鱼来!子何为者邪?'对曰:'我,东海之波臣也⑥。君岂有斗升之水而活我哉⑦?'周曰:'诺。我且南游吴越之王⑧,激西江之水而迎子⑨,可乎?'鲋鱼忿然作色曰:'吾失我常与⑩,我无所处。吾得斗升之水然活耳⑪,君乃言此,曾不如早索我枯鱼之肆⑫!'"

①**贷**:借。**粟**:小米,代指粮食。**监河侯**:监理河道的官员。 ②**邑金**:封邑上交的年金、租税。 ③**中道**:即"道中",在路当中叫唤。 ④**顾**:回头看。 ⑤**鲋(fù)鱼**:鲫鱼。 ⑥**波臣**:水中的臣子,水族中的一员。 ⑦**岂**:表疑问,有没有。**斗升之水**:一升半斗的水,形容量很少。**活**:使动用法,使我活。 ⑧**南游**:往南方去游说。 ⑨**激**:激荡,这里是引来的意思。 ⑩**常与**:日常生活的环境。常,日常,恒常。与,相与,相处。 ⑪**然**:则,就。 ⑫**曾不如**:还不如。**索**:寻找。**枯鱼之肆**:干鱼市场。

任公子为大钩巨缁①,五十犗以为饵②,蹲乎会稽,投竿东海,旦旦而钓③,期年不得鱼④。已而大鱼食之⑤,牵巨钩,錎没而下⑥,鹜扬而奋鬐⑦,白波如山,海水震荡,声侔鬼神⑧,惮赫千里⑨。任公得若鱼⑩,离而腊之⑪,自制河以东⑫,苍梧已北⑬,莫不厌若鱼者⑭。已而后世辁才讽说之徒⑮,皆惊而相告也。夫揭竿累⑯,趣灌渎^⑰，守鲵鲋^⑱，其于得大鱼难矣。饰小说以干县令^⑲，其于大达亦远矣^⑳，是以未尝闻任氏之风俗^㉑，其不可与经于世亦远矣^㉒。

①任公子：任国的公子，有说就是前文出现过的大公任。缁（zī）：黑绳。　②犗（jiè）：阉割过的牛。　③旦旦：天天。　④期（jī）年：一整年。　⑤已而：后来。　⑥铭没而下：指大鱼拖着鱼钩一下子沉到水下。铭，同"陷"，陷没。　⑦骛（wù）：奔驰。扬：扬起，跃出水面。奋：怒张。鬐（qí）：鱼鳍。　⑧侔（móu）：等同，齐等，相等。　⑨惮（dàn）赫：震惊。　⑩若：代词，这样的。　⑪离：剖开。腊（xī）：晒干。　⑫制河：浙江。　⑬苍梧：山名。已：同"以"。　⑭厌：吃饱。　⑮辁（quán）才：浅薄的才能。辁，没有车辐的车轮。讽说：传说。　⑯揭：举着。累：细绳。　⑰趣（qū）：赴，前往。渎（dú）：水沟，小渠，亦泛指河川。　⑱鲵鲋：泛指小鱼。　⑲饰：粉饰。小说：细小浅薄的言辞。以：用来。干：追求。县令：高名令闻。县，通"悬"，高悬。令，名声。　⑳大达：通达"大道"的人。远：差距大。　㉑风：传说。俗：事迹。　㉒经于世：即经世，指治国。

　　儒以《诗》《礼》发冢^①，大儒胪传曰^②："东方作矣^③，事之何若^④？"小儒曰："未解裙襦^⑤，口中有珠。"《诗》固有之曰^⑥：'青青之麦，生于陵陂^⑦。生不布施，死何含珠为^⑧！'接其鬓^⑨，压其顪^⑩，儒以金椎控其颐^⑪，徐别其颊^⑫，无伤口中珠！"

①以：用，把，拿。指儒士操着《诗》《礼》中的话语去盗墓。发冢：盗墓。　②胪（lú）传：这里指大儒站在盗洞上方向下喊话。胪，从上往下传话。　③作：兴起，指太阳要上山了。　④事之何若：事情进展得怎么样了。之，句中助词，补全音节。何若，即若何，如何。　⑤襦（rú）：短衣。　⑥固：本来。　⑦陵陂（bēi）：山坡，地势较高的田地。　⑧何……为：疑问句，干什么呢？　⑨接：抓住，掌握。　⑩顪（huì）：下巴上的胡子。　⑪儒：通"濡"，缓慢。控：敲打。颐：下巴。　⑫徐：慢慢。别：撬开。颊：面颊。

　　老莱子之弟子出薪^①，遇仲尼，反以告，曰："有人于彼，修上而趋下^②，末偻而后耳^③，视若营四海^④，不知其谁氏之子。"老莱子曰：

"是丘也。召而来。"

① 老莱子：人名，楚国的贤人，与孔子同时。据说为避楚王召其为相，携妻子出逃，隐于江南。**出薪**：出去打柴。薪，名词作动词，打柴。② **修上**：上身长。修，长。**趋下**：是指腿短又想走得快因而步伐匆匆。趋，快步走。 ③ **末偻**（lǚ）：驼背。末，脊背。**后**：靠后。 ④ **视**：目光，眼神。**营四海**：经营四海，指志在天下。

仲尼至。曰："丘！去汝躬矜与汝容知 ①，斯为君子矣 ②！"仲尼揖而退，蹙然改容而问曰 ③："业可得进乎 ④？"老莱子曰："夫不忍一世之伤而骜万世之患 ⑤，抑固窭邪 ⑥，亡其略弗及邪 ⑦？惠以欢为骜 ⑧，终身之丑 ⑨，中民之行进焉耳 ⑩，相引以名 ⑪，相结以隐 ⑫。与其誉尧而非桀，不如两忘而闭其所誉 ⑬。反无非伤也，动无非邪也 ⑭。圣人踌躇以兴事 ⑮，以每成功 ⑯，奈何哉，其载焉终矜尔 ⑰！"

① **去**：放弃，丢掉。**躬**：举止。**矜**：自大、自得。**容**：神态。**知**：同"智"，聪明。 ② **斯**：此。 ③ **蹙**（cù）**然**：局促不安的样子。**改容**：改变仪容，动容。 ④ **业**：指自己的学业、从事的事业。**进**：提高，发展。 ⑤ **"不忍"句**：不能忍受一世的痛苦却让万代的祸患在世上纵横。骜（ào），奔驰、放纵。 ⑥ **抑**：抑或。**固**：本来。**窭**（jù）：鄙陋，浅薄。 ⑦ **亡其**：连词，抑或，还是。**略**：谋略。**弗及**：不够。 ⑧ **惠**：动词，给予恩惠。**欢**：使动用法，使人开心。**骜**：通"傲"，骄傲。 ⑨ **终身之丑**：一辈子的丑行。 ⑩ **中民**：中等的人民，平民。**行**：行为。**进**：与"行"同义，即行为。 ⑪ **引**：招引。 ⑫ **结**：结交。**隐**：这里指私心、私利。 ⑬ **闭**：关闭，闭嘴。 ⑭ **"反无非伤也"二句**：违反规律无非是伤了自己，妄动无非是做错事情。反，违反（客观规律）。动，妄动。邪，错误。 ⑮ **踌躇**：研究，反复思量。**兴**：发动。 ⑯ **以**：所以。**每**：每每。 ⑰ **载**：担负。**终**：最终的目的。**矜**：自夸。

宋元君夜半而梦人被发窥阿门 ①，曰："予自宰路之渊 ②，予为清江使河伯之所 ③，渔者余且得予 ④。"元君觉，使人占之 ⑤，曰："此神龟也。"君曰："渔者有余且乎？"左右曰："有。"君曰："令余且会朝 ⑥。"明日，余且朝。君曰："渔何得？"对曰："且之网得白龟

弱水三千，有个一升半斗很不错了

焉，其圆五尺。"君曰："献若之龟。"龟至，君再欲杀之⑦，再欲活之，心疑，卜之⑧，曰："杀龟以卜⑨，吉。"乃刳龟⑩，七十二钻而无遗策⑪。

①**宋元君**：宋国国君宋元公，名佐。《田子方》中出现过。**被**(pī)：通"披"。**窥**：窥视。**阿门**：偏门，侧门。 ②**自**：来自。**宰路**：渊名。 ③**为**：作为。**清江**：扬子江。**使**：使者。**河伯**：黄河河神，《大宗师》与《秋水》中都出现过。 ④**渔者**：打鱼的人。**余且**（jū）：人名。 ⑤**占**：占梦。 ⑥**会朝**：参与朝会。 ⑦**再**：这里指事情或行为重复，继续。 ⑧**卜**：占卜。 ⑨**以**：用来。 ⑩**刳**（kū）：挖空。 ⑪**钻**：在龟壳上钻洞，指占卜。**遗策**：失策，失算。

仲尼曰："神龟能见梦于元君①，而不能避余且之网；知能七十二钻而无遗策，不能避刳肠之患。如是，则知有所困②，神有所不及也③。虽有至知④，万人谋之⑤。鱼不畏网而畏鹈鹕⑥。去小知而大知明⑦，去善而自善矣⑧。婴儿生无石师而能言⑨，与能言者处也⑩。"

①**见**："现"的古字，在梦中出现，指托梦。 ②**知**：同"智"。**困**：困窘。 ③**神**：这里是思虑的意思。**所不及**：考虑不到的地方。 ④**虽**：即使。**至知**：即至智，最高明的智慧。 ⑤**谋**：谋算。 ⑥**鹈鹕**（tíhú）：水鸟，体长可达2米，翼大，嘴长，尖端弯曲，嘴下有一个皮质的囊，善于游泳和捕鱼，捕得的鱼存在皮囊中。 ⑦**去**：舍弃。**小知**：小聪明。**大知**：大智慧。**明**：明了，懂得。 ⑧**善**：擅长。 ⑨**石师**：大师。石，通"硕"。 ⑩**处**：相处，一起。

惠子谓庄子曰："子言无用。"庄子曰："知无用而始可与言用矣①。天地非不广且大也，人之所用容足耳②。然则厕足而垫之致黄泉③，人尚有用乎？"惠子曰："无用。"庄子曰："然则无用之为用也亦明矣。"

①**知**：懂得。**始**：才。**与言**：和……一起讨论。 ②**容足**：容纳两脚的一小块地。 ③**厕足**：侧足，容足。厕，通"侧"。**垫**：挖掘。**致**：直至。

第二十七章

等一滴水漾开，让它漫延在你的心田

——读《寓言》

一般认为本章是《庄子》全书的"凡例"，主要是因为开篇第一句：

寓言十九，重（zhòng）言十七，卮（zhī）言日出，和以天倪。

"寓言"，指用假托的故事、拟人的手法说明某个道理，常带有劝诫、教育的性质。"重言"也好理解，指"借重名人"的言辞，通过大人物的嘴说出，增加可信度，相当于"名人名言"。"寓言"与"重言"，一直都是议论文的主要论证方法。

"十九"，有两种观点，有人认为是指《庄子》一书中，寓言的比重占了十分之九，这十分之九中又有十分之七属于"重言"；还有人认为是指"十句中有九句"能让人相信。

仔细比较一下，还是前一种观点更让人信服。粗略估算一下，寓言还真的占了"十分之九"左右；借"名人"的嘴发议论也很多，所以我们会看到，整部《庄子》不停地"曰"来"曰"去。再者，寓言十之八九能让人信服还说得过去，但如果十句"重言"只能让人相信七句，请这许多的"名人"来站台还有什么意思，出场费与效果不成比例啊。

寓言之所以占了十分之九，是因为需要借助于"外人与外物"来说理。正如父亲不能给儿子做媒，因为父亲夸奖儿子，总不如外人的夸奖更能让人信服。所以这本书里有这么多的寓言，不是我的过错，是众人的过错啊。谁叫你们凡是和自己相同的观点就应和，和自己不同的观点就反对；同自己一样的行为就肯定，跟自己不一样的行为就否定呢！

重言所占的十分之七，都是一些前辈们曾经说过的话。年龄比别人大，却没有经天纬世之才，看不清事物的本源和结局，知识水平和年龄不相称，这样的人不能算是真正的前辈。一个人年纪比别人都大，却没有什么领先于他人的长处，那可不是为人之道，这种人一般都被叫做"老朽之人"。

寓言和重言基本清楚，麻烦的是"卮言"。有人说"卮"通"支"，指"支离破碎"的语言，是指"支离而无统绪或随人妄言，既无主见，也无立场的、随和人意的言论"。《庄子》怎么可能"随人妄言、无主见、无立场、随和人意"？所以又有人引申了一下，称之为"不着边际的言论"，但似乎也不是很恰当，"不着边际"算什么事？

"卮"，本意是"古代一种盛酒器"，圆形，有好事者还计算出它的容量是四升，相当于八斤，这是比较可信的。鸿门宴上项王曰：

"壮士！赐之卮酒！"则与斗卮酒。哙拜谢，起，立而饮之。

按这里的说法，"卮"应该和"斗"差不多大，不过一斗应该是十升；总之是好大的一缸酒，如果是一小杯，用不着强调樊哙"立而饮之"，后面也不用再问"能复饮乎"。站着一口气喝八斤就厉害了，要狠狠地写上一笔。

"卮"字似乎就只有"酒器"这一个意思，所以我认为"卮言"就是指"酒话"，并且是喝了八斤之后说的。

喝了酒之后说的话，有两个特点，一是随性，喝醉了还管他什么该不该说、能不能说，也不用管什么逻辑与文法；二是"酒后吐真言"，随性的同时也是真诚的，至少不会想点花招来骗你，喝醉了没这心机。

"卮言"，即"随性而真诚的话语"，与"不着边际"不是一回事。

再来看一下原文：

寓言十九，重言十七，卮言日出，和以天倪。

"天倪"也是个麻烦。意思是明确的，都认为"天"是"自然"，"倪"是"边际、分际"，"天倪"即"自然的分际"，那什么叫"和以天倪"？为什么"卮言"要"和以天倪"？

答案在第二章《齐物论》中已经交代过了：

何谓和之以天倪？曰：是不是，然不然。是若果是也，则是之异乎不是也，亦无辩；然若果然也，则然之异乎不然也，亦无辩。

什么叫做"和之以天倪"？就是说：把"不是"也当作"是"，把"不对"也当作"对"。因为"是"如果真的是"是"，那么"是"和"不是"的差异也是很清楚的，用不着辩论；"对"如果真的是"对"，那么"对"和"不对"的差异也是很清楚的，也用不着辩论。

《齐物论》的主旨是"齐物"，即万物都是一样的，蝴蝶就是庄子，庄子就是蝴蝶，没必要分清楚到底是谁变成了谁；既然万物都可以同一，那么争论谁对谁错又有什么意义？所以即便我成天喋喋不休地说些看上去很随性的话，你们都不要跟我争什么对与错，我也不会和你们辩论，只有"天"才是分辨错与对的边界。同时，许多现在看似截然不同的言论，随着时间的流逝，会发现它们的本质其实是一样的，因而最终会走向融合。

等一滴水漾开，让它漫延在你的心田

这就叫"卮言日出，和以天倪"，"和"是指统一、融合，在强调真理的客观性的同时，也表达了不愿意和人争辩的态度。

卮言日出，和以天倪，因以曼衍，所以穷年。

这一句也和《齐物论》中的类似：

化声之相待，若其不相待，和之以天倪，因之以曼衍，所以穷年也。忘年忘义，振于无竟，故寓诸无竟。

教化百姓的言论，需要人家打心眼里认同。如果他们不认同，应该让"天"来区分对错、让时间来融合不同的言论，顺着民众思想的进步，像水溢出一样，慢慢地让这些教化的言论漫延至民众的心田。对于教化者而言，这可能需要花费一辈子的时间，不能急于求成。在教化的过程中，要忘掉时间、忘掉功利，让自己的思想与行为逍遥于无所求的境界，所以，教化民众，应该从无所求（也就是不带功利目的）的境界出发。

战国诸子，都以教化百姓为己任，都认为自己是最正确的，因此不同的主张成天价争吵不休。《齐物论》劝告各位思想家，本来就没有严格意义的对与错，所以不要争个不停，也不要心急，不要希望几天之内就天下大同，要让事实来检验，让时间使一切都变得水到渠成。"曼衍"，有人解释为"游衍自得"，不是很看得懂，我认为它就是"漫延"，"水满溢而向周围扩散"的样子。

所谓的潜移默化，就是等一滴水漾开，让它漫延在你的心田。

本章接下去又进一步阐述了这个观点：

你没说话的时候，感觉心里想的理论是很正确、很完整的，但当你真的开口说了，就发现你那套完整的理论，很难用准确适当的语言表述出来。语言和完整的理论不相称，不能够完整地阐述理论，所以说有许多话是不值得说的，还不如不说。成天说一些不值得说的话，说一辈子，也等于什么都没说；一辈子一句话也不说，也不一定什么道理都没有表达出来（因为还可以"身教"）。

（个人的主观思想与言论，带有很大的主观性，）有依据的话，可以被认可，但有依据的话同样也可以不被认可；有依据的事可以被认为是对的，也可以被认为是错的。什么是对的？你认为它是对的，那它就是对的。什么是可以做的？你认为可以做的那它就是可以做的。什么是不可以的？你认为不可以的那它就是不可以的。

但是，事实上，任何一个事物，都有客观的、不以人的意志为转移的"对不对"与"可不可"的标准。（存在即合理，）世上存在的任何一个事物、发生的任何一件事，没有什么是不对的，也没有什么是不可以的。所以，除非像我这样随性而真诚的言辞，让"天"来区分对错、让时间来融合，谁还能永久地存在于世上！

万物都有一个共同的起源，但以不同的形态传承。生命的更替、生生不息、周而复始，就像一个个圆环，任何人都无法控制它运转的规律，这就叫"永恒的、客观的、自然的运动（天均）"。

"永恒的、客观的、自然的运动"决定了我们的理论，只能让"天"来区分对错。

基本上对上述几段文字的解读，都停留在"天书"的级别，很难看懂到底是在说什么，这也是为什么都把这一章当成"凡例"的原因。其实，这一章论述的是道家的基本哲学观点，至少包括了以下几方面的内容：

（1）语言是思想的外现，但是，语言很难准确、完整地表达思想，所以没必要喋喋不休，有些时候，说了还不如不说。

（2）是与非的评判标准是客观的，应由"天（自然规律）"来决定是非与对错。能够存在的事物，就是符合规律要求的，就是合理的。

（3）每个人的"是非观"又是主观的，取决于个人的主观意志，所以，要让一个人接受你的观点，是很困难的。

等一滴水漾开，让它漫延在你的心田

（4）生命与万物都是周而复始、循环往复的，所有的"真理"最后都得让"自然"来检验。

这些哲理性的思辨，归根到底都是在论证一个观点：没有必要因为观点和理论的不同而吵个不停，谁对谁错要交给时间、交给历史与实践去评定。说服一个人已经很困难，教化百姓更不能靠空洞的说教，寓言是为了潜移默化，重言是为了增加说服力，卮言则是为了启发引导，留出思考空间，需经过长久的努力，才有可能求得成效。

因此，本章的主题，是基于哲学思辨基础，对诸子论争的否定、对教化方式的探索，决不是"凡例"那么简单，至少也应该是"绪论"。

后面的几则故事，庄子与惠子的问答、老子与阳子居的对话，是为了说明个人的行为重于理论，身教重于言教；孔子评论曾参、影子的影子与影子的对话，是为了说明内心不可牵挂太多，思想要高度自由，不能被束缚；颜成子游与东郭子綦的对话，是为了说明自然的规律是客观的、不以人的意志为转移的，总体上还是围绕着前面的论述展开的。

原文选注

寓言十九①，重言十七②，卮言日出③，和以天倪④。

① **寓言**：指用假托的故事、拟人的手法说明某个道理，常带有劝诫、教育的性质。**十九**：十分之九。　② **重**（zhòng）**言**：借重名人、先贤所发的议论。重，借重。　③ **卮**（zhī）**言**：酒后之言，指随性而真诚的语言。卮，古代盛酒的器皿。**日出**：指随时出现。日，每天。　④ **和**：统一，融合。**天倪**：自然的分际。天，自然。倪，边界。

寓言十九，藉外论之^①。亲父不为其子媒^②。亲父誉之^③，不若非其父者也；非吾罪也^④，人之罪也。与己同则应^⑤，不与己同则反^⑥；同于己为是之^⑦，异于己为非之^⑧。

① **藉外论之**：借外人、外物发表议论。藉，同"借"。　② **媒**：动词，做媒。　③ **誉**：动词，称誉。　④ **罪**：过错。　⑤ **应**：应和。　⑥ **反**：反对。　⑦ **为**：行为。**是**：认为对的，肯定。　⑧ **非**：否定。

重言十七，所以已言也^①，是为耆艾^②。年先矣^③，而无经纬本末以期年耆者^④，是非先也。人而无以先人^⑤，无人道也^⑥；人而无人道，是之谓陈人。

① **已言**：前人已经存在的言论。已，已经。　② **耆**（qí）**艾**：六十为耆，五十为艾，泛指老年人。　③ **年先**：年长。　④ **经纬**：经天纬地，指治理国家。**本**：本源。**末**：结局。**期**：符合。　⑤ **无以先人**：没有什么领先于别人（的长处）。　⑥ **无人道**：不符合为人之道。

卮言日出，和以天倪，因以曼衍^①，所以穷年^②。

① **曼衍**：同"漫延"，即随事物引申发挥。　② **穷年**：穷尽天年，指不惜花一辈子的时间。

不言则齐^①，齐与言不齐^②，言与齐不齐也^③，故曰无言^④。言无言^⑤，终身言，未尝不言^⑥；终身不言，未尝不言^⑦。有自也而可^⑧，有自也而不可；有自也而然^⑨，有自也而不然。恶乎然^⑩？然于然^⑪。恶乎不然，不然于不然。恶乎可，可于可^⑫？恶乎不可？不可于不可。物固有所然^⑬，物固有所可^⑭，无物不然^⑮，无物不可。非卮言日出，和以天倪，孰得其久^⑯！万物皆种也^⑰，以不同形相禅^⑱，始卒若环^⑲，莫得其伦^⑳，是谓天均^㉑。天均者天倪也^㉒。

① **言**：动词，开口说话。**齐**：正确，完整。　② **齐与言不齐**：完整的理论，很难用准确适当的语言表述出来。第一个齐是形容词作名词，指完整的理论。言，名词，言论。不齐，不一致。　③ **言与齐不齐也**：语言和完整的

等一滴水漾开，让它漫延在你的心田

理论不相称。　④**故曰**：所以说。**无言**：不要说，不值得说。　⑤**言无言**：说不值得说的话。第一个言是动词，说。无言，不值得说的话。　⑥**终身言，未尝不言**：说一辈子，等于什么都没说过。未尝，不曾。不言，不说话，没说过。　⑦**终身不言，未尝不言**：一辈子不说话，也不等于从未说话，意为"身教重于言教"。　⑧**有自也而可**：有出处的话会被认可。自，出处，依据。可，认可。　⑨**有自也而然**：有出处的话会被认为是对的。然，认为……是对的。　⑩**恶乎**：什么。**然**：对的，正确的。　⑪**然于然**：字面的意思是"认为对的是对的"。第一个然是意动用法，认为……是对的。　⑫**可于可**：意为"做自己认为可以做的事"。第一个可是意动用法。　⑬**物**：天下所有的事物。**固**：本来。**有所然**：指有着"对"的客观标准。　⑭**有所可**：指有着"可"的客观标准。　⑮**无物不然**：世上存在的任何一个事物，发生的任何事，都是正确的、应该的。这一句表达的就是"存在即合理"的哲学思想。　⑯**孰得其久**：谁还能永久地存在于世上。孰，谁。　⑰**种**：起源。　⑱**以不同形相禅**：生命以不同的形态相传承。形，形态、形状。禅，传承。　⑲**始卒若环**：生命的更替，生生不息、周而复始，就像一个圆环。始，开始。卒，结局。　⑳**莫得其伦**：没有人能控制它运转的规律。伦，顺序，道理，指规律。　㉑**天均**：指永恒的、客观的、自然的运动。均，本义是制陶时的陶轮，取其运转不停之意。　㉒**天均者天倪也**：指"永恒的、客观的、自然的运动"决定了我们的理论，只能让"天"来区分对错。

第二十八章

贪念一闪，就成了"接盘侠"

——读《让王》

"让王"，就是禅让天下。禅让制在中国确实存在过，最为人熟知的就是尧让舜、舜让禹，本章中的故事当然是虚构的。

先看一下谁在让来让去：

尧把天下让给许由，许由不接受。又让给子州支父，子州支父说："我来做天子，还是可以的。但是，我刚好得了说不清楚的、让我很担心的毛病，正打算去治病，所以没空治天下。"

舜让天下给子州支伯（应该和上面是同一个人，也有可能是兄弟），子州支伯说："我刚好得了说不清楚的、让我很担心的毛病，正打算去治病，所以没空治天下。"

舜把天下让给善卷（人名），善卷说："我在这个广袤的宇宙中，冬天穿皮毛，夏天穿葛布；春天耕种，我的身体还能够承受这些简单的劳作；秋天收获，所得能够满足自身的生活所需，也能得到一点休息；日出而作、日落而息，逍遥于天地之间且心满意得，我要这个天下干什么呢！可悲啊，你不懂我啊！"善卷没有接受天下，并且跑去隐入深山，再也没有人不知道他在哪了。

舜把天下让给石户的一位农夫朋友。这位农夫朋友说："你的为人已经很努力了，确实是个很勤劳的人啊！"他认为舜的德行还没有达到最高的境界，于是丈夫背着行囊、妻子顶着器具，带着子女到了海上，终生没有返回。

石户之农

舜把天下让给朋友北人无择。北人无择说："舜的为人太奇怪了，本是个种田的却跑到尧那里去了！不仅如此，还想用和他一样的丑行来玷污我！我不想见到他。"于是跳进名叫清泠（líng）的深渊里自杀了。

商汤将伐夏桀，去找卞随商量。卞随说："这不是我该做的事。"商汤问："那谁可以呢？"卞随回答："我不知道。"商汤又去找瞀（mào）光商量，瞀光说："这不是我该做的事。"商汤问："谁才可以呢？"瞀光回答："我不知道。"商汤说："伊尹行不行？"瞀光说："伊尹这个人，为人努力、个性坚强且能够忍受耻辱，至于其他的我就不知道了。"

于是商汤就找伊尹商量伐桀之事，战胜之后，商汤想把天下让给卞随。卞随推辞说："君后你讨伐夏桀时找我商量，肯定是把我当成了残暴之人；战胜夏桀之后又想把天下让给我，肯定是把我当成了贪婪之人。我生活在乱世之中，而且无道之人两次用他的丑行来玷污我，我不能忍受反复听到这样的话。"于是跳入椆（chóu）水自杀了。

商汤又打算把天下让给瞀光，说："聪明的人谋划夺取天下，勇武的人完成这个谋划，再让仁德的人拥有这个天下，这是自古以来的道理。先生为什么不肯居其位呢？"瞀光推辞说："废上不合于道义，杀戮不合于仁义；别人迎难而上，我却坐享其利，这不是品行方正的表现。我听说：对于不讲道义的人，不能接受他给予的利禄；无道的国家，不能踏上它的土地；何况是你要尊我为帝呢！我不能忍受老是看见你。"于是背着石块沉入庐水自杀了。

这几个"让王"的故事，一个比一个极端，先前还只是找借口推托，然后就逃跑，最后干脆自杀，而且都是跳进名字很好听的深渊河水中自杀，以表现自己不愿意被玷污。

且不说是不是和个人的思想境界有关，做皇帝真的不是一份好职业。南朝宋顺帝被萧道成逼迫下诏禅位时哭着说："愿后身世世勿复生帝王家！"被杀时年仅十三岁。李自成攻进北京城，崇祯皇帝对公主说："若何为生我家！"亲手砍断了女儿的手臂。所以一般人还真的不敢接"天下"这个烫手的山芋：

越国人先后杀掉了本国的三代国君，王子搜很害怕，逃到丹穴洞中。越国人没有了君主，到处找不到王子搜，一直追到了丹穴洞。王子搜不肯出洞，越人点燃艾草，用烟熏他出来，逼他登上王舆。王子搜拉着登车的绳索上车时，仰天大呼说："王位啊，王位啊，为什么就是不肯放过我呢！"王子搜并不是厌恶做国君，而是厌恶做国君带来的杀身之祸。像王子搜这样的人，可以说是不肯因为王位而伤害性命了（包括自己和他人的性命），这也就是越人想要让他做国君的原因。

连着杀了三个国君，还有谁敢往这个火坑里跳，可问题是一般人很难看清这一点：

韩、魏两国互相争夺土地。华子拜见昭僖侯，昭僖侯面带忧色。华子说："如今让天下所有人都来到你面前，写下保证书，保证书上说：'左手来拿保证书的，砍掉右手；右手来拿保证书的，砍掉左手；不过拿到这份保证书之后，就拥有了天下。'君侯会去拿吗？"昭僖侯说："我是不会去拿的。"

华子说："很好！由此看，两条手臂比天下更为重要，人的身体又比两条手臂更重要。韩国与整个天下相比，轻得太多了，现在两国争夺的土地，又比韩国要轻得多。你为什么还要如此顽固地不惜愁坏身体、伤害生命，为那一点点得不到的土地而忧虑呢！"

昭僖侯说："善哉！劝我的人很多，却不曾听到过这样的言论。"华子可谓是懂得孰轻孰重了。

天下还比不上两只手，更比不上身家性命，既然天下如此不值钱，做国君的风险又那么大，不赶紧跑还等什么？

不过尧和舜好像也没有捧着这个"天下"到处找不到"接盘侠"。真实的情况则是，尧一让出来，舜就接了，舜一让出来，禹也接了。再有，一般人等，人家再怎么不要，也不会轮到我们头上，所以"天下"只是个引子：

夫天下至重也，而不以害其生，又况他物乎！

"天下"是最重要的了，尚且不能够因为它而害了自己的性命，更何况是别的东西！

所以，这一章的真正主题是"如何正确地看待荣华富贵"：

列子家贫，经常是面有饥色。有门客对郑国的国相子阳说："列御寇，是一位有道之士，居住在你的国家却如此贫穷，你应该不是不喜欢士人吧？"子阳立即派官吏给列子送粮食。列子见到使者后，再三推辞。

使者离开后，列子回到屋里，妻子拍着胸脯埋怨他："我听说作为'有道者'的妻子儿女，都能得到安逸和快乐，如今我们却面有饥色。现在好不容易相国子阳过问先生，特地送食物给先生，先生不肯接受，难道我们是命中注定要挨饿啊！"列子笑着对她说："子阳并不是打从心眼里看重我，只不过是因为听信别人的话而送我粮食，等到有一天他要加罪于我了，肯定也是因为听信了别人的话。这就是我不愿接受的原因。"后来，郑国的百姓果真发难杀死了子阳。

这是列子在《庄子》中很难得的完全正面的形象，如果他接受了子阳的粮食，百姓暴乱的时候会不会受牵连还真不好说。

列子拒绝的不过是些粮食，似乎也没什么大不了的，下面的这一位就不一般了：

楚昭王丧失了国土，有一个叫做"说"的屠羊匠跟着他在外逃亡。昭王返回楚国后，打算赏赐跟随他的人，当然也轮到了屠羊说。屠羊说说："大王丧失了国土，我也失去了屠羊这个职业；大王返回楚国，我也回来宰羊了。我的岗位和报酬都已经恢复了，又何必赏赐什么！"

昭王说："一定要让他接受奖赏！"屠羊说说："大王失去楚国，不是做臣下的过失，所以我不愿坐等牵连被诛；大王返归楚国，也不是做臣下的功劳，所以我也不该接受赏赐。"

楚昭王说："我要见他！"屠羊说又说："楚国的法令，一定要立了大功、获得重赏的人才能够得到王的接见。现在我的才智不足以保全国家，勇武又不足以歼灭敌人。吴军攻入郢都，我只是畏惧灾难而躲避敌寇，并不是有心追随大王。如今大王想要不顾法令规定接见我，我不希望因为这样而名闻天下。"

楚昭王对司马子綦说："屠羊说出身卑贱，陈述的道理却很高深，你替我请他来担任三卿之位。"屠羊说说："三卿之位，我知道比宰羊的职业高贵得多；万钟的俸禄，我也知道比宰羊的报酬多得多。但是，我怎么可以因为贪图高官厚禄，而让我的国君有胡乱赏赐的坏名声呢！我不敢接受三卿之位，只想回到宰羊的市场中。"于是拒不接受封赏。

屠羊说拒绝的万钟之粟和三卿之位，已经是荣华富贵的顶点了。不过不该拿的东西，还是不碰为好，否则迟早会还回去，搞不好还得搭上身家性命作为利息，还是找一个体面的理由回绝比较好。

有点好玩的是，本章对宿敌儒家网开了一面。在嘲讽子贡多嘴的同时，也赞叹了一下曾子和颜回的安于清贫，甚至多次被拎出来示众的"孔子围于陈蔡之间"也换了一个版本，变得相当豁达和洒脱。孔子说：

君子通于道之谓通，穷于道之谓穷。

古之得道者，穷亦乐，通亦乐，所乐非穷通也。道德于此，则穷通为寒暑风雨之序矣。

于是师徒几人不再把"围于陈蔡"当回事，开始唱歌舞剑。

真正的通达，不是仕途顺畅，而是按照"道"的要求行事处世；真正的无路可走，不是贫穷难捱，而是背离了"道"的要求。人生总有风雨寒暑，只有正确地看待荣华与富贵，才能永远快乐。

纠结于眼前的名利时，想一想人家连送到眼前的"天下"也不屑一顾呢；而贪念一闪之间，"接盘侠"就非你莫属了。

原文选注

尧以天下让许由①，许由不受。又让于子州支父②，子州支父曰：

"以我为天子，犹之可也③。虽然，我适有幽忧之病④，方且治之⑤，未暇治天下也⑥。"

① **许由**：尧舜时代的名人。　② **子州支父**：人名，有说姓子，名州，字支父；也有说姓子州，字支父。前一种说法比较有说服力。　③ **犹**：还。　④ **适**：恰好。**幽**：幽暗，说不清楚。**忧**：担忧。　⑤ **方且**：正要，正将。　⑥ **未暇**：没有闲暇。

舜让天下于子州支伯①。子州支伯曰："予适有幽忧之病，方且治之，未暇治天下也。"

① **子州支伯**：人名。有说就是上面的子州支父。也有可能是兄弟。

舜以天下让善卷①。善卷曰："余立于宇宙之中，冬日衣皮毛②，夏日衣葛絺③；春耕种，形足以劳动④；秋收敛⑤，身足以休食⑥；日出而作，日入而息，逍遥于天地之间而心意自得⑦。吾何以天下为哉⑧！悲夫，子之不知余也⑨！"遂不受。于是去而入深山，莫知其处。

① **善卷**：人名，姓善，名卷。《盗跖》中与许由齐名。　② **衣**：动词，穿。　③ **葛**：这里指粗布。**絺**（chī）：细葛布。　④ **形**：形体，身体。　⑤ **收敛**：收获。敛，收拢，聚集。　⑥ **休**：休养。**食**：本义是吃，这里也是"养"的意思。　⑦ **心意自得**：自得心意，心满意得。　⑧ **何以……为**：文言常用句式，"要（这个天下）干什么呢"。何以，干什么；此句中"为"是语气助词。　⑨ **知**：懂，明白。

舜以天下让其友石户之农①。石户之农曰："卷卷乎后之为人②，葆力之士也③！"以舜之德为未至也④，于是夫负妻戴⑤，携子以入于海，终身不反也。

① **石户**：地名。**农**：农夫。　② **卷**（quán）**卷**：勤勉的样子。　③ **葆力**：勤苦用力。葆，通"保"。　④ **至**：顶点，极点。　⑤ **夫负妻戴**：互文。负戴，以背负物，以头顶物。

越人三世弑其君①，王子搜患之②，逃乎丹穴③。而越国无君，

贪念一闪，就成了"接盘侠"

求王之搜不得，从之丹穴④。王子搜不肯出，越人薰之以艾⑤，乘以王舆。王子搜援绥登车⑥，仰天而呼曰："君乎⑦！君乎！独不可以舍我乎⑧！"王子搜非恶为君也⑨，恶为君之患也⑩。若王子搜者，可谓不以国伤生矣⑪，此固越人之所欲得为君也⑫。

①**越人三世弑其君**：战国时越王翳三十六年（前375），越王翳的弟弟豫谋夺王位，连续谋害翳的三个儿子。豫又鼓动哥哥除掉太子诸咎，越王未听。七月，诸咎担心自己被害，率领军队赶走了豫，包围王宫杀死越王翳。十月，越国人杀死太子诸咎，越国陷入内乱。在吴地的越国人拥立错枝为王。第二年，越国大夫寺区平定内乱，拥立无余为越王。无余后为大夫寺区的弟弟所杀，由无颛（zhuān）继承越国王位。 ②**王子搜**：指越王无颛。**患**：动词，害怕。 ③**丹穴**：山洞名。 ④**从**：跟从，追赶。 ⑤**艾**：艾草。 ⑥**援**：拉，攀。**绥**（suí）：上车时拉的绳子。 ⑦**君**：指王位。**乎**：叹词。 ⑧**舍**：舍弃，放过。 ⑨**恶**：厌恶。 ⑩**患**：名词，祸患。 ⑪**不以国伤生**：不因为国（王位）而伤害性命。以，因为。生，身体，生命。 ⑫**"此固"句**：省略句，这就是越人之所以想要找到王子搜且以他为君（的原因）。

韩魏相与争侵地①。子华子见昭僖侯②，昭僖侯有忧色。子华子曰："今使天下书铭于君之前③，书之言曰：'左手攫之则右手废④，右手攫之则左手废，然而攫之者必有天下。'君能攫之乎？"昭僖侯曰："寡人不攫也。"子华子曰："甚善！自是观之，两臂重于天下也，身亦重于两臂⑤。韩之轻于天下亦远矣，今之所争者，其轻于韩又远。君固愁身伤生以忧戚不得也⑥！"僖侯曰："善哉！教寡人者众矣，未尝得闻此言也。"子华子可谓知轻重矣。

①**争侵**：争夺，侵夺。 ②**子华子**：华子的尊称。华子，魏国的贤人，《则阳》章出现过。**昭僖侯**：即韩昭侯，亦称韩昭僖侯，姬姓，韩氏，名武。 ③**书**：动词，写。**铭**：名词，指誓言、盟约。 ④**攫**（jué）：取，夺。**废**：这里是砍掉的意思。 ⑤**亦**：应为"又"。 ⑥**固**：固执于。**以**：因为，为了。**不得**：得不到的（土地）。

子列子穷^①，容貌有饥色。客有言之于郑子阳者曰^②："列御寇，盖有道之士也，居君之国而穷，君无乃为不好士乎^③？"郑子阳即令官遗之粟^④。子列子见使者，再拜而辞。

① 子列子：列御寇的尊称，《庄子》中多处出现。　② 子阳：人名，郑国的宰相。　③ 无乃：表示委婉反问，不是……吗？　④ 遗（wèi）：送，给予。

使者去，子列子入，其妻望之而拊心曰^①："妾闻为有道者之妻子，皆得佚乐^②，今有饥色。君过而遗先生食^③，先生不受，岂不命邪^④！"子列子笑谓之曰："君非自知我也^⑤。以人之言而遗我粟，至其罪我也^⑥，又且以人之言^⑦，此吾所以不受也。"其卒^⑧，民果作难而杀子阳^⑨。

① 望：怨恨，责怪。拊（fǔ）心：捶胸，表示愤懑。拊，拍，击，捶。② 佚乐：悠闲安乐。　③ 君：指子阳。过：来访，看望。　④ 岂不命邪：难道不是我们命中注定（要受穷）吗！　⑤ 自知：发自内心地认可。　⑥ 罪我：加罪于我。　⑦ 且：用来加强语气，表示某事物的极端的、假设的或不可能有的情况或事例。以：因为。人言：别人的话。　⑧ 卒：结束，结果。⑨ "民果"句：与史书记载不符。《吕氏春秋·适威》《淮南子·汜论训》记载子阳为左右人所杀，《史记·郑世家》记载郑公子杀其相子阳。

楚昭王失国^①，屠羊说走而从于昭王^②。昭王反国，将赏从者，及屠羊说。屠羊说曰："大王失国，说失屠羊；大王反国，说亦反屠羊。臣之爵禄已复矣，又何赏之有！"王曰："强之^③！"屠羊说曰："大王失国，非臣之罪，故不敢伏其诛^④；大王反国，非臣之功，故不敢当其赏^⑤。"王曰："见之^⑥！"屠羊说曰："楚国之法，必有重赏大功而后得见，今臣之知不足以存国而勇不足以死寇^⑦。吴军入郢，说畏难而避寇，非故随大王也。今大王欲废法毁约而见说，此非臣之所以闻于天下也^⑧。"

贪念一闪，就成了"接盘侠"

① **楚昭王**：名轸，平王的儿子，公元前 515 年立国。后吴伐楚，楚昭王逃到随、郑。　② **屠羊说**：名叫"说"的宰羊人。**走**：逃跑。**从**：跟从（楚昭王）。　③ **强**（qiǎng）：强制、强迫。　④ **伏其诛**：甘心被杀。**伏**，甘心。　⑤ **当**：相称，相配。　⑥ **见**：召见。　⑦ **知**：智谋。**存**：保全。**勇**：勇武。**死**：动词，杀死。　⑧ **所以闻**：以……而闻名。

王谓司马子綦曰①："屠羊说居处卑贱而陈义甚高②，子綦为我延之以三旌之位③。"屠羊说曰："夫三旌之位，吾知其贵于屠羊之肆也④；万钟之禄，吾知其富于屠羊之利也；然岂可以贪爵禄而使吾君有妄施之名乎⑤！说不敢当，愿复反吾屠羊之肆。"遂不受也。

① **司马子綦**：楚国的将军，又作司马子其。　② **陈**：陈说，议论。**义**：义理，道理。　③ **延**：延请。**三旌**（jīng）：指公、侯、伯三公。　④ **肆**：作坊。　⑤ **妄施之名**：乱施恩宠的恶名。妄，胡乱。

舜以天下让其友北人无择①。北人无择曰："异哉后之为人也，居于畎亩之中而游尧之门②！不若是而已③，又欲以其辱行漫我④。吾羞见之。"因自投清泠之渊⑤。

① **北人无择**：人名。　② **畎**（quǎn）**亩**：田野。**游**：结交，交游。③ **不若**：不但。**是**：这样。**而已**：罢了。　④ **辱行**：污秽的行为。**漫**：污。⑤ **清泠**（líng）：渊名。

汤将伐桀，因卜随而谋①。卜随曰："非吾事也。"汤曰："孰可？"曰："吾不知也。"汤又因瞀光而谋②，瞀光曰："非吾事也。"汤曰："孰可？"曰："吾不知也。"汤曰："伊尹何如③？"曰："强力忍垢④，吾不知其他也。"汤遂与伊尹谋伐桀，克之，以让卜随。卜随辞曰："后之伐桀也谋乎我，必以我为贼也⑤；胜桀而让我，必以我为贪也。吾生乎乱世，而无道之人再来漫我以其辱行，吾不忍数闻也。"乃自投椆水而死⑥。

① **因**：动词，相就，趋赴，去找。**卜随**：人名，姓卜名随。　② **瞀**（mào）**光**：

即务光。　③**伊尹**:商初的大臣,名伊,尹是官名。　④**强力忍垢**:为人努力,个性坚强,能忍受屈辱。　⑤**贼**:残暴,狠毒。　⑥**椆(chóu)水**:水名,也有说就是桐水,在颍川。

　　汤又让瞀光曰:"知者谋之,武者遂之^①,仁者居之,古之道也。吾子胡不立乎^②?"瞀光辞曰:"废上,非义也;杀民,非仁也;人犯其难^③,我享其利,非廉也。吾闻之曰:非其义者,不受其禄,无道之世,不践其土^④。况尊我乎^⑤!吾不忍久见也。"乃负石而自沈于庐水^⑥。

　　①**遂**:动词,完成。　②**立**:通"位",指居于王位。　③**人犯其难**:别人冒着艰难险阻。难,困难,艰难险阻。　④**践**:踏上。　⑤**尊我**:指尊我为君。　⑥**庐水**:可能指安徽的庐江。

贪念一闪,就成了"接盘侠"

第二十九章

孔子还是孔子，盗跖从来就不是英雄

——读《盗跖》

曾经有一本连环画，叫做《柳下跖痛骂孔老二》，就是取材于这一章。

柳下，地名，因柳下惠而出名。柳下惠，姓展名获，字季禽，又字季，春秋时鲁国大夫。因居柳下，谥号惠，故又称柳下惠。柳下惠耿直、守信，但"坐怀不乱"那回事，是到了元朝之后才见之于文字的。《孟子》中说"柳下惠，圣之和者也"，所以他有"和圣"之称，号称"中国最优秀的男人"。

本章开头，即说跖（zhí）是柳下惠的弟弟，但并没有说这个弟弟叫做"柳下跖"，而是直呼其为"盗跖"。"柳下"本不是姓，即使跖真的是柳下惠的弟弟，也不一定就是"柳下跖"。

"盗跖"，脑子里浮现的是李逵般的粗汉形象，而"柳下跖"，很容易跳出一文弱书生的模样，并且和中国最优秀的男人扯上了关系。

从更改称呼这个细节就可以看出，所谓的"痛骂"，篡改、曲解是跑不了的。

孔子与柳下惠是朋友。柳下惠的弟弟，名叫盗跖。盗跖手下有九千人，横行天下，侵袭各国诸侯；毁屋破门，夺人牛马，抢夺妇女；贪财忘亲，不顾父母兄弟，不祭祖先。所到之处，大国坚守城池，小国躲进堡垒，万民苦之。

孔子对柳下惠说："为人父母的，一定能教育自己的子女；为人兄长的，必定能教育自己的弟弟。假如父亲不能教育子女，兄长不能教育弟弟，那么父子、兄弟之间的亲密关系也就不值得看重了。如今先生你是当世的贤能之士，你的弟弟却是盗跖，乃是天下的祸害，先生却不能管教他，我暗自替先生感到羞愧，愿意替先生前去劝说他。"

柳下惠说："先生说父亲一定能教育子女，兄长一定能教育弟弟，但是如果子女不听父亲的话，弟弟不接受兄长的教育，即使像先生这样能言善辩，又能拿他怎样呢？况且盗跖为人，思想活跃如泉涌，性格暴虐如狂风，勇武强悍足以抗击敌人，巧言善辩足以掩盖过失，顺其心则喜，逆其意则怒，再加上他喜欢用言语侮辱别人，先生千万不要去。"

孔子不听，颜回驾车，子贡陪乘，往见盗跖。盗跖正好在泰山之南休整士卒，脍人心肝为食。孔子下车上前，见到通报的人，说："鲁国人孔丘，听闻将军高义，敬请通报。"

守门的入内通报，盗跖听说孔子求见，勃然大怒，双目如电，怒发冲冠："这家伙是不是鲁国那个狡猾虚伪的孔丘？你给我告诉他：'你假借文王、武王的名头臆造言论，你头戴树杈般的帽子，腰里围着牛皮腰带，不仅话多还乱说；你不耕而食，不织而衣，摇唇鼓舌，制造是非，以迷惑天下的诸侯，使天下的读书人不能回归自然本性；

标榜孝悌，企图侥幸封侯成为富贵之人。你实在是罪大恶极，快滚回去！要不然，看我把你的心肝挖出来，让我午餐更丰盛！'"

孔子再次请求通报，说："我很荣幸与柳下惠相识，希望能够见将军一面。"守门的再次通报，盗跖说："叫他进来！"孔子快步走进营帐，快到坐席的时候，又倒退几步，向盗跖施礼。盗跖大怒不已，叉开双腿，怒目按剑，声如乳虎："孔丘你上前来！你所说的话，顺我意则活，逆我意则死！"

孔子说："我听说，普天下的人有三种美德：生来魁梧高大，长得漂亮无双，无论少长贵贱，见到他都很喜欢，这是上等的德行；有经天纬地的才智，能够辨识各种事物，这是中等的德行；勇悍果敢，能聚众率兵，这是下等的德行。一般人只要有其中一种美德，就足以南面称王。如今将军同时具备了这三种美德，你高大魁梧，身长八尺二寸，面容有光，双眼有神，唇如丹砂，齿如排贝，声如黄钟，却名叫盗跖，我暗自为将军感到羞耻，这也太不值得了。将军如果有意听从我的劝告，我将南使吴越，北使齐鲁，东使宋卫，西使晋秦，让诸国为将军建造数百里的大城，确立数十万户的封邑，尊将军为诸侯，与天下各国开启新的篇章，罢兵休卒，收养兄弟，供祭祖先。这才是圣人贤士的作为，也是天下人的心愿。"

盗跖大怒，说："孔丘，你上前来！凡是可以用利益来劝诱、用言语来离间的，都只能称之为愚昧浅陋的普通顺民。像我这样身材高大魁梧、面目英俊，人人见了都喜欢，这是父母留给我的过人之处；即使你不当面吹捧我，我难道不知道吗？而且我听说，喜欢当面夸奖人的，也喜欢背地里诋毁人。现在你许诺我这么大的城池、这么多的子民，是用功利来劝诱我，想把我当作顺民给养起来，这种富贵与荣华，怎么可能长久！要说城池大，不会比整个天下大吧？但尧舜拥有天下，子孙却没有立锥之地；商汤与周武王贵为天子，后

代却被灭绝，难道不是
因为他们拥有的名利太
引人垂涎的缘故吗？

　　"况且我听说，古
时候禽兽多而人民少，
人们筑巢而居躲避野
兽，白天捡橡子，晚上
住树上，所以称他们为
'有巢氏之民'。古时候
人们不知道要穿衣服，
夏天多积柴草，以备冬
天烧火取暖，所以称
他们为"知（懂得）生
（生存）之民"。到了神
农时代，睡着时很安

神农教耕

心，醒来了很自由，人们只知道母亲，不知道父亲；跟麋鹿一起生
活，耕而食，织而衣，没有互相伤害的想法，这就是'至德'的盛
世。等到了黄帝时代，就不再有这样的盛德，与蚩尤争战于涿鹿之
野，血漂百里。尧舜称帝后，设置百官以管理天下；商汤就更过分
了，放逐了自己的君主，周武王还杀死了纣王。从此之后，世人总
是恃强凌弱，以众欺寡。商汤、武王以来，世上都是些篡逆叛乱之徒。
如今你修习文王、武王的治国之道，掌控天下舆论，以教之后世子孙；
宽衣博带、说话矫揉、行动造作，迷惑天下诸侯，借此求得高官厚
禄。要说'大盗'，没有比你更大的了。天下人为什么不叫你'盗丘'，
反称我是'盗跖'呢？

　　"你用甜言蜜语说服子路，让他死心塌地地跟随你。（子路本是

孔子还是孔子，盗跖从来就不是英雄

勇武之人，戴高冠、佩长剑，）你让他去高冠，解长剑，受教于你的门下，天下人因此都说孔丘能够制止暴力、禁绝错误。可是到了最后，子路还是想用暴力的手段杀掉篡逆的卫君，却因为受了你的教导，变得拘泥拖沓，没有了往日的勇猛，不但不能成功，还在卫国东门被剁成了肉酱，这就说明你的教育并不成功。你还敢自称是'才士圣人'吗？而且，两次被逐出鲁国，削迹于卫，穷于齐，围于陈、蔡，不能容身于天下，又怎么说？你教育子路，却让他遭遇剁为肉酱的大祸。老师无法立身，学生自然无法为人，你的那些个道理，还有什么值得称道的？

"世人所尊崇的，莫过于黄帝，黄帝尚且不能做到在道德上完美无缺，征战于涿鹿之野，流血百里。其他的如尧不慈爱，舜不孝顺，大禹半身不遂，商汤放逐其主，武王出兵伐纣，文王曾经被囚于羑（yǒu）里。上述六人，都是世人最推崇的，但是仔细分析一下，都是因为追求功利而迷惑了纯真的本性，因为好强争胜而违反了自然的性情，他们的做法其实是很可耻的。

"世人所谓的贤士，就是像伯夷、叔齐一样的人。伯夷、叔齐辞让了孤竹国的君位，却饿死在首阳山上，尸首都没有埋葬。鲍焦举止做作，不与社会合作，抱着树木死去。申徒狄多次进谏不被采纳，背着石块投河而死，尸体被鱼鳖吃掉。介子推最忠诚，割下大腿上的肉给晋文公吃，文公返国后却背弃了他，介子推一怒之下离开了文公，抱着树木被焚烧而死。尾生与女子约于桥下相会，女子没有如期赴约，洪水来了尾生也不走，抱着桥柱淹死。上述六人，跟肢解了的狗、河中漂来的猪以及拿着瓢碗乞讨的乞丐没有什么不同，都是为'名'所害，轻生赴死，不考虑生命的本质，不懂得颐养生命的人。

"世人所谓的忠臣，没有超过王子比干和伍子胥的了。伍子胥被抛尸江中，比干被剖心而死，这两个人，世人都称之为忠臣，但最终还是被天下人耻笑。从前面的黄帝，一直到伍子胥、王子比干，都是不值得推崇的。

"你拿来说服我的，如果是鬼一样稀奇古怪的事情，那我是不懂的；如果是要告诉我人世间的事，不过如此而已，都是我曾经听说过的事。现在让我来告诉你，什么才是人的'性命之情'：眼睛就是想要看到漂亮的色彩，耳朵就是想要听到好听的声音，嘴巴就是想要品尝美味，每个人都打从心眼里想要得到尊重和满足。人生在世，一百岁为高寿，八十岁为中寿，六十岁为低寿，除去疾病、死丧、忧患的时间，其中能够开口欢笑的时光，一月之中不过四五天罢了。天地没有穷尽，而人生却是有限的，拿有限的生命，放在无穷的天地之间，与白驹过隙无异。凡是不能让自己心境愉快，不能颐养自身寿命的人，都不能算是精通'道'之人。

"你所说的，都是我所抛弃的，赶快离开这里滚回去，不要再说了！你的那套理论，说穿了就是急于钻营，净干些狡猾虚伪的事情，不可能用它来保全一个人的纯真本性，有什么值得称道的！"

孔子一再拜谢，快步跑开，走出帐门，登上车子，手里的缰绳几次掉在地上，眼神茫然，面如死灰，低头靠在车前的横木上，喘不过气来。

回到鲁国东门外，正巧遇上了柳下惠。柳下惠说："最近这么多天不见，心里很不踏实，看你的车马好像出过远门了，难不成是去见盗跖了？"孔子仰天长叹："确实是去见盗跖了。"柳下惠说："盗跖是不是像我先前所说的那样，违逆了你的心意？"孔子说："正是。我这就叫做没病自己扎个针，没事找事；急吼吼地跑去撩虎头、撸虎须，差点就被老虎吃掉了！"

此篇历来被认为是伪作，我也这样认为，否则无法解释为什么上一章的最后刚刚称赞了伯夷和叔齐，这里立刻就翻脸不认人，拉他俩出来骂了一通。《庄子》中确实存在前后不一致的情况，但许多都是后人的附会之作。

本章的主题，有人认为是"破除是非观念"，通过盗跖斥孔子为"盗丘"，说明圣人与盗贼尚且不可区别，所以"孰是孰非"是很难判断的。我认为，如果这一章中有"是非"，已经不是一般的"搬弄是非"，而是所谓的"大是大非"了：

盗跖从卒九千人，横行天下，侵暴诸侯；穴室枢户，驱人牛马，取人妇女；贪得忘亲，不顾父母兄弟，不祭先祖。所过之邑，大国守城，小国入保，万民苦之。

孔子见到盗跖的时候，盗跖乃方休卒徒大山之阳，脍人肝而铺（bū，吃）之。如果吃人心肝、万民苦之的盗跖都还不是坏人，那么只能说是我们的是非观念真的出了问题。

那么盗跖到底是好人还是坏人？仔细看一下整篇文章，除了孔子嘴里的几句夸奖盗跖长得比较帅的话之外，并没有说盗跖是好人，甚至盗跖自己也没有说过自己是好人，只是在狠狠地骂孔子不是好人。把盗跖归为"好人"，还是我们自己"不是好人就是坏人"的"二元化"评价标准在作祟。

通过盗跖之口编派孔子的不是，让孔子在盗跖的面前狼狈不堪，都是为了永恒的主题：丑化儒家。从写作的方法来说，盗跖与孔子不是对比，而是类比。初衷是要把孔子与盗跖归为同一类人，并且还不如盗跖，那么盗跖越坏，孔子无疑就更坏了。这也就是为什么要不惜笔墨来描写盗跖打家劫舍、夺人妻女、吃人心肝的原因了。

把盗跖当作英雄，如同把孔夫子当作小人一样荒谬。

故事中的许多人物和语句都散见于先秦诸子的文章之中，所以这一章最大的可能是某个对孔子怀有深仇大恨的人，将诸子中的这些零碎拎在一起，虚构了整个故事，塞进了《庄子》之中：反正你《庄子》

从头到尾都和孔子过不去，不差我这一点。但是由于写得气势磅礴，淋漓尽致，竟使之成为"小说闲话"的开山之作，这恐怕是连作者自己都没有料到的。

总之，孔子还是孔子，盗跖从来就不是英雄。

孔子与柳下季为友①，柳下季之弟，名曰盗跖②。盗跖从卒九千人，横行天下，侵暴诸侯③；穴室枢户④，驱人牛马⑤，取人妇女；贪得忘亲⑥，不顾父母兄弟，不祭先祖。所过之邑，大国守城，小国入保⑦，万民苦之。孔子谓柳下季曰："夫为人父者，必能诏其子⑧；为人兄者，必能教其弟。若父不能诏其子，兄不能教其弟，则无贵父子兄弟之亲矣⑨。今先生，世之才士也，弟为盗跖，为天下害，而弗能教也，丘窃为先生羞之。丘请为先生往说之⑩。"柳下季曰："先生言为人父者必能诏其子，为人兄者必能教其弟，若子不听父之诏，弟不受兄之教，虽今先生之辩⑪，将奈之何哉！且跖之为人也，心如涌泉⑫，意如飘风⑬，强足以距敌⑭，辩足以饰非⑮，顺其心则喜，逆其心则怒，易辱人以言。先生必无往。"

①柳下季：即柳下惠。姓展，名获，字季禽，鲁国的大夫，因居于柳下而称柳下季，谥号惠，故亦称柳下惠。　②盗跖（zhí）：春秋末年的大盗。　③侵暴：侵犯，欺凌。　④穴：动词，打洞。枢：应为"抠"，凿、挖。户：门。　⑤驱：驱赶、牵走，指抢夺。　⑥贪得忘亲：为了私利不念亲情。　⑦保：小城，此义后来写作"堡"。　⑧诏：教导，告诫。　⑨无贵：不看重。父子兄弟之亲：父子兄弟间的亲情。　⑩说（shuì）：说服。　⑪虽今先生之辩：即使是像现在先生这样的雄辩之人。虽，即使。　⑫心如涌泉：思想活跃。　⑬意如飘风：心境莫测，如暴风般无常。飘风，暴风。　⑭强：

勇武强悍。距：同"拒"。 ⑮辩：巧言善辩。饰：掩盖。

孔子不听，颜回为驭①，子贡为右②，往见盗跖。盗跖乃方休卒徒大山之阳③，脍人肝而餔之④。孔子下车而前，见谒者曰⑤："鲁人孔丘，闻将军高义，敬再拜谒者⑥。"

①驭：驾驭车马。 ②右：车上站在右边的人，即"骖右"。 ③大山：即泰山。阳：南面。 ④脍：细切。餔（bū）：吃。 ⑤谒者：传达和通报的奴仆。 ⑥再拜谒者：谦词，字面意思是能再次拜见谒者，意为谒者通报之后，能出来叫自己进去，能被接见的婉转说法。

谒者入通，盗跖闻之大怒，目如明星，发上指冠①，曰："此夫鲁国之巧伪人孔丘非邪②？为我告之：'尔作言造语③，妄称文武④，冠枝木之冠⑤，带死牛之胁⑥，多辞缪说⑦，不耕而食，不织而衣，摇唇鼓舌，擅生是非⑧，以迷天下之主，使天下学士不反其本⑨，妄作孝弟⑩，而侥幸于封侯富贵者也。子之罪大极重⑪，疾走归！不然，我将以子肝益昼餔之膳⑫！'"

①发上指冠：怒发上冲冠。 ②巧伪人：巧饰虚伪之人。 ③作言造语：臆造言论。 ④妄称文武：假借周文王、周武王的名头。 ⑤冠（guàn）：动词，戴。后面的冠（guān）是名词。 ⑥带死牛之胁：取牛皮为大革带。 ⑦多辞：话太多。缪（miù）说：错误的言论。 ⑧擅生是非：轻易挑动是非。 ⑨反其本：回归本性。 ⑩孝弟：即"孝悌"，孝顺父母，敬爱兄长。 ⑪大极重：非常大，非常重。 ⑫益：增加。昼餔：中饭。

孔子复通曰："丘得幸于季，愿望履幕下①。"谒者复通，盗跖曰："使来前！"孔子趋而进②，避席反走③，再拜盗跖。盗跖大怒，两展其足，案剑瞋目④，声如乳虎，曰："丘来前！若所言顺吾意则生，逆吾意则死！"

①望履幕下：在门帘下看见主人的鞋子，希望被接见的谦词。 ②趋而进：快步前进，表示尊敬。 ③避席反走：快到坐席的时候，又倒退几步，

以示尊敬。反走，倒退。　④案：同"按"。

孔子曰："丘闻之，凡天下有三德：生而长大，美好无双，少长贵贱见而皆说之①，此上德也；知维天地②，能辩诸物③，此中德也；勇悍果敢，聚众率兵，此下德也。凡人有此一德者，足以南面称孤矣。今将军兼此三者，身长八尺二寸，面目有光，唇如激丹④，齿如齐贝，音中黄钟⑤，而名曰盗跖，丘窃为将军耻不取焉⑥。将军有意听臣，臣请南使吴越，北使齐鲁，东使宋卫，西使晋楚，使为将军造大城数百里，立数十万户之邑，尊将军为诸侯，与天下更始⑦，罢兵休卒，收养昆弟⑧，共祭先祖。此圣人才士之行，而天下之愿也。"

①说：同"悦"，喜欢。　②知维天地：才智足以经纬天地。维，维系、维持。　③能辩诸物：才能足以辨识各种事物（的特征与发展方向）。④激丹：鲜红的丹砂。激，鲜明。　⑤中（zhòng）：符合。黄钟：十二律中的首律，黄钟大吕，意为高亢宏亮。　⑥耻：羞耻。不取：不值得。⑦更始：重新开始。　⑧昆弟：即兄弟。昆，兄。

盗跖大怒曰："丘来前！夫可规以利而可谏以言者①，皆愚陋恒民之谓耳②。今长大美好，人见而悦之者，此吾父母之遗德也。丘虽不吾誉③，吾独不自知邪？且吾闻之，好面誉人者④，亦好背而毁之⑤。今丘告我以大城众民⑥，是欲规我以利而恒民畜我也⑦，安可久长也！城之大者，莫大乎天下矣。尧舜有天下，子孙无置锥之地⑧；汤武立为天子，而后世绝灭：非以其利大故邪？

①规以利：用利诱使之变得规矩。谏以言：用言语来劝谏。　②愚：愚笨。陋：浅薄。恒民：恒常之人，普通人。　③不吾誉：即"不誉吾"。　④面誉：当面称赞。　⑤背而毁：背后说人坏话。毁，诽谤。　⑥告：这里意为许诺。　⑦畜：豢养。　⑧置锥之地：放得下锥尖那一点点的地方。

"且吾闻之，古者禽兽多而人少，于是民皆巢居以避之①，昼拾橡栗②，暮栖木上，故命之曰有巢氏之民③。古者民不知衣服④，

孔子还是孔子，盗跖从来就不是英雄

夏多积薪，冬则炀之⑤，故命之曰知生之民⑥。神农之世，卧则居居⑦，起则于于⑧，民知其母，不知其父，与麋鹿共处，耕而食，织而衣，无有相害之心，此至德之隆也⑨。然而黄帝不能致德⑩，与蚩尤战于涿鹿之野，流血百里。尧舜作⑪，立群臣，汤放其主⑫，武王杀纣。自是之后，以强陵弱⑬，以众暴寡⑭。汤武以来，皆乱人之徒也。

①巢居：在树上筑巢而居。　②橡栗：橡树的果实。　③命之曰：把这些人命名为。　④衣：动词，穿。服：衣服。　⑤炀（yáng）：烘烤。⑥知生之民：懂得生存之道的人民。　⑦居居：安静的样子。　⑧于于：行动舒缓自如的样子。　⑨至德：最高尚的德行。隆：盛大，兴盛。　⑩致德：达到高尚德行的要求。致，达到。　⑪作：兴起。　⑫放：流放。　⑬陵：通"凌"，欺负。　⑭暴：欺凌，暴凌，意为欺压凌辱。

"今子修文武之道①，掌天下之辩②，以教后世，缝衣浅带③，矫言伪行④，以迷惑天下之主，而欲求富贵焉，盗莫大于子。天下何故不谓子为盗丘，而乃谓我为盗跖？子以甘辞说子路而从之⑤，使子路去其危冠⑥，解其长剑，而受教于子，天下皆曰孔丘能止暴禁非⑦。其卒之也⑧，子路欲杀卫君而事不成，身菹于卫东门之上⑨，是子教之不至也⑩。子自谓才士圣人邪？则再逐于鲁，削迹于卫，穷于齐，围于陈蔡，不容身于天下。子教子路菹此患，上无以为身⑪，下无以为人⑫，子之道岂足贵邪？

①文武之道：周文王、周武王的治国之道。　②掌天下之辩：掌控天下的舆论。　③缝衣浅带：指宽袖大带，是儒者的标准服饰。　④矫言伪行：言辞矫揉，行为虚伪。　⑤甘辞：甜言蜜语。从之：跟从自己。　⑥危冠：高冠，高大的帽子。　⑦止暴禁非：制止暴力，禁绝错误。　⑧卒：最后，最终。　⑨菹（zū）：剁成肉酱，切碎。　⑩不至：不成功。　⑪上：在"上"的，指老师。　⑫下：指学生。

"世之所高①，莫若黄帝，黄帝尚不能全德，而战涿鹿之野，流血百里。尧不慈，舜不孝，禹偏枯②，汤放其主，武王伐纣，文王拘羑里③。此六子者，世之所高也，孰论之④，皆以利惑其真而强反其情性⑤，其行乃甚可羞也。

①**高**：意动用法，以……为高，尊崇。　②**偏枯**：偏瘫，半身不遂。
③**拘羑**（yǒu）**里**：文王被纣王拘禁在羑里。羑里，商朝的监狱名。
④**孰论之**：仔细分析他们的所作所为。孰，通"熟"。　⑤**以**：因为。**利惑**：被功利迷惑。**真**：内心纯真（的本性）。**强**：争强好胜。**反**：违背。

"世之所谓贤士，伯夷叔齐。伯夷叔齐辞孤竹之君而饿死于首阳之山，骨肉不葬。鲍焦饰行非世①，抱木而死。申徒狄谏而不听②，负石自投于河，为鱼鳖所食。介子推至忠也③，自割其股以食文公④，文公后背之⑤，子推怒而去，抱木而燔死⑥。尾生与女子期于梁下⑦，女子不来，水至不去，抱梁柱而死。此六子者，无异于磔犬流豕操瓢而乞者⑧，皆离名轻死⑨，不念本养寿命者也⑩。

①**鲍焦**：周朝的隐士，与介子推齐名。**饰行非世**：粉饰自己的行为，不满社会现实。　②**申徒狄**：即《刻意》篇中的申屠狄。**谏而不听**：可能是指谏周公。　③**介子推**：介子推随晋文公重耳在外逃亡19年。　④**食**（sì）：拿东西给人吃。　⑤**背**：背弃。　⑥**燔**（fán）：焚烧。　⑦**"尾生"句**：据说春秋时有一位叫尾生的男子与女子约定在桥下相会，久候女子不到，水涨，乃抱桥柱而死。后用"尾生抱柱"一词比喻坚守信约。期，约定。梁下，桥下。　⑧**磔**（zhé）：古代祭祀时分裂牲畜肢体，意为砍碎。**流豕**：死后顺江而下的猪。　⑨**离名**：为名所害。离，通"罹"，遭受。**轻死**：轻易赴死。　⑩**不念本养寿命**：不考虑生命的本质，不懂得颐养生命。

"世之所谓忠臣者，莫若王子比干、伍子胥。子胥沈江①，比干剖心，此二子者，世谓忠臣也，然卒为天下笑②。自上观之，至于子胥、比干，皆不足贵也。

①**沈**：沉。　②**然**：但是。**卒**：最终。

"丘之所以说我者，若告我以鬼事①，则我不能知也；若告我以人事者②，不过此矣，皆吾所闻知也。今吾告子以人之情③，目欲视色，耳欲听声，口欲察味④，志气欲盈⑤。人上寿百岁，中寿八十，下寿六十，除病瘦死丧忧患，其中开口而笑者，一月之中不过四五日而已矣。天与地无穷，人死者有时，操有时之具而托于无穷之间⑥，忽然无异骐骥之驰过隙也⑦。不能说其志意⑧，养其寿命者，皆非通道者也。丘之所言，皆吾之所弃也，亟去走归，无复言之！子之道，狂狂汲汲⑨，诈巧虚伪事也，非可以全真也，奚足论哉⑩！"

①鬼事：与下文的"人事"相对，指不能解释、难以捉摸的事情。
②人事：人世间的事情。　③人之情：人的"性命之情"。　④察：分辨。　⑤志气欲盈：指每个人的潜意识里都希望得到尊重和满足。志气，指意志和精神。盈，满足。　⑥"操有时之具"句：把有限的生命放在无限的天地之间去考量。具，指生命、身体。　⑦忽然：快速的样子，一晃之间。　⑧说其志意：让自己心境愉悦。说，同"悦"。　⑨汲汲狂狂：营求奔走的样子。狂狂，迷失本性。汲汲，心情急切。　⑩奚足论：有什么值得说道的。

孔子再拜趋走，出门上车，执辔三失①，目芒然无见②，色若死灰，据轼低头，不能出气。归到鲁东门外，适遇柳下季③。柳下季曰："今者阙然数日不见④，车马有行色，得微往见跖邪⑤？"孔子仰天而叹曰："然。"柳下季曰："跖得无逆汝意若前乎⑥？"孔子曰："然。丘所谓无病而自灸也⑦，疾走料虎头、编虎须⑧，几不免虎口哉！"

①辔：驾驭牲口的缰绳。三失：掉落了好几次。　②芒然：茫然。
③适遇：恰好遇到。　④阙然：缺然，间断。　⑤得微：得无，莫非。微，同"无"。　⑥若前：像我先前所说的。　⑦灸：针灸。　⑧料：同"撩"，挑弄。

第三十章

百兵之君，生而为杀

——读《说剑》

这是一个完整的故事，先完整地翻译一遍：

当年赵文王爱好剑术，剑士盈门，手下有剑客三千余人日夜比试剑术，每年死伤百余人，赵王却好之不厌。如此三年，国家衰落不堪，诸侯们都在盘算要攻打赵国。

太子悝很担忧，召集左右说："谁能够说服大王，不再理睬这些剑士的，赠予千金。"左右回答："庄子应该能够做到。"于是太子派人携带千金赠给庄子。

庄子不接受，只是和使者一起去见太子："太子有何见教，赐我千金？"太子说："听闻先生圣明，谨奉千金让你犒赏手下的人。先生不愿接受，我还敢说什么呢！"

庄子说："听说太子要我做的，是想办法断绝赵王对剑术的爱好之心。如果我去游说赵王，上逆赵王的心意，下不能让太子称心，肯定会身受刑戮而死，哪里还用得着这些钱呢？如果我上能说服赵王，下又能让太子满意，我在赵国，还有什么要求不能满足呢？"太子说："确实如此。只是现在我父王的心中，只有剑客。"庄子说："我可以试试，因为我也善于击剑。"

太子说："不过我父王所见的剑士，全都是头发蓬乱、鬓毛横生，帽子歪在一边，帽缨像刀枪一样突出，一副短打装束，逢人只会瞪眼，一说话就语塞，大王就喜欢见这样的人。先生穿得如此文雅去见赵王，肯定是事与愿违。"庄子说："那就请让我先准备一套剑士的服装。"

三天以后，剑服准备完毕，于是面见太子。太子带着庄子拜见赵王，赵王听说庄子是个剑客，就拔出明晃晃的利剑等待庄子入见。

庄子不慌不忙地进入殿内，见到赵王也不行跪拜之礼。赵王说："先生请太子引见，是有什么事情要教导寡人呢？"庄子说："臣听说大王爱好剑术，所以这次来见大王，是想展示一下我的剑术。"赵王说："先生的剑术是如何克敌致胜的呢？"庄子说："我的剑术，十步站一人，我横扫千里不会留下还能走路的。"赵王听了大喜："这是天下无敌啊！"

庄子说："真正的剑术高手，示之以弱点，诱之以破绽，后发而先至，希望有机会能试试。"赵王说："先生请回馆舍休息，待我安排比武大会后再请先生来比试。"

赵王用七天时间比武挑选剑士，死伤六十多人之后选出五六人，让他们拿着剑等在官殿之下，这才召庄子前来。

赵王说："今天让剑士们试着和先生比剑。"庄子说："我已经等待很久了。"赵王说："先生惯常使用的宝剑，长短怎样？"庄子说："我随便拿一把就可以。不过我有三把剑，希望大王选一把，请让我先说清楚，然后再比试。"赵王说："愿闻其详。"

庄子说："臣有天子之剑，有诸侯之剑，有庶人之剑。"

赵王说："天子之剑如何？"

庄子说："天子之剑，以燕谿（xī）、石城为剑尖，以齐国的泰山为剑刃，以晋卫两国为剑脊，以京畿和宋国为剑鼻，以韩魏两国为剑柄；用境外四夷做剑鞘，裹上四季，绕上渤海，系上恒山；这把剑，以五行锻制，以刑律和德教交替捶打，以阴阳开锋，以春夏秋冬打磨。这把剑，直刺一往无前，高举无所遮拦，下劈无可阻挡，挥动起来旁若无物，上可割裂浮云，下可斩断地维。此剑一出，可以匡正诸侯，归服天下。这就是天子之剑。"

赵王听了茫然若失，说："那么诸侯之剑如何？"庄子说："诸侯之剑，以智勇之士为剑尖，以清廉之士为剑刃，以贤良之士为剑脊，以忠圣之士为剑鼻，以豪杰之士为剑柄。这把剑，同样直刺一往无前，高举无所遮拦，下劈无可阻挡，挥动起来旁若无物；上法于天，顺应日月运转；下法于地，顺应四季变换，中和民意以安定四方。此剑一出，如雷霆震撼，四境之内无不归服而听从号令。这就是诸侯之剑。"

赵王说："庶人之剑又如何呢？"庄子说："庶人之剑，无非是头发蓬乱、鬓毛横生、帽子歪在一边，帽缨像刀枪一样突出，一副短打装束，逢人只会瞪眼，一说话就语塞。在人前争斗搏杀，无非是上能斩断脖颈，下能刺裂肝肺。这就是庶人之剑。这种剑士和斗鸡没什么区别，一旦命尽气绝，对于国家大事没有任何用处。如今大王有天子之位，却好用庶人之剑，我私下里替大王不值得。"

赵王牵着庄子的手走到殿上，厨师献上食物后，赵王还绕着坐席走个不停。庄子说："大王安坐下来，定一下心神，剑术之事已启奏完毕。"

于是赵王三月不出官门，剑士们都伏剑自杀了。

本章尽管是庄子亲自出演，基本上还是可以肯定不是庄子所著，因为赵文王（即赵惠文王）在位指点江山的时候,庄子大约已经死了。文中最吸引人的,是给剑客们画的像,除了"跃然纸上",别无言辞可以形容。关于"三剑"的论述,丰富的想象和磅礴的语言还是很有"庄子风"的,但似乎与道家的淡泊与宁静搭不上边,所以有人认为这一篇是纵横家们的伪作,好像也有点道理。

中国的剑,从长矛和匕首演变而来,原本是近身实战兵器。"剑开双刃,身直头尖,横竖可伤人,击刺可透甲。凶险异常,生而为杀。"剑的特点是两面开刃,在"横竖可伤人"的同时,也很容易误伤到自己,所以说它"凶险异常",生来就是为了杀人。

剑始于殷商以前,至春秋战国成为主要短兵器和"士"的标配,冯谖、韩信等尽管饿得头晕眼花,剑还是要随身携带的。许多著名的宝剑,如干将、莫邪、龙泉、太阿、纯钧、湛卢、鱼肠、巨阙,比主人还要有名。所以剑号称"百兵之君"也不是浪得虚名,至于后来逐渐演变为文人墨客的装饰之物,"带长铗之陆离兮,冠切云之崔嵬",那又是后话了。

历史上与剑有关的镜头数不胜数,当年的中学语文课本中就有一例:

秦王怫(fú)然怒,谓唐雎曰:"公亦尝闻天子之怒乎?"唐雎对曰:"臣未尝闻也。"秦王曰:"天子之怒,伏尸百万,流血千里。"唐雎曰:"大王尝闻布衣之怒乎?"秦王曰:"布衣之怒,亦免冠徒跣(xiǎn,光脚),以头抢(qiāng,撞)地耳。"唐雎曰:"此庸夫之怒也,非士之怒也。夫专诸之刺王僚也,彗星袭月;聂政之刺韩傀(guī)也,白虹贯(穿)日;要离之刺庆忌也,仓鹰击于殿上。此三子者,皆布衣之士也,怀怒未发,休祲(jìn,迷信称不祥之气,先兆)降于天,与臣而将四矣。若士必怒,伏尸二人,流血五步,天下缟(gǎo)素,今日是也。"挺剑而起。

秦王色挠,长跪而谢之曰:"先生坐!何至于此!寡人谕矣:夫韩、魏灭亡，而安陵以五十里之地存者，徒以有先生也。"

唐雎"挺剑而起"，宣称要"伏尸二人、流血五步"，秦王吓坏了：此人是个亡命之徒，和他拼命不值得，还是先认输吧。

"天子之剑"讲究顺天应时，"诸侯之剑"在于任用人才，两者都是治国之器；但"庶人之剑"也不仅仅是好勇斗狠，毕竟作为"百兵之君"的剑，"生而为杀"，特别是在短兵相接、狭路相逢的时候，勇者可以藉之以胜。

不过这种短兵相接，是大开大阖的谋略家们所极力避免的，如韩信在淮阴的集市上就没有让自己的剑出鞘；而纵横家们的殚精竭虑，也是道家所不屑的，所以我还是相信庄子们不会拿这么"凶险异常"的兵器来说事。后来剑与道教结下不解之缘，成为道士们手中最常见的法器，武当派与全真教的高手们一律手持长剑，不知是不是受了此文的影响？如果此篇果然是伪作，岂不又中了人家的"反间计"？

原文选注

昔赵文王喜剑①，剑士夹门而客三千余人②。日夜相击于前，死伤者岁百余人，好之不厌。如是三年，国衰，诸侯谋之③。

①赵文王：指赵惠文王，赵武灵王之子，名何。　②夹门：挤满了门的两边，喻人多。客：名词作动词，成为门客。　③谋：图谋。

太子悝患之①，募左右曰②："孰能说王之意止剑士者，赐之千金。"左右曰："庄子当能。"

①悝（kuī）：赵惠文王立的太子名叫丹，并没有叫悝的太子，应为虚构。　②募：召募。

太子乃使人以千金奉庄子。庄子弗受，与使者俱，往见太子曰："太子何以教周，赐周千金？"太子曰："闻夫子明圣^①，谨奉千金以币从者^②。夫子弗受，悝尚何敢言！"庄子曰："闻太子所欲用周者，欲绝王之喜好也^③。使臣上说大王而逆王意，下不当太子^④，则身刑而死，周尚安所事金乎^⑤？使臣上说大王，下当太子，赵国何求而不得也^⑥！"太子曰："然。吾王所见，唯剑士也。"庄子曰："诺。周善为剑。"太子曰："然吾王所见剑士，皆蓬头突鬓垂冠^⑦，曼胡之缨^⑧，短后之衣^⑨，瞋目而语难^⑩，王乃说之^⑪。今夫子必儒服而见王，事必大逆^⑫。"庄子曰："请治剑服^⑬。"

① **明圣**：圣明。　② **以币从者**：（让你）用来犒赏手下的人。给人送礼的委婉说法。币，动词，奖励、犒赏的意思。从者，手下的人。　③ **绝**：动词，断绝。　④ **当**：适合、适当，指称（太子的）心意。　⑤ **尚**：还。**安**：哪里。**所**：结构助词，与后面的动词结合，构成名词性结构。**事**：动词，用，使用。　⑥ **赵国**：名词作状语，在赵国。　⑦ **蓬头**：头发蓬乱。**突鬓**：鬓毛突出。**垂冠**：帽子低垂。　⑧ **曼胡**：长而无刃之戟。**缨**：冠缨，盔缨。　⑨ **短后之衣**：后身短便于行动的衣服，短打装扮。　⑩ **瞋（chēn）目**：瞪大眼睛。**语难**：因愤激而出语艰涩，说话不流利。　⑪ **说**：同"悦"，喜悦。　⑫ **逆**：不顺利。　⑬ **治**：制作，办理。

治剑服三日，乃见太子。太子乃与见王，王脱白刃待之^①。庄子入殿门不趋^②，见王不拜。王曰："子欲何以教寡人，使太子先？"曰："臣闻大王喜剑，故以剑见王。"王曰："子之剑何能禁制^③？"曰："臣之剑，十步一人^④，千里不留行^⑤。"王大悦之，曰："天下无敌矣！"

① **脱**：拔出。　② **趋**：快走，表示恭敬。　③ **禁制**：禁锢对手，克敌制胜。禁，禁锢。制，制服。　④ **十步一人**：十步杀一人。　⑤ **千里不留行**：横扫千里不留一个还能走路的。行，（能）走路的。

庄子曰："夫为剑者，示之以虚^①，开之以利^②，后之以发^③，先之以至^④。愿得试之。"王曰："夫子休就舍^⑤，待命令设戏请夫子^⑥。"

王乃校剑士七日⑦，死伤者六十余人，得五六人，使奉剑于殿下，乃召庄子。王曰："今日试使士敦剑⑧。"庄子曰："望之久矣。"王曰："夫子所御杖⑨，长短何如？"曰："臣之所奉皆可⑩。然臣有三剑，唯王所用⑪，请先言而后试。"

①**示之以虚**：故意露出弱点。虚，弱点。　②**开之以利**：指故意露出破绽，引诱对方出击，扯开对方的防线。开，使动用法，使人开，让对手的防守出现空档。利，好处，得利。　③**后之以发**：即"以后发"，后发。　④**先之以至**：即"以先至"，先至。　⑤**休**：休息。**就**：归于。**舍**：旅馆。　⑥**设戏**：安排娱乐活动，比武大会的文雅说法。　⑦**校（jiào）**：通过较量来挑选。⑧**敦（duī）**：本义是投掷，这里指比试。　⑨**御**：使用。**杖**：兵器的总称，这里指剑。　⑩**奉**：持，拿。　⑪**唯**：表示希望、祈使。

王曰："愿闻三剑。"曰："有天子剑，有诸侯剑，有庶人剑。"王曰："天子之剑何如？"曰："天子之剑，以燕谿、石城为锋①，齐岱为锷②，晋卫为脊③，周宋为镡④，韩魏为夹⑤；包以四夷⑥，裹以四时⑦，绕以渤海，带以常山⑧；制以五行⑨，论以刑德⑩；开以阴阳⑪，持以春秋，行以秋冬⑫。此剑，直之无前⑬，举之无上⑭，案之无下⑮，运之无旁⑯，上决浮云⑰，下绝地纪⑱。此剑一用，匡诸侯⑲，天下服矣。此天子之剑也。"

①**燕谿（xī）**：燕国中的地名。**石城**：北方的山名。**锋**：剑端。　②**岱**：泰山。**锷**：剑刃。　③**脊**：剑背。　④**周**：指天子统治的京畿之地。**镡（xín）**：剑柄与剑身连接处两旁突出的部分，亦称剑鼻、剑口、剑首、剑环等。　⑤**夹**：通"铗"，剑把。　⑥**包以四夷**：用境外四夷做剑鞘。　⑦**四时**：四季。⑧**带**：剑柄上的缎带。**常山**：即恒山。　⑨**制**：锻制。　⑩**论以刑德**：以刑律和德教交替捶打。论，通"抡"，捶打。　⑪**开**：开锋。　⑫**"持以春秋"二句**：互文，以春夏秋冬打磨。持，拿着。行，运作。　⑬**直之无前**：直刺一往无前。　⑭**举之无上**：高举无所遮拦。　⑮**案**：按，用手向下压。　⑯**运之无旁**：挥动起来没有边际。　⑰**决**：割裂。　⑱**地纪**：维系大地的绳子。古代认为天圆地方，传说天有九柱支撑，使天不下陷；

地有大绳维系四角，使地有定位。　⑲匡：匡正。

　　文王芒然自失①，曰："诸侯之剑何如？"曰："诸侯之剑，以知勇士为锋，以清廉士为锷，以贤良士为脊，以忠圣士为镡，以豪杰士为夹。此剑，直之亦无前，举之亦无上，案之亦无下，运之亦无旁；上法圆天以顺三光②，下法方地以顺四时③，中和民意以安四乡④。此剑一用，如雷霆之震也，四封之内⑤，无不宾服而听从君命者矣。此诸侯之剑也。"

　　①芒然：茫然。　②"上法"句：上法于天，顺应日月运转。三光，日、月、星之光。　③"下法"句：下法于地，顺应四季变换。　④"中和"句：中和民意以安定四方。　⑤四封：四面疆界。

　　王曰："庶人之剑何如？"曰："庶人之剑，蓬头突鬓垂冠，曼胡之缨，短后之衣，瞋目而语难。相击于前，上斩颈领，下决肝肺。此庶人之剑，无异于斗鸡，一旦命已绝矣，无所用于国事①。今大王有天子之位而好庶人之剑，臣窃为大王薄之②。"

　　①无所用：没有任何用处。　②薄：鄙薄。

　　王乃牵而上殿。宰人上食①，王三环之②。庄子曰："大王安坐定气，剑事已毕奏矣③。"于是文王不出宫三月，剑士皆服毙其处也④。

　　①宰人：掌管膳食之官。上食：奉上食物。　②三环之：绕着坐席走个不停。三，虚数，指多次。环，环绕。　③毕奏：奏告完毕。　④服毙其处：伏剑自杀。服，同"伏"。

第三十一章

散发扁舟，从芦苇间划破湖面而去

——读《渔父》

本章同样是一个完整的故事，得把故事从头讲一遍。

孔子游至巨木参天如黑色帷幕的树林，休坐于长满杏树的高台之上。弟子们读书，孔子弹琴吟唱。奏曲未及一半，有个渔父（捕鱼的老人）下船而来，须眉皆白，散发扬袖，沿着河岸而上，在一块高地坐下来，左手抱着膝盖，右手支着下巴，听孔子弹唱。

《论语·先进》中有几句很著名的文字：

暮春者，春服既成，冠者五六人，童子六七人，浴乎沂，风乎舞雩（yú，鲁国的一个高台名），咏而归。

这是儒家心目中国家与人生的最高境界，需要同时满足社会和谐、人生如意才做得到。本章开头，孔门师徒出来游了，也登上高台了，但是好像并没有"春登台"的阳光与温暖，原因是背景板上打出的是"巨木参天如黑色帷幕的树林"，并非春暖花开、面朝大海。

其实这是对社会现实的隐喻。

打渔老人的形象是"须眉皆白，散发扬袖"，很符合我们心中的隐士形象。李白《宣州谢朓楼饯别校书叔云》最后一句"人生在世不称意，明朝散发弄扁舟"，应该是取材于此。

一曲终了，渔父招手让子贡、子路两个人过来说话。

渔父指着孔子说："他是干什么的？"子路回答："他是鲁国的君子。"

渔父问孔子的出身，子路回答："他是孔氏一族的。"渔父说："这个姓孔的，他研究的是什么学问？"子路未及作答，子贡抢着说："这个姓孔的人，心怀忠信，身行仁义，修订礼乐，规范人伦，上忠于国君，下教化百姓，将造福于天下。这就是孔氏精研的事业。"

渔父又问："那他是拥有国土的君主吗？"

"不是。"

"那他是王侯的辅臣吗？"

"也不是。"

渔父笑着往回走，边走边说道："要说'仁'吧，这也算是'仁'了，不过恐怕终究是自身难保，劳心劳力的结果是损害了自己的本性。唉，他离'道'实在太远了！"

子路与子贡是孔门的中坚力量，子路率直，子贡善辩。子路介绍基本信息之后，关于儒家学问的要义，就要让子贡抢在子路之前发言了。故事的最后，还需要子路的率直，所以要同时安排两个人出场。

子贡回来，把渔父的话告诉孔子。孔子推开琴站起来说："这就是圣人！"于是走下高台去寻找渔父。来到水岸边，渔父正用篙撑船离开，回头看见孔子，转过身来站着。孔子连忙后退，行了两次礼后再上前。

渔父说："你找我有什么事吗？"孔子说："刚才先生话没说完就

走了，丘不成材，不能领会其中的深意，所以自作主张在这下风口等候先生，希望能有幸听到你不经意之间的谈吐，最终能帮助我提高。"

渔父说："呵呵，你也实在是很好学啊！"

孔子再次深深行礼，站起身后说："我从小就努力学习，到今天已经六十九岁了，可惜一直没能听到真正高明的教诲，这次怎敢不虚心！"

描写孔子的谦卑态度，是本文的一大重点，用意自然是希望借此来区分儒与道的高下。

渔父说："同类相聚、同声相和，本来就是很自然的道理。（看来你和我还是有一点共同语言的，所以，）请让我在阐释我的观点的同时，分析一下你所为之奋斗的事业。你所为之奋斗的事业，（简而言之，）可以称之为'人事'，（也就是与'人'有关的一切事务，说得正式一点，就是如何规范人类社会的各种秩序。你要知道，构成人类社会的，）无非是天子、诸侯、大夫、庶民这四类人，四类人都能够摆正各自的位置、做好自己的事，就是社会管理的理想境界。（相反，）要是这四类人摆不正位置，将会引发巨大的祸乱。所以官吏要行使好自己的职权，人民要做自己分内的事情，谁也不能越位。

"田地荒芜、居室破漏，衣食不足、赋税不时，家庭不和、长幼无序，这是庶民该操心的事。能力不足以胜任本职工作，公家的事情做不好，品行不够清白，属下消极懈怠，既无业绩又无官声，爵位和俸禄不能持久，这是士大夫们该操心的事。朝无忠臣、国家昏乱，工艺技术不够精巧导致贡品不够精美，在春秋两次朝觐时都落在人家后面，不能顺应天子的心意，这是诸侯们该操心的事。气候不常、寒暑不调，伤害了万物的生长；诸侯暴乱，随意攻伐征战，残害了百姓的性命；礼乐不合法度，政府财用匮乏，社会人伦不整，百姓风气不正、道德败坏，这是天子和'相关部门'该操心的事。如今你上无君侯辅臣的地位，下无大臣职事的官职，却擅自修订礼乐、规范人伦、教化百姓，不也太多事了吗！"

其实孔子自己也说过，"不在其位、不谋其政"（《论语·泰伯》），这里是典型的"以子之矛，攻子之盾"：你真的摆正位置了吗？你说的你都做到了吗？

"人会有八种缺点，做事情又有四种毛病，不可以不看清楚。不是自己的事情抢着去做，叫做'摠（zǒng，同"总"，意为招揽）'；没人理会却硬要把自己的见解强加于人，叫做'佞'；粉饰语意，说一些人家喜欢听的，叫做'谄'；不辨是非乱说话，叫做'谀'；喜欢说人家坏话，叫做'谗'；拆散朋友离间亲人，叫做'贼（害）'；假装称赞实际上是想让人做错、变坏，叫做'慝（tè，邪恶）'；不分善恶，两边讨好，暗中实现自己不可告人的目的，叫做'险'。这八种缺点，外则迷乱他人，内则伤害自身，所以君子不和他们来往，明主不用他们为臣。所谓四种毛病则是指：喜欢经理国家大事，变革更新、改变常规，以博取功名，叫做'叨（同"饕"，意为极贪）'；自恃聪明，擅事专行，损人利己，叫做'贪'；知过不改，听到劝谏反而变本加厉，叫做'很（通"狠"，意为乖戾）'；跟自己观点一致的就认同，跟自己不一致的，即使是对的也不认可，叫做'矜（自负）'。这就叫做'四患'。能够远离这八种缺点、不得这四种毛病，这样的人才可以教诲。"

这一段对人性弱点的分析，是为下文"纯真的本性"做的铺垫，不得不说概括得确实很到位，而且每一句都明里暗里地捅向儒家。

孔子忧伤地叹息着，再次行礼后站起身来，说："我两次被迫离开鲁国，削迹于卫、伐树于宋、围于陈蔡，不知道我到底做错了什么，遭遇这四次屈辱的原因又是什么呢？"

渔父露出了悲悯的面容，说："你实在是难以醒悟啊！有人害怕自己的影子、讨厌自己的脚印，想要跑远点丢掉影子和脚印，但举步越多，脚印就越多，跑得再快，影子却总是不离身，还以为是自己跑得太慢了，于是拼命奔跑不停，终于力尽而死。他不懂得，站在阴暗处影子自然消失，停在静止状态也就没有脚印。这也太愚蠢了！你绞尽脑汁于仁义之间，非要厘清'异'与'同'的边界，试图考察动静之变，划定取舍的尺度，区分情感的好恶，控制喜怒与哀乐，但是，你连自身不受屈辱都做不到！还是认真修养你的'身'，谨慎地保持你的'真（本性）'，赶紧把不该你管的东西还给别人，那也就没有什么拖累了。现在你不修养自身，却把构建理想社会的希望寄托在世人接受你的治国理念之上，这难道不是方向性的错误吗？"

你真的不知道你为什么会遭受这些屈辱？还不是因为不在其位，却谋了不该谋的国家大事，管得太宽了，烦恼只因强出头呗。

孔子忧伤地问道："请问什么叫做'真'？"渔父回答："所谓'真'，就是精诚之至。不精不诚，不能感动人。勉强啼哭的人，虽然看上去悲伤其实并不哀痛；故作发怒的人，虽然看上去严厉其实并不威严；强作热情的人，虽然笑容满面其实并不和善。真正的悲伤，无声而哀；真正的愤怒，不作而威；真正的热情，不笑而和。真正的本性（真）存在于人的内心，外在的神态和表情是由内心的性情决定的，所以主要不是看气质，而是看你的内心是否有真情。这个道理，用于人伦情理之间，侍奉双亲则慈孝，辅助国君则忠贞，饮酒时就开心，居丧时就哀痛。忠贞以建功为目标，饮酒则以开心为目的，居丧以致哀为主旨，侍奉双亲则以让父母顺心为要义。达成圆满的功业，不一定非要通过相同的途径；让双亲顺心适意，不必计较所采用的方法；饮酒是为了开心，用不着选择非得要什么样的器具；居丧目的在于表达哀伤，不必纠结于礼仪和规矩。礼仪，是世俗者的行为；纯真的本性，却是受之于自然（天）。自然，是不可改变的。所以圣人效法于自然（天），看重纯真的本性，不受世俗的拘束。愚昧的人则刚好相反，不能效法于自然，却替世人忧虑，不懂得珍惜纯真的本性，庸庸碌碌地随着流俗变幻不定，因此始终没有满足的时候。可惜啊，你沉溺于世俗的伪诈之中太早，听闻大道又太晚了！"

这一段关于"纯真的本性（真）"的论述，还是很通俗的，也是一般人都能够接受的，不像前面的一些章节，玄而又玄、虚而又虚，让人一头雾水。不过由于太实在了，反而让人一时之间适应

渔父扁舟

不了，所以也有人提出，本篇同样是伪作。

孔子又一次行礼后站起身来，说："今天孔丘有幸遇上先生，这是苍天特别惠顾于我。承蒙先生不弃，把我当作门下弟子一样看待，亲自教导我。敢问先生住在何处？请让我借今天这个机缘，受业于门下，而最终学成大道。"

渔父说："我听说，能够迷途知返的人，可以教给他大道，直至他领悟'道'的精妙；不能迷途知返的人，不会真正懂得大道，不可轻易教之以'道'，这样就不会给自己招来祸殃。你好自为之吧！我得离开你了！我要走了！"

小船沿着岸边，从芦苇间刺破湖面而去。

这是意料之中的结局，每次孔子被教训之后，都要被再踩上一脚，

断言你没有慧根，无药可救了，不只《庄子》，《论语》中也会出现类似的场景。

可怜的夫子。

其实不是夫子没有慧根，而是道家的理念，本不容易接受，非经大喜大悲、沧桑变迁根本无法"痛悟"，靠"领悟"也学不来多少，"顿悟"则只是一个传说，庄子们是深知这一点的，所以还是掉头而去比较酷。

孔门弟子也准备酷酷地掉头而去：

颜渊掉转车头，子路递过登车的绳索，可是孔子不管不顾，直至水波平定，听不见篙声才敢登上车子。

子路靠着车子问："我得以充任先生的侍役很久了，从没见过先生对人如此敬畏的。万乘之主、千乘之君，见到先生，从来都是分庭抗礼，先生还会有傲慢的神情。如今渔父拿着支竹篙迎面而立，先生却把腰弯得像个石磬；渔父说完之后，一定要先行大礼再作回答，这也太过分了吧？弟子们都怪先生呢，一个捕鱼的人，凭什么得此礼遇呢？"

孔子伏在车轼上叹息说："子路，你实在是难以教化啊！你浸淫于礼义之中已经有些时日了，可是粗野的心态至今未能去除。过来，我告诉你！遇到长辈不恭敬，就是失礼；见到贤人不尊重，就是不仁。他如果不是一个道德修养臻于完善的'至人'，也就不能让人感觉自己不上档次。自己水平低下，对人还不精诚，不能保持纯真的本性，必然会长久地伤害自身。真是可惜啊！见贤人而不尊重，祸莫大焉，子路你却偏偏擅长这样。况且'道'是万物产生发展的根源，万物离开了'道'就会灭亡，顺应了'道'便能生存。做事情违背了'道'必定失败，顺应了'道'则会成功。所以'道'所在的地方，圣人是一定要尊重的。如今渔父对于'道'，可以说是已经有所得，我怎敢不尊敬他呢？"

子路率直，一般来说，责问先生这种不讨好的事情，都是让他来干的，《论语》中也是如此。同样的问题，不知趣的子路问了好多次，尽管每次都会被痛批一通，还是乐此不疲。

可怜的子路。

孔子见到渔父，感觉很受启发，恨不能跟在后面学成大道，但也有人完全是另一副态度。《楚辞》中的《渔父》，也劝屈原要随波逐流，但屈原却回答：

安能以身之察察（干净的样子），受物之汶汶（污浊的样子）者乎？宁赴湘流，葬于江鱼之腹中。安能以皓皓之白，而蒙世俗之尘埃乎？

心力交瘁、形销骨立的屈大夫，宁可葬于江鱼之腹，也矢志不改，不知这是不是也属于"纯真的本性"呢？

原文选注

孔子游于缁帷之林①，休坐乎杏坛之上。弟子读书，孔子弦歌鼓琴②。奏曲未半，有渔父者③，下船而来，须眉交白，被发揄袂④，行原以上⑤，距陆而止⑥，左手据膝，右手持颐以听⑦。曲终而招子贡、子路，二人俱对。

① 缁（zī）帷：喻林木茂盛之处。缁，黑色。帷，帷幕。　② 弦歌：弹弦而歌。　③ 渔父：渔翁，打鱼老人。　④ 被：通"披"。揄袂（yúmèi）：挥动衣袖。　⑤ 行：走。原：水边的洼地。　⑥ 距：踞坐。陆：高于原的平地。　⑦ 持：撑着。颐：面颊。

客指孔子曰："彼何为者也？"子路对曰："鲁之君子也。"客问其族①，子路对曰："族孔氏。"客曰："孔氏者何治也②？"子路未应，子贡对曰："孔氏者，性服忠信③，身行仁义，饰礼乐④，选人伦⑤，上以忠于世主，下以化于齐民⑥，将以利天下。此孔氏之所治也。"又问曰："有土之君与？"子贡曰："非也。""侯王之佐与⑦？"子贡曰："非也。"客乃笑而还，行言曰："仁则仁矣，恐不免其身⑧；苦心劳形以危其真⑨。呜呼，远哉其分于道也⑩！"

①族：氏族，这里指姓名。　②治：研究、从事。　③性服忠信：性守忠信。服，执持。　④饰：这里是修订的意思。　⑤选人伦：制订道德规范。选，挑选，选择。人伦，封建社会中礼教所规定的君臣、父子、夫妇、兄弟、朋友及各种尊卑长幼关系。　⑥化：教化。齐民：平民。　⑦佐：名词，辅佐之臣。　⑧不免其身：即"其身不免"，自身难保。　⑨苦心：用心良苦。劳形：操劳形体。危：损害。真：纯真的本性，天性。　⑩远哉：（离大"道"）也太远了吧。分：间隔，分离，离开。

子贡还，报孔子。孔子推琴而起曰："其圣人与！"乃下求之，至于泽畔，方将杖拏而引其船①，顾见孔子，还乡而立②。孔子反走③，再拜而进。

①杖拏（náo）：持桨。杖，动词，撑。拏，船桨。引：牵引。　②乡：通"向"，转过身。　③反走：倒退着走。

客曰："子将何求？"孔子曰："曩者先生有绪言而去①，丘不肖，未知所谓，窃待于下风，幸闻咳唾之音以卒相丘也②！"客曰："嘻！甚矣，子之好学也！"孔子再拜而起曰："丘少而修学，以至于今，六十九岁矣，无所得闻至教③，敢不虚心！"

①曩（nǎng）者：刚才。绪言：这里指已发而未尽的言论。　②咳唾：咳嗽吐唾沫，比喻言辞精当，议论高明。也形容文词极其优美。卒：最终。相（xiàng）：帮助。　③至教：最高深的教导。

客曰："同类相从，同声相应，固天之理也。吾请释吾之所有而经子之所以①。子之所以者，人事也②。天子、诸侯、大夫、庶人，此四者自正③，治之美也④，四者离位而乱莫大焉。官治其职⑤，人忧其事，乃无所陵⑥。故田荒室露，衣食不足，征赋不属⑦，妻妾不和，长少无序，庶人之忧也；能不胜任，官事不治⑧，行不清白，群下荒怠，功美不有⑨，爵禄不持，大夫之忧也；廷无忠臣，国家昏乱，工技不巧，贡职不美⑩，春秋后伦⑪，不顺天子，诸侯之忧也；阴阳不和，寒暑不时，以伤庶物⑫，诸侯暴乱，擅相攘伐⑬，以残民人⑭，礼乐不节⑮，财用穷匮⑯，人伦不饬⑰，百姓淫乱⑱，天子有司之忧也。今子既上无君侯有司之势，而下无大臣职事之官，而擅饰礼乐，选人伦，以化齐民，不泰多事乎⑲！

① 释：阐释。吾之所有：我所拥有的（理论、经验、主张）。经：分析。子之所以：你所从事的事业。以，做，从事。 ② 人事：人世间的俗事。 ③ 自正：摆正各自的位置。 ④ 治之美：治理国家的美妙境界。治，统治。 ⑤ 治：办理，处理。职：职责。 ⑥ 陵：凌驾，干涉。 ⑦ 征赋：赋税。属（zhǔ）：继续，连接。 ⑧ 官事：职责范围之内的事情。治：完成。 ⑨ 功美：出众的功绩。 ⑩ 贡职：贡献给周天子的贡品。 ⑪ 春秋后伦：春秋两次朝见都落后于别人。伦，指排序。 ⑫ 庶物：万物。庶，众多。 ⑬ 擅相攘伐：（未经周天子同意，）擅自相互攻伐。攘，侵犯。 ⑭ 以：因此。残：动词，残害。 ⑮ 节：这里是指规矩。 ⑯ 穷匮：贫穷匮乏。 ⑰ 饬（chì）：齐整。 ⑱ 百姓淫乱：百姓欲望放纵、风气不正。 ⑲ 泰：通"太"。

"且人有八疵①，事有四患②，不可不察也。非其事而事之③，谓之摠④；莫之顾而进之⑤，谓之佞⑥；希意道言⑦，谓之谄；不择是非而言，谓之谀；好言人之恶，谓之谗；析交离亲⑧，谓之贼⑨；称誉诈伪以败恶人⑩，谓之慝⑪；不择善否⑫，两容颊适⑬，偷拔其所欲⑭，谓之险⑮。此八疵者，外以乱人，内以伤身，君子不友⑯，明君不臣⑰。所谓四患者，好经大事⑱，变更易常⑲，以挂功名⑳，谓之叨㉑；专知擅事㉒，侵人自用㉓，谓之贪；见过不更㉔，闻谏愈甚㉕，谓之很㉖；人同于己则可，不同于己，虽善不善㉗，谓之矜㉘。此四患也。能去八疵，无行四患，而始可教已。"

①疵：毛病。　②患：祸害。　③非其事：不是他的事。事，动词，做。　④摠（zǒng）：同"总"，包揽，管得太宽。　⑤莫之顾：没有人理会。进之：进言，指硬要把自己的见解强加于人。　⑥佞（nìng）：巧言谄媚。　⑦希意：粉饰语意。道言：顺着别人的心意说话。道，通"导"。　⑧析、离：拆散。交、亲：亲朋故交。　⑨贼：祸害。　⑩称誉：称赞、赞赏。诈伪：奸诈虚伪。败恶：败坏。　⑪慝（tè）：邪恶。　⑫善否：善恶，好坏。　⑬两容颊适：两面取好，两边讨好。容，容貌、表情。颊，脸色。适，让人称心。　⑭偷拔：暗中夹杂。其所欲：他自己的欲望。　⑮险：阴险。　⑯不友：（君子）不以他们为友。　⑰不臣：明君不以其为臣。　⑱好：喜好。经：经理、管理。　⑲易常：改变常规。　⑳挂：摘取，求取。　㉑叨：通"饕"，意为极贪。　㉒专知：专心于智谋。擅事：惹事生非。　㉓侵人自用：损人利己。　㉔不更：不改。　㉕愈甚：更加，变本加利。　㉖很：通"狠"，意为乖戾，凶暴。　㉗虽善不善：即使是对的也不认可。虽，即使。　㉘矜：自负、自夸。

　　孔子愀然而叹①，再拜而起曰："丘再逐于鲁，削迹于卫，伐树于宋，围于陈蔡。丘不知所失，而离此四谤者何也②？"客凄然变容曰："甚矣子之难悟也！人有畏影恶迹而去之走者③，举足愈数而迹愈多④，走愈疾而影不离身⑤，自以为尚迟⑥。疾走不休，绝力而死。不知处阴以休影⑦，处静以息迹，愚亦甚矣！子审仁义之间⑧，察同异之际⑨，观动静之变，适受与之度⑩，理好恶之情⑪，和喜怒之节⑫，而几于不免矣⑬。谨修而身，慎守其真，还以物与人⑭，则无所累矣⑮。今不修之身而求之人⑯，不亦外乎⑰！"

　　①愀（qiǎo）然：落寞的样子。　②离：同"罹"，遭受。四谤：指再逐于鲁、削迹于卫、伐树于宋、围于陈蔡。谤，毁辱。　③畏影：畏惧自己的影子。恶迹：厌恶自己的足迹。去：摆脱。走：跑。　④数：多次。　⑤愈：再，最。疾：快速。　⑥尚：还。迟：太慢。　⑦处：处于。阴：太阳照不到的地方。休：消失。　⑧审仁义之间：在仁义之间绞尽脑汁。审，详究，考察，　⑨察：明察。际：边界。　⑩适：调适，调整。受：接受别人的。与：

给予别人的。**度**：标准。　⑪**理**：区分。　⑫**和**：调和。**节**：这里指规矩。　⑬**而**：你。**几于**：几乎。**不免**：不免于（祸患）。　⑭**还**：归还。**以物**：用于享受的身外之物。**与人**：还给别人。　⑮**累**：拖累。　⑯**求之人**：指将构建理想社会的希望寄托在世人接受自己的治国理念之上。　⑰**不亦外乎**：这难道不是很疏陋吗！外，外面，表象，没有涉及本质。

　　孔子愀然曰："请问何谓真？"客曰："真者，精诚之至也。不精不诚，不能动人①。故强哭者虽悲不哀，强怒者虽严不威，强亲者虽笑不和。真悲无声而哀，真怒未发而威，真亲未笑而和。真在内者，神动于外②，是所以贵真也③。其用于人理也④，事亲则慈孝，事君则忠贞，饮酒则欢乐，处丧则悲哀。忠贞以功为主⑤，饮酒以乐为主，处丧以哀为主，事亲以适为主⑥。功成之美，无一其迹矣⑦。事亲以适，不论所以矣⑧；饮酒以乐，不选其具矣；处丧以哀，无问其礼矣。礼者，世俗之所为也；真者，所以受于天也⑨，自然不可易也。故圣人法天贵真⑩，不拘于俗。愚者反此⑪，不能法天而恤于人⑫，不知贵真，禄禄而受变于俗⑬，故不足。惜哉，子之蚤湛于人伪而晚闻大道也⑭！"

　　①**动**：使动用法，使人感动。　②**神**：神态，表情。　③**贵**：意动用法，（以内心的纯真）为最可贵。　④**人理**：人伦情理。　⑤**忠贞以功为主**：对于国家的忠贞，主要以建功立业为标志。　⑥**适**：这里指舒心。　⑦**一**：统一、唯一。**迹**：途径。　⑧**所以**：所用的方法。　⑨**真者，所以受于天也**：纯真的本性，受之于天。　⑩**法天**：以天（自然）为法（法则）。法，意动用法。　⑪**反此**：与此相反。　⑫**恤于人**：替世人担忧。恤，体恤。　⑬**禄禄**：同"碌碌"，平凡的样子。**受变于俗**：受世俗影响而改变（内心的纯真）。　⑭**蚤**：通"早"。**湛**：沉溺。**人伪**：世俗的伪诈。

　　孔子又再拜而起曰："今者丘得遇也①，若天幸然②。先生不羞而比之服役③，而身教之④。敢问舍所在，请因受业而卒学大道⑤。"客曰："吾闻之，可与往者与之⑥，至于妙道⑦；不可与往者，不知其道，慎勿与之，身乃无咎⑧。子勉之！吾去子矣，吾去子矣！"乃刺船而去⑨，延缘苇间⑩。

① 得遇：得到了机遇。 ② 天幸：天赐的幸运。 ③ 不羞：不以我为羞。
比：这里意为当作……看待。服役：指弟子。 ④ 身：亲自。 ⑤ 因：跟从。
卒：完结。 ⑥ 往：回来，指迷途知返。与之：教之以道。与，给予。
⑦ 妙道：精妙的大道。 ⑧ 咎（jiù）：灾祸，灾殃。 ⑨ 刺：形象的描述，
指小船刺破湖面。去：离开。 ⑩ 延缘：缓慢移行。苇：芦苇。

颜渊还车①，子路授绥②，孔子不顾，待水波定，不闻拏音而后
敢乘③。

① 还车：掉转车头。 ② 授绥：递过登车用的绳子。 ③ 拏音：桨声。

子路旁车而问曰①："由得为役久矣，未尝见夫子遇人如此其威
也②。万乘之主，千乘之君，见夫子未尝不分庭抗礼，夫子犹有倨敖
之容③。今渔父杖拏逆立④，而夫子曲要磬折⑤，言拜而应⑥，得无
太甚乎？门人皆怪夫子矣，渔人何以得此乎？"孔子伏轼而叹曰："甚
矣，由之难化也！湛于礼仪有间矣，而朴鄙之心至今未去⑦。进，吾
语汝！夫遇长不敬，失礼也；见贤不尊，不仁也。彼非至人，不能
下人⑧，下人不精⑨，不得其真⑩，故长伤身⑪。惜哉！不仁之于人
也，祸莫大焉，而由独擅之⑫。且道者，万物之所由也⑬，庶物失之
者死，得之者生，为事逆之则败，顺之则成。故道之所在，圣人尊之。
今渔父之于道，可谓有矣⑭，吾敢不敬乎！"

① 旁：通"傍"，依傍，靠着。 ② 威：肃然起敬。 ③ 倨敖：傲慢。敖，
同"傲"。 ④ 逆立：迎面而立。 ⑤ 曲要：折腰、弯腰，表谦恭。曲，弯曲。要，
"腰"的古字。磬（qìng）：古代打击乐器，形状像曲尺。折：弯曲。 ⑥ 言
拜而应：先说拜谢，再回应。 ⑦ 朴鄙：质朴鄙野。谦词。 ⑧ 下：使动用法，
使人甘居其下。 ⑨ 下人：（水平）在人家之下。不精：待人不真诚。 ⑩ 不
得其真：不能保持内心的纯真。 ⑪ 长伤身：长久、经常地伤害自己。长，
经常。身，自己。 ⑫ 独擅之：偏偏擅长如此。 ⑬ 由：根源。 ⑭ 可谓
有矣：字面的意思是"可以说是有了"，意为渔父可以称得上是有道之人。

散发扁舟，从芦苇间划破湖面而去

第三十二章

所有的名与利，都要拿身心疲惫去交换

——读《列御寇》

列御寇，尊称列子，唐玄宗册封的道教"四大真人"之一，称"冲虚真人"。列子隐居郑国四十年，著书二十篇，十万多字，现存《列子》八篇，其中有寓言故事百余个，比较著名的如《愚公移山》《杞人忧天》《两小儿辩日》《纪昌学射》《薛谭学讴》都入选过中小学的语文教材，寓意和意境上都要比大名鼎鼎的《伊索寓言》高出一截。按理说，列子应该和庄子齐名，至少人家有那么多的作品出现在语文书中，这可不是件容易的事。但不知为什么，列子一直不如老子和庄子出名。还有人说《列子》本来就是"伪书"，历史上就没有过这个人，难怪许多人学了《愚公移山》也不知道列子是谁。

从第一章《逍遥游》开始，列子就是一个很称职的配角。说他是配角，是因为除了在《让王》中明哲保身了一回之外，列子都是一个"专业技术"很过硬，却始终无法"打通最后一公里"、无法真

正得道的悲剧形象。《逍遥游》中，"列子御风而行，泠然善也，旬有五日而后返"，能够在天上飞十五天，驾风所到之处，枯木逢春，但还是被判定为"有所待"，算不上"逍遥游"；《田子方》中，列子射箭就像扣下扳机的机关枪（列子可能还真的是一个神射手，《列子》中就有《列子学射》《纪昌学射》），但伯昏无人还是讥笑他是"为了射箭而射箭"，定力不够，离得道还远得很。

本篇中的列子，同样是这样的悲剧角色：

列御寇到齐国去，走到一半又回来了，路上碰到了伯昏瞀（mào）人（应该就是老朋友伯昏无人）。伯昏瞀人问："为什么刚去又回来了？"列御寇说："我被吓到了。"

"你被什么吓到了？"列御寇说："我在十家店里买饮料喝，有五家说要白送给我。"伯昏瞀人说："就因为这个？你为什么会被吓到呢？"

列御寇说："内心的朴实与真诚不被割裂、不被消磨，同时约束自身的行为举止，才能发出人格的光辉。如果你用身外之物控制了一个人的内心，先让他轻视前人的经验和教训，接下来如果要给他制造一点祸患，那就很容易了。那些卖饮料的人，只不过是做些饮用的羹汤，想要获得一点多出成本之外的赢利罢了。他们追求的利益很微薄，算计的目标也很小，居然也想出了先送点好处给你、然后放长线钓大鱼的招数。那么，那些大国的君主呢？他们被所谓的国家大事折磨得精力憔悴，身心疲惫，现在如果他们要给我一点好处，肯定是希望我拼死拼活地干许多差事、拿出许多的成果。我是因为这样才被吓到的。"伯昏瞀人说："你看问题的能力真是不错！你待在家里就可以了，会有很多人要来追随你了！"

不久，伯昏瞀人去列御寇家，只见门外摆满了鞋子。伯昏瞀人站在房子的北面，拐杖抵住下巴，脸皱成一团。站了好一会儿，一言不发就走了。迎宾的人告诉列御寇，列御寇提着鞋子，光着脚跑出来，赶到门口，说："先生已经来了，难道不批评指教一下吗？"伯昏瞀人说："算了，我本来就告诉过你，会有很多人来投奔你，现在果然有这么多人来了。我所看重的，不是你能让人们来追随你；我所遗憾的，是你不能让人们不追随你。你何必用让人投奔你的方法，让自己感到欢愉，表现出自己与众不同呢！你的内心感到欢愉的同时，你的本性就被动摇了；对于你自己而言，又没什么帮助。跟你交游的人，没有谁能提醒你、告诫你；他们那些不入流的言辞，全都是害人的；这些没有觉醒、没有领悟的人，跟他们搞得这么熟络干什么！灵巧的人多劳累，聪慧的人多忧患，无能的人无所求，填饱肚子就可以自在逍遥。像没有缆索的船只那样，可以在水中随意漂荡的，才是无欲无为、能够自由遨游的人。"

文中没有交代列子要去齐国干什么，从后面的内容来看，很有可能是应齐国国君的邀请去做官，走到半路上想明白了，又跑了回来。列子从"天下没有免费的午餐"出发，搞明白了所有的"利"，都是要拿身心疲惫去交换的。同时他也知道，只有"内诚不解（内心的真诚和朴实不被分裂、消磨）"，并且"形谍（xiè，通'绁'约束自己的指行为举止）"才能"成光（发出光辉）"，但最终还是很得意有那么多人成为自己的粉丝，说到底还是看不透"名"。

所以这里的列子，还是那个没能"打通最后一公里"、没有真正得道的列子。

关于列子的故事，到这里就结束了。尽管以"列御寇"为篇名，但接下来的内容都与列子无关，并且主题也不统一，有关于生死的，有关于得失的，有对"道""知"的认识的，有对人性、思想、技艺的思考的，甚至还出现了"九征（九个识人的标准，详见原文选注）"，很奇怪道家也会管这种闲事。

总体的感觉是,《庄子》到了这里,基本已经结束(接下来的最后一章相当于全书的绪论),许多杂七杂八的东西都抓住最后的机会挤了进来,不愧为"杂篇"的大结局。

　　既然是《庄子》,还是挑和庄子有关的吧。先看一下庄子的生死观:

　　庄子快要死了,弟子们打算为他厚葬。庄子说:"我以天地为棺椁,以日月为玉璧,以星辰为珠玑,万物都可以成为我的陪葬品。我陪葬的东西难道还不够多吗?还有什么比这更好的呢!"弟子说:"我们只是担心乌鸦和老鹰会吃掉先生。"庄子说:"放在地上会被乌鸦和老鹰吃掉,埋在地下也会被蝼蛄和蚂蚁吃掉,从乌鸦和老鹰嘴里夺过来,再交给蚂蚁,你们为什么这么偏心呢!"

　　庄子的意思是,人死之后,再怎么折腾也都是一样,这就是庄子所谓的"万物一也",主要还是在于表达豁达的生死观,至于后面"夺彼与此"的"偏心",只是庄子式的幽默,但是接下来的文字还真的围绕"偏"字展开了:

　　用不公平的标准去创造公平,这种公平不是真正的公平;以不应该成为征兆的迹象,作为可能出现某一种情形的预兆,等真正的征兆出现了,反而不会被当作预兆。自以为聪明的人,只会被这些所谓的征兆牵着鼻子走,只有"神一样的人"才能把握什么是真正的征兆。自以为聪明的人向来就比不上超然物外的"神人",可就有一些愚昧的家伙,拿着自以为是的见解和观点,在人世间腾挪辗转。他们的努力因为没有抓住本质,没有用劲在合适的地方,因而毫无意义,难道不是很可悲吗!

　　从"偏"字切入的这一段议论,很有道理,但与前面的生死观就没什么关系了,这也是"杂"的表现。

　　再来看庄子对待得失的态度:

所有的名与利,都要拿身心疲惫去交换

有人征聘庄子去做官，庄子答复这个人的使者说："先生见过准备拿来祭祀的牛吗？披着锦绣，吃着精细的草料和豆子，等到牵入太庙的时候，它再想做一头不用人照料的小牛，还有可能吗？"

"欲为孤犊而不得"，这个比喻很形象，得到的越多，失去的也越重要，直至以生命为代价。同样的寓言还有：

有人去见宋王，宋王赐给他十辆车马，这个人拿着这些车马在庄子面前炫耀。庄子说："黄河边有一个贫穷的家庭，靠编织苇席为生，他的儿子潜入深渊，得到一枚价值千金的宝珠。父亲对儿子说：'拿石头来砸烂宝珠！价值千金的宝珠，原本肯定是在九重深渊里黑龙的下巴下面，你能得到这个宝珠，一定是恰好碰到黑龙睡着了。如果黑龙醒过来，你还能剩下点骨头渣子吗？'如今宋国的险恶，远不止是九重深渊；而宋王的凶残，也远不止是黑龙。你能从宋王那里得到这些车马，也一定是恰好碰到宋王睡着了。一旦宋王清醒过来，你必将粉身碎骨！"

这段话很形象也很诚恳，但同样的题材在同一章里，居然也会有完全不同的表述：

宋国有个叫做曹商的人，替宋王出使秦国。出发的时候，宋王赠给他几辆车子；到了秦国，秦王很喜欢他，又加赐了一百辆车子。曹商回到宋国，见到庄子说："身处穷巷僻壤，穷途末路到要自己编草鞋穿，饿得脖颈干瘪、面色饥黄，这是我的不如人之处；和万乘之君见了一次面，就带回一百辆车子，这又是我的过人之处。"

这件事应该说和前面的没什么区别，但接下来就有点匪夷所思了：

庄子说："秦王有病时，召集医生来治疗，吸脓疮的能够得到一辆车子，舔痔疮的能够得到五辆车子，治疗的毛病越恶心，得到的车子就越多。你难道是给秦王舔过痔疮？怎么得到这么多的车子呢？你走吧！"

尽管庄子以文风汪洋恣肆和用喻不拘一格出名，但这个比喻还是让人感觉过于恶毒，相比于上一则的诚恳，这一则似乎是怀揣着深深的羡慕嫉妒恨，有伤一派宗师的风范。

《杂篇》也因此而杂。

原文选注

列御寇之齐①，中道而反，遇伯昏瞀人②。伯昏瞀人曰："奚方而反③？"曰："吾惊焉④。"曰："恶乎惊？"曰："吾尝食于十浆⑤，而五浆先馈⑥。"伯昏瞀人曰："若是，则汝何为惊已？"曰："夫内诚不解⑦，形谍成光⑧，以外镇人心⑨，使人轻乎贵老⑩，而齑其所患⑪。夫浆人特为食羹之货⑫，多余之赢⑬，其为利也薄，其为权也轻⑭，而犹若是，而况于万乘之主乎！身劳于国而知尽于事⑮，彼将任我以事而效我以功⑯，吾是以惊。"伯昏瞀人曰："善哉观乎⑰！女处已⑱，人将保女矣⑲！"

①**列御寇**：人名，亦作圉寇、圄寇，人称列子。**之**：往，去。　②**伯昏瞀（mào）人**：人名，楚国的贤人，隐者。《德充符》《田子方》中的伯昏无人或即此人。　③**方**：刚，才。　④**惊**：受到惊吓。　⑤**浆**：米汤，这里指卖米汤的店铺。　⑥**馈**：赠给。　⑦**内诚**：内心真诚朴实。**解**：割裂、消磨。　⑧**形谍（xiè）**：指约束行为举止。谍，通"绁"，约束。**成光**：发出光辉。　⑨**以外镇人心**：用外物来控制一个人的内心。　⑩**轻**：不重视。**贵老**：以老为贵，这里的"老"，既指前人的理论，也指自己先前的经验。　⑪**齑（jī）**：招致。　⑫**特**：只，仅，不过。　⑬**赢**：赢利。　⑭**为权**：谋划、算计的目标和方法。权，衡量，比较。　⑮**劳**：操劳。**知**：同"智"。　⑯**彼**：指万乘之主。**任我以事**：任用我干好多的事情。**效我以功**：通过功绩检验任用我的效果。　⑰**观**：这里指看问题的深度。　⑱**处**：静处、安居。**已**：

所有的名与利，都要拿身心疲惫去交换

罢了、停止。　⑲保：这里是追随的意思。

　　无几何而往①，则户外之屦满矣②。伯昏瞀人北面而立，敦杖蹙之乎颐③，立有间④，不言而出。宾者以告列子⑤，列子提屦，跣而走⑥，暨乎门⑦，曰："先生既来，曾不发药乎⑧？"曰："已矣⑨，吾固告汝曰人将保汝，果保汝矣。非汝能使人保汝，而汝不能使人无保汝也，而焉用之感豫出异也⑩！必且有感⑪，摇而本才⑫，又无谓也⑬。与汝游者又莫汝告也⑭，彼所小言⑮，尽人毒也⑯；莫觉莫悟，何相孰也⑰！巧者劳而知者忧，无能者无所求，饱食而敖游⑱，泛若不系之舟，虚而敖游者也⑲。"

　　①无几何：没多久，没几天。　②屦（jù）：麻葛鞋。　③敦：同"顿"。蹙：皱。颐：面颊。　④有间：好一会儿。　⑤宾者：迎接客人的人员。宾，通"傧"。　⑥跣（xiǎn）：光脚。　⑦暨：及。　⑧发药：发放药石。谓善言劝人以当药石。　⑨已矣：算了吧。　⑩而：尔。焉：疑问代词，何必。用之：用这样的方法。感豫：感到欢愉。豫，喜悦。出异：与众不同。　⑪必且：必将。有感：内心有所感触。　⑫摇：动摇。本才：有的版本作"本性"。　⑬无谓：没有意义。　⑭莫汝告：即"莫告汝"。　⑮小言：不入流的言论。　⑯尽人毒：尽毒人，尽是些毒害人的（言论）。　⑰孰："熟"的古字。　⑱敖游：即"遨游"。　⑲虚而敖游者也：内心无欲无为，才能在人世间遨游。虚，虚怀若谷。

　　宋人有曹商者①，为宋王使秦。其往也，得车数乘；王说之②，益车百乘③。反于宋，见庄子曰："夫处穷闾阨巷④，困窘织屦⑤，槁项黄馘者⑥，商之所短也；一悟万乘之主而从车百乘者⑦，商之所长也。"庄子曰："秦王有病召医，破痈溃痤者得车一乘⑧，舐痔者得车五乘⑨，所治愈下⑩，得车愈多。子岂治其痔邪，何得车之多也？子行矣！"

　　①曹商：人名。　②说：同"悦"。　③益：增加。　④穷闾（lú）：穷人所居的里巷。闾，古代二十五家为一闾。阨（è）：困窘。　⑤织屦（jù）：

织鞋，做鞋。屦，麻葛鞋。　⑥槁项：干枯的脖子。黄馘（xù）：黄瘦的脸。
⑦一：一旦，一下子。悟：开悟，使……醒悟。　⑧痈：多个脓头的毒疮。
痤（cuó）：疽。　⑨舐（shì）：舔。痔：痔疮。　⑩下：卑下，下作。

　　故君子远使之而观其忠①，近使之而观其敬，烦使之而观其能，
卒然问焉而观其知②，急与之期而观其信③，委之以财而观其仁④，
告之以危而观其节⑤，醉之以酒而观其侧⑥，杂之以处而观其色⑦。
九征至⑧，不肖人得矣⑨。

　　①远使之：派到远处去做事。　②卒（cù）然：突然。卒，同"猝"。知：
同"智"，此处指清醒与否。　③期：约定期限。　④委：委托。　⑤节：节
操。　⑥侧：应为"则"，和"以身作则"的"则"同义，指仪则，也可以理
解为原则、底线。　⑦杂之以处：混杂在各色人中。色：神情，态度。　⑧征：
特征。　⑨不肖人：指内外不一的人。

　　人有见宋王者，锡车十乘①，以其十乘骄穉庄子②。庄子曰："河
上有家贫恃纬萧而食者③，其子没于渊④，得千金之珠。其父谓其子
曰：'取石来锻之⑤！夫千金之珠，必在九重之渊而骊龙颔下⑥，子
能得珠者，必遭其睡也⑦。使骊龙而寤⑧，子尚奚微之有哉⑨！'今
宋国之深，非直九重之渊也⑩；宋王之猛⑪，非直骊龙也；子能得车者，
必遭其睡也。使宋王而寤，子为齑粉夫⑫！"

　　①锡：通"赐"，赠送。　②骄穉（zhì）：亦作"骄稚"，"稚"也是"骄"
的意思，骄矜炫耀。　③恃：依靠。纬：编织。萧：艾蒿。　④没（mò）：
潜入。　⑤锻：锤打，击破。　⑥骊龙：黑龙。　⑦遭：恰逢。　⑧寤：
醒。　⑨奚：疑问代词，何。微：细小，一丁点。　⑩直：仅，只。　⑪猛：
凶猛。　⑫齑（jī）粉：粉身碎骨。

　　或聘于庄子①。庄子应其使曰②："子见夫牺牛乎③？衣以文绣④，
食以刍叔⑤，及其牵而入于大庙⑥，虽欲为孤犊⑦，其可得乎！"

　　①或：有人。聘：征聘。　②应：回答。使：使者。　③牺牛：祭祀
用的牛。　④衣：动词，披着。文绣：刺绣华美的丝织品或衣服。文，纹

所有的名与利，都要拿身心疲惫去交换

的本字。　⑤刍：细草。叔：通"菽"，大豆。　⑥大庙：即太庙。
⑦孤犊：无人豢养的牛犊。

庄子将死，弟子欲厚葬之。庄子曰："吾以天地为棺椁，以日
月为连璧①，星辰为珠玑，万物为赍送②。吾葬具岂不备邪？何以
加此③？"弟子曰："吾恐乌鸢之食夫子也④。"庄子曰："在上为乌
鸢食，在下为蝼蚁食，夺彼与此，何其偏也！"

①连璧：成对的玉璧。璧，璧玉。　②赍（jī）送：指殉葬品。　③何
以加此：还有什么比这更好的呢？加，表示程度，相当于"更加""愈加"。
④乌：乌鸦。鸢（yuān）：老鹰。

以不平平①，其平也不平②；以不征征③，其征也不征。明者唯
为之使④，神者征之⑤。夫明之不胜神也久矣。而愚者恃其所见入于
人⑥，其功外也⑦，不亦悲乎！

①以：用。不平：不公平的标准，平是名词。平：动词，使…变得公
平。　②其：代词，它。两个"平"都是形容词，公平。　③征：
指征兆。　④明者：所谓的聪明人。唯：只。为：介词，被。之：代词，
代上文的"征兆"。使：使唤、驱使。　⑤神者：神一样的人，指真正了解
事物发展规律的人。征之：以之为征，把真正的征兆当作征兆。征，意动
用法。之，代词，代上文的"征兆"。　⑥恃：拿着。所见：自己所（认
为正确的）见解。入于人：（希望自己的见解）能被人接受。入，进入（别
人的内心）。　⑦外：与"内"相对，指没有在正确的地方用功，所花的工
夫没有意义。

第三十三章

天下，一直是道家的眷念和牵挂

——读《天下》

　　"诸子百家"，原本不是夸大之辞。《汉书·艺文志》称，春秋战国加上秦汉时期各种学术派别，叫得出名的共有 189 家，各家的著作有 4324 篇。《隋书·经籍志》和《四库全书总目》则说"诸子百家"实有上千家。不过最终形成学派的，确实只有法、道、墨、儒、阴阳、名、杂、农、小说、纵横、兵、医这 12 家。

　　许多注解都公认本章是"中国最早的学术史论文，对先秦时期几个主要学派几乎都作了简明扼要的叙述和批评"。这一章中确实没有了我们熟悉的论述和寓言，代之以很中肯的评论，说它是学术史论著的开山之作是当之无愧的，其评论主要是针对"儒、法、农"以及"墨、道、名"这六家，其中"儒、法、农"三家相对简略：

　　天下从事某一方面学术研究的人很多，都认为自己的学说是最好的，达到了无以复加的程度。而古代所谓的"道术"，到底是在哪里？

答案是："无所不在。"如果要问："人的精神与思想是从哪里来的？正确的认识因何而生？"答案是："圣人自有其由来，王业自有其成因，都源于亘古不变的客观规律。"

不脱离事物的本质、不背离正确的思想、不违背纯真的人性，可以称之为"天人、神人、至人"。以自然为根，以顺应自然为本，以"道"为处世诀窍，能够通过特定征兆预知变化的，称之为"圣人"。倡导"仁"，给人以恩惠；倡导"义"，将之作为社会秩序和理法；倡导"礼"，以规范世人的行为；倡导"乐"，以调和社会关系；为人温和慈爱的，称之为"君子"。

这是关于儒家的评论，与之前的吵吵嚷嚷相比，表现得比较大度，"天人、神人、至人、圣人"之后就是儒家的"君子"，这已经是相当高的评价了。

以法律作为区分好坏与对错的标准，认为"名（各种概念）"是"实（客观存在）"的表象，用"参（比较）验（验证）"的方法来检验认识的正确性，用考查的方式决出能力高下，排出一二三四，百官的职位高低和升迁以此为据。

这是对法家主要理论的阐述。法家的治国之道归结为三个字："法、术、势"。"法"就是依法治国；"术"就是"驾御群臣、掌握政权、推行法令"的方法和策略，这里着重点出了法家考查官员的方法；"势"则是强调要树立君主的权威。

以农事为日常主要事务，以丰衣足食为主旨，繁殖牲畜、蓄积粮食，关心老弱孤寡，使其皆有所养，这是符合老百姓的愿望的。

这几句是关于农家的评论。农家以许行为代表，提出"君民同耕、市贾不二"的主张。吕思勉先生在《先秦学术概论》中将农家分为两派，认为一派"言种树之事"，一派"关涉政治"。农家在当时的影响很大，儒家中有不少人，如陈相、陈辛两兄弟居然弃儒入农，引起了孟子的不满，在《孟子·滕文公上》中狠狠地批了农家一通。但道家对农家的评论就明显以称赞为主了。

这三家的评述就这么几句，而对"墨、道、名"三家的评论就很详细了。究其原因，道家自然不必说了；墨家是道家相对比较称赏的学派，并且有些主张还是一致的，所以用的笔墨也多；至于名家，因为惠施是庄子的老朋友兼老对手，自然是不能轻易放过的。

不因为奢侈而影响后世的发展，不浪费万物；不因为通晓客观规律、善于预测事物发展方向而炫耀自己，用各种规矩自我约束，准备应对人世间的危难，古代的"道术"中本就有这些内容。墨翟、禽滑厘听闻这些理论后很喜欢，但他们要做的事，做得太过分，不想做的事，又太循规蹈矩。提倡"非乐"，让人们"节用"，生不作乐，死不服丧。墨子倡导"博爱""兼利""非斗"，主张不怒、和睦相处；为人好学、知识渊博，不标新立异，也不与先王相同，主张毁弃古代的礼乐。

要知道黄帝时有《咸池》，尧时有《大章》，禹时有《大夏》，汤时有《大濩（hù）》，文王时有《辟雍》，武王、周公创作了《武》，这些乐舞是盛世的象征。古代的丧礼，贵贱有不同的礼仪，上下有不同的等级，天子棺椁七层，诸侯五层，大夫三层，士两层。现在墨子偏偏主张生不欢歌，死不服丧，只用三寸厚的桐木棺并且没有椁，并希望将之作为世人的普遍标准。以此要求他人，恐怕不是爱人之道；自己践行，实在是不爱惜自己。这么说并不是批评墨子的学说，但是，应该歌唱时不歌唱，应该哭泣时不哭泣，应该欢乐时不欢乐，这还是我们人类吗？生时勤苦，死后薄葬，他的学说太可怕了。让人安于忧劳、习惯悲苦，他们的行为太难以做到了，恐怕也不能够成为圣人之道。因为违背了天下人的心愿，世人都不堪忍受。虽然墨子自己能够做到，却又能拿天下人怎么办呢！背离了世人的实际情况，也就远离了王道。

墨子称道的是："从前禹治理洪水，疏导江河，沟通四夷九州，治理大川三百，支流三千，小河无数，禹亲自拿着土筐和铲子劳作，整合天下河川，累得大腿没肉，小腿没毛，冒着暴雨，顶着狂风，终于安定天下万国。禹是大圣人，为了天下还让自身如此劳苦。"墨子的这种观点，使后世的墨者，热衷于以兽皮和粗布为衣，木屐草履为鞋，日夜不休，以让自己承受艰苦生活为最高准则，并且说："不能这样，就不是大禹之道，不足以称之为墨者。"

相里勤的弟子，五侯的门徒，以及南方的苦获、己齿、邓陵子这些不同的门派，嘴里都诵着《墨经》，但观点背离、论断不同，相互指责对方背离了墨家的正道，他们用类似于"坚白同异"的方法相互责难，摆出一副"道不同不相为谋"的样子，都把本派的巨子奉为圣人，愿意成为他的粉丝，希望成为他的传人。这几个门派至今还争论不休。

墨翟、禽滑厘的本意是对的，但具体的行为却错了。这将会让后世的墨者，沉迷于大腿不长肉、小腿不长毛的极端劳苦方式，互相以此为标准，比谁走得更极端。这种行为，在乱世之中或许是种好办法，但在和谐社会中却是下策。

尽管如此，墨子真是天下的榜样，这样的人实在是难以找到，即使累得形容枯槁，也不放弃自己的主张和行动，这才是真正的"才士"啊！

墨家的主张、墨者的评价，都很清晰，甚至于对墨子之后的三个流派也有所描述。相里勤是秦墨的代表，此派注重科技研究，讲究务实；相夫子是齐墨的代表（这里的"五侯"是人名，应该也是齐墨的代表人物），此派以辩论为主，反对用暴力解决问题，希望用柔和的方式获得和平，最具幻想特色；邓陵子属楚墨，此派类似于侠客，到处行侠仗义。

墨家的某些主张与道家类似，所以道家认为墨家的学说是上古"道术"的组成部分。由于墨者严苛的自律让人十分敬佩，所以对墨家，在叹息他们违背人性的同时，也是大为赞赏。

对"名家"的评价就不一样了：

惠施对很多方面的学问都有涉猎，他学富五车，但他的思想却杂乱无章，言辞也不正确。他研究事物的原理，说："大到极点且没有边际的，称为'大一'；小到极点而没有内里的，称为'小一'。没有厚度的东西，没有体积，但能扩大到千里。天和地是一样高的，高山和湖泽也是一样平的。太阳刚到正中就已经倾斜，万物刚出生就走向死亡。'大同'和'小同'的差异，叫做'小同异'；万物都有共同点也有不同点，这叫'大同异'。南方既没有穷尽也有穷尽，今天刚去越国而昨天就已经到了；封闭的连环可以解开；我所知的天下的中央，在燕国之北、越国之南。所以我们要普遍地热爱万物，因为天地本就是一体的。"

这几句要解释一下，"大一"，就是"无穷大"，"小一"就是"无穷小"；"没有厚度的"就是平面，可以无限延伸；"高低上下"都是相对的概念，所以天不一定比地高，山也不一定比水高；"日方中方睨、物方生方死"在第二章《齐物论》里出现过了，本来就是道家的思想。老虎和狮子都是猫科动物，猫科动物的共同点就是"大同"，老虎和狮子各自的共同点就是"小同"；所有的动物都有共同点，每一个动物又都有不同点，这就叫"毕同毕异"。"南方"可以指具体的某一个地点，也可以一路往南，没有尽头。今天去越国，到了越国的第二天，就可以告诉人家"我昨天就到了"。封闭的铁连环，总有一天会烂断，这就叫"连环可解"。地球是圆的，中心点可以在最北的燕国的北方，也可以在最南的越国的南方。天下万物都是一样的，所以不能分出亲疏远近。

按现在的常识，惠施的许多观点不仅正确，还具有相当的先进性，所以先秦的哲学，绝不可小视。

惠施认为这些都是最正确的道理，所以拿到天下的精英们面前炫耀，以之教导天下辩士，那些个辩士也乐于和他辩论。他们争论的内容很无聊，比如说，（鸡蛋能孵出小鸡，所以）蛋是有毛的；鸡有三只脚；楚国的郢都比天下还大；（如果大家从明天开始都用"羊"这个名词来称呼狗，那么）狗也可以变成羊。同理，马是卵生的；青蛙会有尾巴；火不是热的（"热"是你自己的感受）；山会长出嘴巴来；车轮是不着地的（因为始终都只有一个点着地）；眼睛是看不见东西的（因为还需要有光）；手指不能指示东西，又可以指示无穷无尽的东西；乌龟比蛇长；"矩"不是方的，圆规画不出绝对的圆；不管怎么精细，榫孔都不可能和榫头配合得天衣无缝；（相对于鸟来说，）飞鸟的影子从未曾动过；疾飞的箭头，每一刻都在动、每一刻又都没动；狗本不是狗；黄马、骊牛是三个（黄马、骊牛加上"黄马骊牛"）；白狗是黑的；孤驹从来就不曾有过母亲；一尺长的木棍，每天截掉一半，永远也截不完。辩士们用这些话语和惠施辩论，永远没有停止的时候。

上面这些观点，有诡辩的成分，但也有不少是很辩证的观点，道家则认为，这种争辩没有任何意义。

桓团、公孙龙这些好辩之徒，迷惑人心，改变人的正常思想，在嘴巴上能够战胜别人，但不可能让人心服，这也是辩士们无法突破的怪圈。惠施每天凭借自己的智慧与人辩论，致力于和天下的辩士一起制造奇谈怪论，这就是名家的立足点。

最后的结论是，名家硬把违反常识的事情论证成正确的，只不过是想通过辩论获取名声。作为一家之说还可以，离"大道"何止十万八千里。惠施不安于道，却以善辩出名，很可惜。

接下来是道家了，在讲道家之前，先来了解一下大名鼎鼎的"稷下学宫"。

稷下学宫，是由齐桓公创立的世界上第一所官办高等学府。"稷"是齐国国都临淄的一处城门，"稷下学宫"因地处稷门附近而得名。中国学术思想史上蔚为壮观的"百家争鸣"，就是以稷下学宫为中心的。鼎盛时期，学宫中曾容纳了"诸子百家"中的几乎所有学派，汇集了天下贤士近千人。稷下学宫的文人学者，不论学术派别、思想观点、政治倾向，以及国别、年龄、资历，都可以自由发表自己的学术见解，稷下学宫因此成为各学派荟萃的中心。这些学者们互相争辩、诘难、吸收，构成了真正的"百家争鸣"。

稷下学宫的官学为黄老（道）之学。按郭沫若的意见，稷下黄老之学分为三派：一派是宋钘（xíng）、尹文，一派是田骈、慎到，另一派是环渊。环渊整理了《道德经》，所以这一派与老子的思想基本相同。本章关于道家的论述基本上是围绕这三个派别来叙述的。

不为世俗所牵累，不用外物来粉饰自己，不轻易地随同众人，也不违逆众人，希望天下人都安天乐命。每一个人的生活需求，都以温饱为止境，并且通过自身的艰苦实践，来表达内心的"无欲无为"。古代的"道术"本来就有这方面的内容，宋钘、尹文听闻后很喜欢。他们制作了形状像华山的帽子，用以表示"上下均平"的主张。认识和接触万物从破除成见开始，形容内心的真实状态，称之为"心之行（心理活动）"。以调和的方法，让四海之内和合欢乐。他们希望能将上述主张作为所有人的行动主旨，试图通过树立"被侮辱并不是你的耻辱"的观念，以此来调解民间的争斗；禁止攻伐、平息干戈，消除世间纷繁的战火。他们带着这种主张走遍天下，上下游说，即使没有人听，仍然吵吵嚷嚷不肯放弃，搞得人们都厌烦，还是硬要宣扬自己的主张。

　　尽管他们很高尚，但还是替别人考虑得太多，为自己打算得太少。他们说："给我准备五升米的饭就够了。"先生们吃不饱，弟子们也常常处在饥饿之中，但仍然不忘天下，日夜不休，说："我不一定非得活下去啊。"这是多么高大上的救世之士啊！他们说："君子不纠缠于细小的是非对错，不让自身被外物牵制。"他们认为无益于天下的事，与其心里明白，还不如赶紧停手。对外以禁攻息兵为目标，对内以清心寡欲为准则；不论大大小小的事情，都以恰到好处为标准。

　　这是对宋钘一派的评价，赞扬他们救世精神的同时，也指出他们对待自己过于严苛，但基本上还是以认同与赞赏为主。

　　公正不党，平允无私；坚决果断，没有一成不变的理论和主张；与万物融合，不可分离；不思考，不用智谋；不以内心的好恶选择事物，与万物一起发展变化。古代的"道术"中本就有这样的内容，彭蒙、田骈、慎到听闻后很喜欢。他们以"齐物"为首要观点（认为万物都是浑然一体的，所有事物归根到底都是相同的，没有什么差别，也没有美丑、善恶、贵贱、是非之分）。他们说："天能覆盖万物却不能承载，地能承载万物却不能覆盖，大道能包容万物却不能被人认识。"他们懂得万物都有所能，也有所不能，所以说："有所选择就不能遍及所有，不管怎么教导总有没点到的地方，只有'大道'才能无所遗漏。"

　　所以慎到的主张是抛弃智巧、去除己见，只做万不得已的事情，让万物自由发展，绝不牵绊。他说："假装懂得其实并不懂的东西，最终将被不懂装懂逼得无路可走、遍体鳞伤。为人不正，不能胜任大事，却要讥笑天下推崇贤人；自身放任不羁，却去非议天下的圣人。"他们希望通过锤打磨炼，让自己变得没有棱角，和万物一起随着客观规律发展变化。他们认为抛弃是非观念，才可以免去争辩的烦恼；

也不要学什么智巧与谋虑，不要瞻前顾后，只是巍然独立而已。推着才往前走，拉着才向后退，像飘风一样回还，像羽毛一样随风飘转，像磨石一样自然匀速转动，这样才能够完美而没有过错，一举一动都不会出错。这是什么原因呢？因为没有什么聪明才智，也就不会有出人头地的要求，就不会招来灾祸，不会有绞尽脑汁的疲累；一举一动都能合于自然之理，终生不会受到毁誉之累。所以说："像那些没有才智的东西就可以了，千万不要成为什么圣贤，像土块一样单纯，就不会偏离'道'。"豪杰们一起嘲笑慎到说："慎到的'道'，不是活人能做到的，这是让活人都变成死人的理论。"他们的理论，确实应该被批评。

田骈也是这样，受学于彭蒙，得"不言之教"。彭蒙的老师说："古时候所谓的'得道'，达到了'没有是非'的境界就行了，就像风吹过一样迅速，你能用什么去形容？"他们的理论常常违反人性，不为人所待见，而且他们的理论经常随着外界事物的改变而变化。他们所说的"道"并不是真正的"道"，他们所认为的"是"，有时恰恰是"非"。彭蒙、田骈、慎到并不懂得什么是"道"，但是，他们大概还是曾经听说过一点"道"的。

对于慎到这一派的批评，口气就有点激烈了，这也不奇怪，因为慎到后来从道家变成了法家，成为法家的创始人之一，前面说过的法家的基本理念"势"，就是他提出来的。对这样一个"叛徒"，自然不用客气。评价他的理论是"非生人之行，而至死人之理"就有点斗气的成分，因为"无为"本来就是道家的基本理念，慎到只不过稍微走得远了一点而已。

以人的本性为重，以外物为轻，以蓄积为不足，坚持内心恬淡，只与"神明（圣明，指睿智）"共处。古代的"道术"中本来就有这样的内容，关尹、老聃听闻后很喜欢。他们树立了对待客观规律的正确态度，即"常无欲以观其妙，常有欲以观其徼（徼 xiào，通"效"。真理是客观的，真理的作用是不以人的主观意志为转移的，所以永远都只能在不受主观愿望影响的时候，才能认识到真理的奥妙；如果被个人的主观意志所左右，是发现不了真理的。永远都是在主观上希望达成某个目标的时候，才发现真理的作用原来是涵盖一切的）"，以最根本的规律（"太一"）为核心。对外表的要求是柔弱谦下，对内心的要求是虚怀若谷、不影响万物的自由发展。

关尹说："哪怕是对已经属于自己的东西，也不能有占有欲，要让所有的事物按照规律自行发展；动如流水，静如明镜，应对事物如回声一样原原本本（指适合固有的规律）。'道'是恍惚、不可捉摸的，我们所能做的是保证自己内心的安宁与平静。按'道'的要求行事处世，则万事和谐；想掌控'道'的人，最终必定丢失了'道'。真正得'道'的人，从不争先而常随人后。"

老聃说："知道自己的强大和长处，却坚持把自己当作柔弱的、有许多不足的；知道什么是纯洁的品行，但是也坚定地忍受屈辱；这样的'圣人'，谦逊、低调得像汇集了天下河流的溪谷。"当别人都奋力争先的时候，甘愿独自居后，还说"愿意承受天下所有的垢辱"。别人都追求实实在在的利益时，甘愿独自保持内心的平静与无所求。不求蓄积所以有余，而且是堆积如高山的有余。立身行事从容不迫，不空耗精力，无为而嘲笑机巧。人人都自求多福时，甘愿独自委曲求全，说"这样才能勉强免除祸患"。以深切地理解、践行"大道"为根本，以约束自身欲望为要旨，信奉"坚硬的东西容易毁坏，锐利的东西容易折断"。永远宽容待物，从不侵害别人。如此为人，可谓达到了顶点。

关尹、老聃，和古代的博大真人是一样一样的啊！

前面两派有褒有贬，但这一派的观点，基本上出自《道德经》，所以持全面肯定的态度，对老子与关尹的评价也是绝高。这也不是偶然的，道家的成就，确实是以《道德经》为顶峰，之后似乎一直没有超越。

作为全书的主角，庄子是肯定要出场的：

寂寞无形，变化无常，死死生生，与天地并存，与神明同往！茫然何往，恍然何去，包罗万物，不知归属。古代的"道术"中本来就有这样的内容，庄子听闻后很喜欢。他以虚幻而不可捉摸的理论，以广漠虚无的话语，以漫无边际的言辞，放纵不拘地阐述自己的理论，不持一孔之见。之所以如此，是因为他认为天下人都沉迷不悟，不能够用诚实端庄的语言以使之醒悟，所以用"卮言（随性而真诚的言辞）"启发人自由想象，用"重言（先哲的言辞）"来增加说服力，用"寓言"来阐发深奥的道理。只有庄子才称得上是与天地精神一起长存，但他从不傲视万物，也不拘泥于是非，很平和地与世俗相处。他的书虽然瑰奇宏伟却婉转随和，不会给人造成坏的影响；言辞虽然变化百出，却也奇异可观。他的书和他的思想一样充实而奔放，不可或止；上与造物者同游，下与忘却死生、不计较始终的人为友。他论述"道"的本质，博大而透彻，深邃而恣肆；他论述"道"的主旨，恰到好处而又直达根本。虽然他的"道"最能顺应事物的变化，帮人解除外物所累，他的"道"没有止境，前途无量，但是他的"道"也同样深奥难懂，没有能够完全读懂的人。

这一段，可以说是对庄子其人其书的总结性陈词，不仅概括了庄子的理论和思想，也总结了《庄子》一书的写作风格和艺术特色，同时指出，庄子的思想，确实是深奥玄妙，要读懂《庄子》，还是要下一番功夫的。

最后，听一下道家对自家理论的预言和对未来的感慨：

天下大乱，贤圣不明，道德不一。天下多得一察焉以自好（明

白一点道理就很自恋）。譬如耳目鼻口，皆有所明，不能相通。犹百家众技也，皆有所长，时有所用。虽然，不该不遍（不正确、不全面），一曲之士也（一孔之见的曲士）。判天地之美，析万物之理，察古人之全。寡能备于天地之美（很少有人能完整地领略天地之美），称神明之容（也很少有人具备和"圣明"相称的胸怀）。是故内圣外王之道，暗而不明，郁而不发，天下之人各为

洒脱庄子

其所欲焉以自为方。悲夫！百家往而不反，必不合矣！后世之学者，不幸不见天地之纯，古人之大体，道术将为天下裂。

庄子们预言，诸子百家将朝着各自的方向，一去不返，而后世的学者，将再也见不到真正的"大道"，天下也将因此而大乱。

优雅而洒脱的庄子，一直眷念和牵挂着"天下"。

原文选注

天下之治方术者多矣[1]，皆以其有为不可加矣[2]！古之所谓道术者，果恶乎在？曰："无乎不在。"曰："神何由降[3]？明何由出[4]？""圣有所生[5]，王有所成[6]，皆原于一[7]。"

①治：研究。**方术**：学术。　②以：认为，以为。**有为**：有所作为。**加**：增长，超越。　③神：精神。**何由**：即"由何"，从哪里。**降**：与"出"同义。　④明：正确的认识。　⑤**圣有所生**：圣人自有其由来。　⑥**王有所成**：王业自有其成因。　⑦原："源"的古字。一：最根本的东西，指客观规律。

不离于宗①，谓之天人；不离于精②，谓之神人；不离于真③，谓之至人。以天为宗，以德为本，以道为门④，兆于变化⑤，谓之圣人。以仁为恩⑥，以义为理⑦，以礼为行⑧，以乐为和⑨，薰然慈仁⑩，谓之君子。以法为分⑪，以名为表⑫，以参为验⑬，以稽为决⑭，其数一二三四是也，百官以此相齿⑮。以事为常⑯，以衣食为主⑰，蕃息畜藏⑱，老弱孤寡为意⑲，皆有以养，民之理也⑳。

①宗：这里指根本、本质，也就是本来的样子。　②精："神"的精华，指正确的思想。　③真：纯真的人性。　④门：门径，方法，途径。　⑤兆：通过特定的征兆预知。　⑥恩：恩惠。　⑦理：社会秩序和礼法。　⑧行：行为准则。　⑨和：使社会关系和睦。　⑩薰然：温和的样子。　⑪分：区分对错的标准。　⑫名：概念与名称。**表**：表象。　⑬**参验**：先秦哲学术语，韩非子用以检验认识正确性的一种方法。"参"是比较，"验"是验证。"参验"是通过考查比较，对认识进行验证。　⑭稽：考查。**决**：较量，分胜负。　⑮**相齿**：像牙齿一样排列，序列。　⑯事：农事。**常**：日常主要工作。　⑰主：主要目标。　⑱**蕃息**：繁殖。**畜**：通"蓄"。　⑲意：心意、心愿。　⑳**民之理**：民生的真理。理，道理。

不侈于后世①，不靡于万物②，不晖于数度③，以绳墨自矫④，而备世之急⑤，古之道术有在于是者。墨翟、禽滑厘闻其风而说之⑥。为之大过⑦，已之大顺⑧。作为《非乐》⑨，命之曰《节用》。生不歌，死无服⑩。墨子泛爱兼利而非斗⑪，其道不怒⑫；又好学而博，不异⑬，不与先王同，毁古之礼乐。

①侈：奢侈。　②靡：浪费。　③晖：光辉，发出耀眼的光芒。**数度**：规律。　④**绳墨**：墨斗。**自矫**：自我约束。　⑤**备世之急**：准备应对人世

天下，一直是道家的眷念和牵挂

间的危难。　⑥**风**：风声，消息。**说**：同"悦"。　⑦**为**：作为，做。**大**："太"的古字。**过**：过分。　⑧**已**：停止，不做。**顺**：循规蹈矩。　⑨**作为**：创制。　⑩**服**：服丧。　⑪**泛爱**：即"兼爱"，爱一切人。**兼利**：使一切人都得到利益。**非斗**：非攻，反对非正义的战争。　⑫**其道不怒**：主张"不怒"，和睦相处。　⑬**异**：标新立异。

黄帝有《咸池》，尧有《大章》，舜有《大韶》，禹有《大夏》，汤有《大濩》，文王有《辟雍》之乐，武王、周公作《武》①。古之丧礼，贵贱有仪，上下有等。天子棺椁七重，诸侯五重，大夫三重，士再重。今墨子独生不歌，死不服，桐棺三寸而无椁，以为法式②。以此教人，恐不爱人；以此自行，固不爱己。未败墨子道③，虽然④，歌而非歌，哭而非哭，乐而非乐⑤，是果类乎⑥？其生也勤，其死也薄，其道大觳⑦。使人忧，使人悲，其行难为也⑧，恐其不可以为圣人之道。反天下之心⑨，天下不堪⑩。墨子虽独能任，奈天下何！离于天下⑪，其去王也远矣⑫！

①《咸池》《大章》《大韶》《大夏》《大濩（hù）》《辟雍》《武》：均为传说中帝王创制的音乐或舞蹈的名称。　②**法式**：标准。　③**未败墨子道**：不是要诋毁墨子的理论。败，诋毁。　④**虽然**：即使如此。　⑤**"歌而非歌"三句**：该唱歌时不唱歌，该哭时不哭，该开心时不开心。　⑥**是**：这。**果**：果然，真的。**类**：（与我们）同类。　⑦**大觳（hú）**：意为过于计较，过于钻牛角尖。大，"太"的古字。觳，本意是牛角做的量器。　⑧**其行难为**：他们的行为很难做到。为，做到。　⑨**反**：违背。**天下之心**：天下人的心愿。　⑩**不堪**：不能（做到），做不到。　⑪**离**：违背。　⑫**王**：王道。

墨子称道曰①："昔禹之湮洪水②，决江河而通四夷九州也③。名山三百，支川三千，小者无数。禹亲自操橐耜而九杂天下之川④。腓无胈⑤，胫无毛⑥，沐甚雨⑦，栉疾风⑧，置万国。禹大圣也，而形劳天下也如此⑨。"使后世之墨者，多以裘褐为衣⑩，以屐蹻为服⑪，日夜不休，以自苦为极⑫，曰："不能如此，非禹之道也，不足谓墨。"

①**称道**：称赞。　②**湮**（yān）：填塞，堵塞。　③**通**：疏通。　④**橐**（tuó）：盛土的器具。**耜**（sì）：掘土的工具。**九杂**：聚合。九，本作"鸠"，聚集。杂，通"集"，集合，聚集。　⑤**腓**（féi）：腿肚子。**胈**（bá）：大腿根部的肉。　⑥**胫**（jìng）：小腿。　⑦**沐**：淋。**甚雨**：暴雨。　⑧**栉**（zhì）：冒着。　⑨**形劳天下**：为天下而劳形。形，形体，身体。　⑩**裘**：兽皮。**褐**：麻布。　⑪**屐**（jī）：木头鞋。**蹻**（juē）：草鞋。　⑫**极**：最高准则。

相里勤之弟子①，五侯之徒②，南方之墨者苦获、己齿、邓陵子之属③，俱诵《墨经》，而倍谲不同④，相谓别墨⑤。以坚白同异之辩相訾⑥，以奇偶不仵之辞相应⑦，以巨子为圣人⑧。皆愿为之尸⑨，冀得为其后世⑩，至今不决。

①**相里勤**：墨子后学，为南方墨学的代表。　②**五侯**：墨家弟子，姓五名侯。　③**苦获、己齿、邓陵子**：皆为墨家后学。　④**倍谲**（jué）：相互分歧。倍，通"背"。　⑤**别**：违背。　⑥**坚白同异**：名家公孙龙的"离坚白"和惠施的"合同异"观点，详见第二章。**訾**（zǐ）：诽谤，非议。　⑦**奇偶不仵**：奇偶不能排在一起，意为观点截然不同，无法和睦相处。仵，同"伍"。　⑧**巨子**：出众的人，宗师。　⑨**尸**：祭祀时，代死者受祭的人。意为继承者。　⑩**冀**：希冀。**得为**：成为。**后世**：后代传人。

墨翟、禽滑厘之意则是①，其行则非也②。将使后世之墨者，必以自苦腓无胈、胫无毛，相进不已矣③。乱之上也④，治之下也⑤。虽然，墨子真天下之好也，将求之不得也，虽枯槁不舍也，才士也夫！

①**意**：思想。**是**：对，正确。　②**行**：行为。**非**：错。　③**相进**：互相促进。**不已**：不停止。　④**乱之上**：乱世中的上策。　⑤**治之下**：治世中的下策。

不累于俗①，不饰于物②，不苟于人③，不忮于众④，愿天下之安宁以活民命，人我之养毕足而止⑤，以此白心⑥，古之道术有在于是者。宋钘、尹文闻其风而悦之⑦。作为华山之冠以自表⑧，接万物以别宥为始⑨。语心之容⑩，命之曰"心之行"。以聏合欢⑪，以调海内。

请欲置之以为主⑫。见侮不辱⑬，救民之斗；禁攻寝兵⑭，救世之战。以此周行天下，上说下教。虽天下不取，强聒而不舍者也⑮。故曰：上下见厌而强见也⑯。

① 累：牵累。　② 饰：粉饰。　③ 不苟：不苟从。　④ 忮（zhì）：违逆。　⑤ 人我之养：别人和自己的生活需求。毕足而止：都以温饱为止。　⑥ 此：代词，代上文的"毕足而止"。白心：表白心态。　⑦ 宋钘（xíng）、尹文：道家宋尹学派创始人。宋钘，即宋荣子，著有《宋子》。尹文，姓尹名文，齐国人，著有《尹文子》。　⑧ 华山之冠：像华山那样上下均平的帽子。　⑨ 别宥：即"去宥"。别，去除。宥，成见。　⑩ 语：动词，形容。　⑪ 聏（ér）：调和。　⑫ 之：代词，代指上文的理论。主：指主流思想。　⑬ 见：被。　⑭ 禁：禁止。寝：停止，平息。　⑮ 强聒（guō）：声音吵闹，让人厌烦。　⑯ 上下：代指所有人。见：被。厌：厌烦。强：硬要。见：显示，展示。

虽然，其为人太多，其自为太少，曰："请欲固置五升之饭足矣。"先生恐不得饱，弟子虽饥，不忘天下，日夜不休，曰："我必得活哉①？"图傲乎救世之士哉②！曰："君子不为苛察③，不以身假物④。"以为无益于天下者⑤，明之不如已也⑥。以禁攻寝兵为外，以情欲寡浅为内⑦。其小大精粗⑧，其行适至是而止⑨。

① 我必得活哉：我们为什么必须得活下去呢？　② 图傲：高大，伟岸。　③ 苛察：细分（世间的对错）。　④ 假：寄托。　⑤ 以为：认为。　⑥ 明之：明白哪些事无益于天下。已：停止。　⑦ "以禁攻寝兵"二句：对外以禁攻息兵为目标，对内以清心寡欲为准则。　⑧ 小大精粗：指大大小小的各种事情。　⑨ 行：行为，行事。适至：恰到好处。

公而不党①，易而无私②，决然无主③，趣物而不两④，不顾于虑⑤，不谋于知⑥，于物无择⑦，与之俱往⑧，古之道术有在于是者。彭蒙、田骈、慎到闻其风而悦之⑨，齐万物以为首，曰："天能覆之而不能载之，地能载之而不能覆之，大道能包之而不能辩之⑩。知万物皆有所可、有所不可。故曰：选则不遍⑪，教则不至⑫，道则无遗者矣⑬。"是故慎到弃知去己⑭，而缘不得已⑮，泠汰于物⑯，以为道理。曰知不知，将薄知而后邻伤之者也⑰。謑髁无任⑱，而笑天下之尚贤也；纵脱无行⑲，而非天下之大圣。椎拍辊断⑳，与物宛转㉑；舍是与非㉒，苟可以免㉓。不师知虑，不知前后，魏然而已矣㉔。推而后行，曳而后往。若飘风之还，若羽之旋，若磨石之隧㉕，全而无非㉖，动静无过㉗，未尝有罪㉘。是何故？夫无知之物㉙，无建己之患㉚，无用知之累㉛，动静不离于理㉜，是以终身无誉㉝。故曰至于若无知之物而已㉞，无用贤圣㉟。夫块不失道㊱。豪桀相与笑之曰："慎到之道，非生人之行，而至死人之理㊲。适得怪焉㊳。"

①公：公正。党：偏私。　②易：平允。　③决然：坚决果断的样子。无主：没有（一成不变的）主张。　④趣物无两：意为与万物相融，不可分离。趣，通"趋"。两，分离。　⑤不顾于虑：不过分思考。　⑥不谋于知：不用智谋。　⑦于物无择：不以内心的好恶选择事物。　⑧与之俱往：与万物一起发展。之，代指万物。　⑨彭蒙：齐人。田骈：齐人，著有《田子》。慎到：赵人，著有《慎子》。　⑩"大道"句：大道能包容万物，但不能被认识。　⑪选则不遍：有所选择就不能遍及所有。　⑫教则不至：不管怎样教导总有没点到的地方。　⑬道则无遗者：只有"大道"才能无所遗漏。　⑭弃知去己：抛弃智巧，去除己见。　⑮缘：因为。　⑯泠汰：听从、放任。　⑰薄知：迫于"智"。薄，通"迫"。邻：通"躏"。⑱謑髁（xǐkē）：不正。一说，谓坚定能忍耻辱。　⑲纵脱：放任。无行：品行不正。　⑳椎拍：用椎拍击。辊（wàn）断：无棱角的样子。㉑宛转：随之婉曲。　㉒舍是与非：抛弃是非观念。　㉓苟可以免：才可以免去（争辩的烦恼）。苟，才。　㉔魏：同"巍"。　㉕隧：转动，旋转。　㉖全：完美。非：过错。　㉗动静：一举一动。过：过错。　㉘罪：过错。　㉙无知：没有多少智慧。　㉚建己：树立自己，指出人头地。㉛用知之累：运用智谋这样的劳累之事。　㉜理：真理，自然之理。㉝无誉：没有（毁）誉。　㉞至于：达到。而已：罢了。　㉟无用：不要成为，

不以（成为圣贤）为人生目标。㊱**块**：土块。 ㊲**至死人之理**：让活人变成死人的理论。 ㊳**适得**：理当，应当。**怪**：责怪，批评。

田骈亦然，学于彭蒙，得不教焉①。彭蒙之师曰："古之道人，至于莫之是莫之非而已矣②。其风窢然③，恶可而言④。"常反人，不见观⑤，而不免于魭断⑥。其所谓道非道，而所言之韪不免于非⑦。彭蒙、田骈、慎到不知道⑧。虽然，概乎皆尝有闻者也⑨。

①**得不教**：得到不言之教。 ②**莫之是莫之非**：没有什么对，也没有什么错。 ③**窢（xù）然**：风迅速刮过的样子。 ④**恶可而言**：怎么可能用语言来表达。 ⑤**常反人，不见观**：经常违背人性，不被人待见。 ⑥**不免于魭（yuán）断**：这里指理论不免于随着外物而改变。 ⑦**韪（wěi）**：是。 ⑧**不知道**：不懂得"道"。 ⑨**概乎**：大概。**尝**：曾经。**有闻者**：听闻过（道）的人。

以本为精①，以物为粗②，以有积为不足③，澹然独与神明居④。古之道术有在于是者，关尹、老聃闻其风而悦之⑤。建之以"常无有"⑥，主之以"太一"⑦。以濡弱谦下为表⑧，以空虚不毁万物为实。关尹曰："在己无居⑨，形物自著⑩。其动若水，其静若镜，其应若响⑪。芴乎若亡⑫，寂乎若清。同焉者和，得焉者失⑬。未尝先人而常随人⑭。"老聃曰："知其雄，守其雌⑮，为天下溪；知其白⑯，守其辱，为天下谷。"人皆取先⑰，己独取后⑱，曰受天下之垢⑲。人皆取实⑳，己独取虚㉑。无藏也故有余，岿然而有余㉒。其行身也㉓，徐而不费㉔，无为也而笑巧㉕。人皆求福，己独曲全，曰苟免于咎㉖。以深为根，以约为纪㉗，曰坚则毁矣，锐则挫矣。常宽容于物，不削于人㉘。虽未至于极㉙，关尹、老聃乎，古之博大真人哉！

①**本**：这里指本质。**精**：这里是比喻的说法，指"重点"。 ②**物**：指外物。**粗**：这里也是比喻的说法，指"不重要"。 ③**积**：指蓄积。 ④**澹然**：即"淡然"，坚持内心恬淡。**神明**：即"圣明"，睿智。 ⑤**关尹**：据说姓尹名喜，关令是其官职。**老聃**：即老子，姓李，名耳，字聃。 ⑥**建**：建立，创建。

常无有：指《道德经·道经》第一章"常无欲以观其妙，常有欲以观其徼"，指老子创立了正确对待客观规律的理论。　⑦**主**：以……为主，指以"太一"为最根本的理论基础。**太一**：即最根本的客观规律。　⑧**濡（rú）弱**：柔弱，懦弱。　⑨**居**：占有。　⑩**形物**：有形之物。**著**：显露。　⑪**响**：山谷中的回声。　⑫**芴（hū）**：通"忽"。**亡**：无。　⑬**"同焉者和"二句**：按"道"的要求行事处世，则万事和谐；想掌控"道"的人，最终必定丢失"道"。　⑭**未尝先人而常随人**：真正得"道"的人，从不争先而常随人后。　⑮**雄、雌**：都是比喻的说法，是指"长处"与"弱点"。　⑯**白**：纯洁的品行。　⑰**取先**：奋力争先。　⑱**取后**：甘居其后。　⑲**受天下之垢**：愿意承受天下所有的垢辱。　⑳**实**：实实在在的利益。　㉑**虚**：内心的平静与无欲。　㉒**峏然**：高耸的样子。　㉓**行身**：立身行事。　㉔**徐**：从容。**费**：空费精力。　㉕**无为也而笑巧**：无为而嘲笑机巧。　㉖**苟免于咎**：勉强免除祸患。咎，祸患。　㉗**约**：约束。**纪**：纪要，宗旨。　㉘**削**：侵削。　㉙**极**：顶点，最高境界。

　　芴漠无形^①，变化无常，死与生与^②，天地并与，神明往与！芒乎何之^③？忽乎何适^④？万物毕罗^⑤，莫足以归。古之道术有在于是者，庄周闻其风而悦之。以谬悠之说^⑥，荒唐之言^⑦，无端崖之辞^⑧，时恣纵而不傥^⑨，不以觭见之也^⑩。以天下为沈浊^⑪，不可与庄语^⑫。以卮言为曼衍^⑬，以重言为真^⑭，以寓言为广^⑮。独与天地精神往来^⑯，而不敖倪于万物^⑰。不谴是非^⑱，以与世俗处。其书虽瑰玮^⑲，而连犿无伤也^⑳；其辞虽参差^㉑，而諔诡可观^㉒。彼其充实^㉓，不可以已^㉔。上与造物者游，而下与外死生、无终始者为友^㉕。其于本也，弘大而辟^㉖，深闳而肆^㉗；其于宗也^㉘，可谓稠适而上遂矣^㉙。虽然，其应于化而解于物也^㉚，其理不竭^㉛，其来不蜕^㉜，芒乎昧乎^㉝，未之尽者。

　　①**芴漠**：有版本作"寂寞"，意同，指"道"的理论不可捉摸。　②**与**：语气助词，表感慨。　③**芒**：通"茫"，茫然。　④**忽**：恍惚。**适**：往。　⑤**毕罗**：包罗，囊括。　⑥**谬悠**：虚幻而不可捉摸。谬，通"缪"。　⑦**荒唐**：

天下，一直是道家的眷念和牵挂

广大而不着边际。　⑧ **端崖**：即"端涯"，边际。　⑨ **恣纵**：无拘束，恣意发挥。**僓**：偏颇。　⑩ **觭**（jī）：两个角一向上一向下弯，不对称，指偏颇。　⑪ **沈浊**：沉迷不悟。　⑫ **庄语**：正经庄重的话语。　⑬ **卮言**：随性而率真的语言。详见《寓言》章。**曼衍**：同"漫延"。详见《寓言》章。　⑭ **重言**：借重先哲的话。**真**：真实，增加说服力。　⑮ **寓言**：有所寄托的言论。详见《寓言》章。**广**：拓展。　⑯ **独**：独自一人。**往来**：一起存在。　⑰ **敖倪**：犹"傲睨"，轻视。　⑱ **谴**：深究。　⑲ **瑰玮**：奇伟，不平凡。　⑳ **连犿**（fān）：宛转，随和。**无伤**：不会给人造成坏的影响。　㉑ **参差**：长短、高低、大小不齐，变化百出。　㉒ **諔**（chù）**诡**：奇异，变幻。　㉓ **彼其充实**：庄子的书与他的思想同样充实而奔放。　㉔ **不可以已**：（汪洋而恣肆）没有尽头。　㉕ **外死生、无终始者**：忘却死生、不计较始终的人。　㉖ **辟**：透彻。　㉗ **深闳**：深邃。**肆**：恣肆。　㉘ **宗**：主旨。　㉙ **稠适**：适当。**上遂**：向上直达。　㉚ **"其应于化"句**：指庄子的"道"最能顺应事物的变化，帮人解除外物所累。　㉛ **竭**：枯竭。　㉜ **蜕**：蜕变。　㉝ **昧**：昏暗不清。

惠施多方①，其书五车，其道舛驳②，其言也不中③。历物之意④，曰："至大无外，谓之大一；至小无内，谓之小一⑤。无厚，不可积也，其大千里⑥。天与地卑⑦，山与泽平⑧。日方中方睨⑨，物方生方死。大同而与小同异，此之谓'小同异'⑩；万物毕同毕异⑪，此之谓'大同异'。南方无穷而有穷⑫，今日适越而昔来⑬，连环可解也。我知天之中央，燕之北、越之南是也。泛爱万物，天地一体也。"

① **多方**：许多方面的学问。　② **舛**（chuǎn）**驳**：杂乱不纯。　③ **中**（zhòng）：正确。　④ **历物**：观察万物，分析事理。历，观察、分析。　⑤ **"至大无外"四句**：大到极点且没有边际的，称为"大一"；小到极点而没有内里的，称为"小一"。相当于今天的"无穷大"和"无穷小"。　⑥ **"无厚"三句**：没有厚度的东西，没有体积，但能扩大到千里。　⑦ **天与地卑**：天和地是一样高的。　⑧ **山与泽平**：高山和湖泽也是一样平的。　⑨ **睨**（nì）：偏斜。　⑩ **"大同"二句**："大同"和"小同"的差异，叫做"小同异"。大同，是指多个事物的共性。小同，是指事物个体的特殊性。　⑪ **毕**：全、都。　⑫ **无穷而有穷**：既没有尽头也有尽头。　⑬ **适**：到。

惠施以此为大①，观于天下而晓辩者②，天下之辩者相与乐之③。卵有毛④；鸡有三足；郢有天下⑤；犬可以为羊；马有卵⑥；丁子有尾⑦；火不热；山出口⑧；轮不蹑地⑨；目不见；指不至⑩，至不绝⑪；龟长于蛇；矩不方，规不可以为圆；凿不围枘⑫；飞鸟之景未尝动也⑬；镞矢之疾，而有不行、不止之时⑭；狗非犬；黄马骊牛三⑮；白狗黑；孤驹未尝有母；一尺之棰⑯，日取其半，万世不竭。辩者以此与惠施相应，终身无穷。桓团、公孙龙辩者之徒，饰人之心⑰，易人之意⑱，能胜人之口，不能服人之心，辩者之囿也⑲。惠施日以其知与之辩，特与天下之辩者为怪⑳，此其柢也㉑。

① **以此为大**：把这当作最正确的理论。　② **观**：显示、炫耀。**晓**：教导。　③ **相与乐之**：以一起争辩为乐。　④ **卵**：鸡蛋。　⑤ **郢有天下**：楚都郢城可以比天下还大。　⑥ **卵**：卵生。　⑦ **丁子**：青蛙。　⑧ **山出口**：山会长出嘴巴来。　⑨ **轮不蹑（niǎn）地**：车轮不会着地。　⑩ **指不至**：手指不能指示东西。　⑪ **至不绝**：手指可以指示无穷无尽的东西。　⑫ **凿**：榫眼。**枘（ruì）**：榫头。　⑬ **景**：古"影"字，影子。　⑭ **"镞（zú）矢之疾"三句**：疾飞的箭头，每一刻都在动，每一刻又都没动。　⑮ **黄马骊牛三**：黄马、黑牛、黄马黑牛一共是三个。　⑯ **棰（chuí）**：棍子。　⑰ **饰**：迷惑。　⑱ **易**：改变。　⑲ **囿（yòu）**：局限。　⑳ **特**：故意。　㉑ **柢（dǐ）**：根本，立足点。

《庄子》太厚，人生太薄

（后记）

《庄子》，虽经晋代郭象大力删减，仍有十多万字，不可谓不厚。2500 年前的文字，今天读起来不是一般的艰难。5000字的《道德经》已经很折磨人，更何况十多万字的《庄子》。刘文典对庄子研究颇深，每次讲授《庄子》，开头第一句都是："《庄子》，我是不懂的，也没有人懂！"这是才子式的"低调"，但也未尝不是现实：《道德经》还可以望文生义，《庄子》则更近似于"天书"。

读懂《庄子》不是一般的难，所谓的"轻松"，其实我也没有多少自信。

但《庄子》的基本思想还是很清晰的。《庄子》的哲学思想，很朴素地"以人为本"，将"对人生和世界的看法"分为"内"和"外"两个方面。"内篇"与"外篇"基本上就是按照这个来划分的（《齐物论》相当于"世界观"的概论，提前到第二篇也是有道理的）。

《庄子》的"外"，是指"对外物的看法"，基本上相当于今天的"世界观"，是其所有理论的基础。《庄子》的世界观，立足于"外物不可必"之上，也就是"外物不能够用既定的标准去区分"，既然没有既定的标准，也就没有了惯常意义上的"对错、好坏、得失、有无”，在道家的眼里，世界上所有的事物都是一样的，这就是“齐物”。

《庄子》的“小大之辨”“得失之辨”都是建立在“齐物”之上的豁达。既然万物都是一样的，那么还有什么“大小”之分，“得失”又还有多少意义呢？“通于一而万事毕”，弄懂“万物都是一个样”这个道理之后，哪里还会有那么多的事情；人生也就不需要过于旺盛的占有欲，保持内心的淳朴与朴素也就可以了。这就是“无欲”的理论基础。既然“无欲”了，为了实现欲望而费尽心机的所谓“智巧、机巧”也就用不着了。当然，以片段作为体例形式的《庄子》，不会出现如此直接的论证过程，需要做一点归纳与总结。

《庄子》以“齐物”为核心的世界观，最为可贵的是形成了独特的“生死观”和平等思想。既然万物同一，“生”和“死”又有什么区别呢？死亡，无非是自己的形体化为他物，又有什么值得可惜的呢？生死就如花开花落，用不着如此害怕；人生，大可以“忘形而无情”。既然万物都是一样的，那么作为“万物之灵”的人自然也是生而平等的，又何来贵贱之分呢？所以任何人都不能左右别人，也不能去制约他人的自由发展。

《庄子》的“齐物”，除了抹去万物之间的差别以修正价值取向之外，还有一个重要的观点就是“齐物”之上的“发展观”。《庄子》吸收了名家“毕同毕异”的观点，认为万物都有共性，也都有差异性，那么“万物同一”是如何实现的呢？是因为不停地发展变化、互相转换，“方生方死”客观上也就造就了“无始无穷”。因此，主动去适应变化也是《庄子》的主要观点，最直接的表现，是强调治国不能用"先王之法"来规范现实的社会，道家的一个分支发展成为法家之后，也将此作为其理论基础。

《庄子》的"内"，也就是"论个人的内心修养"，总的观点是遵循"性命之情"。所谓的"性命之情"，简而言之，就是人生而有之的"自然的本性"，就是"基本的人性"。《庄子》认为"人性本善"，修养内心就是想办法回复到婴儿般纯真的状态，专一且安静。

《庄子》认为，人性中应该包括"欲望"，人生来就是有欲望的，有各种欲望才是正常的人，基础的欲望相当于人的本能。所以《庄子》并不单纯地强调控制欲望，而是认可符合客观规律的正当欲望，认为儒家的"修治齐平"过分严苛，违背了基本的人性，因而是无法做到的，是伪命题。

《庄子》崇尚的"内心"境界是"人性至上、思想自由"。遵循"性命之情"，虚怀且宽容，这就是"人性至上"；具备博大的胸怀，不为自己与外物所拘束而"逍遥游"，这就是"思想自由"。

所以，我们很难用"唯心主义"和"唯物主义"来给《庄子》归类，因为《庄子》既认可"道"的决定性作用（包括"天道"即自然规律，以及"人道"即人性和社会规律），同时也强调"心"的作用。或许用"二元论"来概括《庄子》更为恰当。

在"内""外"两方面理论指导之下，《庄子》得出了自己的人生观或者说是处世原则：字面上的表述是"处于有用与无用之间"。这确实是一个很纠结的结论，也许是一个"二元论"

和"相对主义"者的必然归宿。

但《庄子》恰恰也是因此才成为千年来可望而不可及的梦想。

与《道德经》一样,《庄子》哲学思想最大的特色是辩证法,道家的核心思想"无为"最能体现这一点。所谓的"无为",需要从两方面去理解。一是价值取向方面,没必要求索太多;二是行动与实践方面,"无为"不是什么都不干,而是"无以生为",不要硬生生地生出点事情来干,而要顺其自然、顺势而为,顺应规律而为,人与自然、与自然规律都不能对立。

《庄子》描述的现实社会,因人性的丰满而丰富多彩。《庄子》构建的理想社会,也与《道德经》中的类似。鸡犬之声相闻,是平静与安宁的写照。虽然托名上古,其实都是道家乃至"诸子百家"心中的理想未来,先哲们心中的向往,都是同样美好。

《庄子》的文学成就赶超其哲理思辨,向来为学者们所公认。闻一多认为庄子是"一位哲学家,却侵入了文学的圣域","中国人的文化上永远留着庄子的烙印"。先秦诸子的文章,基本上采用语录体,这是出于记录思想的需要;随着百家争鸣的深入,论辩成为诸子必须面对的课题,为了提升论战中的说服力,寓言等各种表现手法不断涌现,明修栈道、暗渡陈仓之类的论辩方法也层出不穷,而《庄子》可谓集各家之大成。

但《庄子》的艺术特色,绝不单单是吵架吵出来的。《庄子》与惠子吵、与孔子吵,在吵架的过程中确实创造了许多"艺术手法",如庄子自己也坦言"寓言、重言、卮言"是为了增加吵架(说理)中的战斗力。其实诸子的著作之中,也很容易看到类似的方式方法,而《庄子》的过人之处,是在滔滔不绝的说理之外，还能腾出手来，给大家画画，画天空、画大海、画神仙，画人生、画理想、画情怀，千年来，又有多少人为《庄子》中的画面所倾倒，被一个天才的情怀戳中了小心脏。《庄子》的"汪洋恣肆"影响了贾谊与司马相如，催生了汉赋；韩愈和柳宗元发动"古文运动"以纠正"六朝骈文"的僵化与空虚（很难说这种讲究排偶、辞藻、音律、典故的文体没有受到《庄子》的影响），而他们"以文明道"的代表作品如《马说》《三戒（黔之驴》》，还是有着《庄子》的影子。

庄子，这个卓然独立的天才，逍遥于俗世红尘之外两千多年，他（们）的微笑与情怀，实在是"治愈系"的必杀技；他（们）的独立与自适，实在是中国文人的精神希冀。

汪洋而恣肆如《庄子》，尽管采用了取巧的片段式解读方法，还是觉得《庄子》太厚，我们的人生又太薄，难以全面而完整地读懂和理解，更不用说实践了。

《庄子》，是希望也是遗憾。

最后，感谢身边的各位朋友，特别是老同学安秀莲，本书的写作得到他们的大力支持和帮助，在此一并致谢。

2017 年 8 月

图书在版编目（CIP）数据

轻松读懂《庄子》/陈静著.—杭州:浙江古籍出版社，
2017.8（2020.7 重印）

ISBN978-7-5540-1069-3

Ⅰ.①轻… Ⅱ.①陈… Ⅲ.①道家 ②《庄子》-通俗
读物 Ⅳ.①B223.5-49

中国版本图书馆CIP数据核字(2017)第180007号

轻松读懂《庄子》

陈静 著

出版发行	浙江古籍出版社	
	（杭州市体育场路347号）	
责任编辑	关俊红	
责任校对	余 宏	
美术设计	刘 欣	
责任印务	楼浩凯	
照 排	杭州兴邦电子印务有限公司	
印 刷	三河市兴国印务有限公司	
开 本	148mm×210mm 1/32	
印 张	11	
字 数	265千字	
版 次	2017年8月第1版	
印 次	2020年7月第2次印刷	
书 号	978-7-5540-1069-3	
定 价	35.80元	
网 址	www.zjguji.com	

如发现印装质量问题，影响阅读，请与印刷厂联系调换。